中等职业学校

公共课教材

中国旅游协会旅游教育分会组织编写

普通话与口语交际

冒超球 主编

梁定宽 刘辉明 副主编

陈婧 陈凤颜 谭家尧 张琼 曾奕渊 编委

旅游教育出版社

策　　划：景晓莉
责任编辑：景晓莉

图书在版编目（CIP）数据

普通话与口语交际/冒超球主编. —北京：旅游教育出版社，2012.6
中等职业学校公共课教材
ISBN 978－7－5637－2427－7

Ⅰ.①普…　Ⅱ.①冒…　Ⅲ.①普通话—口语—中等专业学校—教材
Ⅳ.①H193.2

中国版本图书馆 CIP 数据核字（2012）第 128971 号

中等职业学校公共课教材
普通话与口语交际
主编　冒超球

出版单位	旅游教育出版社
地　　址	北京市朝阳区定福庄南里 1 号
邮　　编	100024
发行电话	（010）65778403 65728372 65767462（传真）
本社网址	www.tepcb.com
E－mail	tepfx@163.com
印刷单位	北京中科印刷有限公司
经销单位	新华书店
开　　本	787×960　1/16
印　　张	14
字　　数	194 千字
版　　次	2012 年 7 月第 1 版
印　　次	2012 年 7 月第 1 次印刷
定　　价	25.00 元

（图书如有装订差错请与发行部联系）

序

像洪荒的宇宙那般神奇,人类的语言也是神奇的。数十个音素或音符,经过组合加上必要的表达手段,就可以表达人类各种复杂的思想和丰富多彩的情感。语言的神奇远非如此,不同的民族有不同的语言,同一个民族还有方言上的差别……不同的身份,不同的场合,不同的形式,语言可以展示的是一个五彩缤纷的大自然和复杂多变的社会人生。“一言以兴邦,一言以丧邦。”语言就是这样神奇!

语言是有民族性、社会性的现象,民族共同语是一个民族文化的载体。语言的音和义是受社会制约的,个人是没有能力改变的,人们只能被动地或主动地去适应语言。同样说“水”,英语发声为[ˈwɔːtə],汉语发音为[shuǐ],“名无固宜,约之以命,约定俗成谓之宜。”语言随着社会的变化而变化。同一个文字,古今的读音有可能不同,其意义也有可能发生变化。今天汉语中的“爱”,在古汉语中是“吝啬”、“珍惜”的意思,古代“爱”的意义用“怜”字的音义表达。

语言具有美妙的艺术性和个性。数学用简单的数字揭示自然界的规律,音乐用七个高度不同的音符和节奏构建人的精神世界,语言则用有意义的音即数十个语素和文字(口语和书面)表达一切物质和精神现象。语言就像一个巨大的空筐,容下人类思维的一切。有限的词组成无限的句子,所以语言里只有《词典》,不可能有《句典》。不同的人使用这个“空筐”,就会留下各自的烙印和个性,正如有一千个读者,就会有一千个哈姆雷特那样,语言是最能体现人的个性和气质的,因而具有鲜明的艺术性。不光是文学家,每个人都在自觉或不自觉地追求和实践着语言的个性与艺术性。

语言现象是一个既纷繁复杂,又有规律可寻的符号系统。通过学习,人们可以按照自己的愿望掌握好语言规律并艺术地运用语言。尽管每个人的语言特色不一样,但基本规律是共同的。每个人一生可能会掌握几种语言或方言,但最基础的是学好自己的第一语言即民族共同语。人在青少年阶段把母语学好,将受益终身。

语言是人类最重要的交际工具，对于职业工作者，尤其是时时刻刻都需要与客人沟通的旅游工作者而言，语言是最能体现其职业能力的标志。大家都知道，说话不难，但要会说话，说得好，而且用文字表达得好，并不是件容易的事。所以说，学习语言是一辈子的事。

对于职业教育，我一直认为，它是重要的国民教育系列之一，它所能给予学生的不光是某种职业岗位能力，更重要的是要赋予学生智慧和品格以及终身获取知识和发展的动力，尤其要防止把学生培养成为只会赚钱的机器，这是教育的本质所决定的并赋予职业学校的历史责任，学校绝不能成为单纯的职业训练场。我本人30年前攻读研究生学位，学的是汉语史专业，前后从事过大专、本科教学工作和旅游部门工作，担任旅游职业学校的校长之职长达15年。我深知，语言学习对一个人的长远发展和对从事窗口行业服务工作人员的重要意义。因此，我所工作的广东省旅游学校一直把语言能力学习和训练作为一个突出特色和办学传统，长期坚持，不懈努力，培养出来的历届学生以其出众的语言能力和艺术气质受到行业和社会的广泛好评。

本书打破了一般普通话教材只注重语言矫正的编写传统，系统地介绍了现代汉语的基本知识，并进行了口语交际应用的尝试，目的是为了让使用者明白规律，看得懂，用得上。

本书适合职业院校语言教学用，也可作为广大读者提高语言能力的普及读物。

不揣鄙陋，是为序。

冒超球

二〇一二年三月五日

目　录

CONTENTS

第一章 普通话与现代汉语方言

第一节 语言

一、语言是人类最重要的交际工具

语言是人类特有的交际工具，动物是没有语言的。那种“莺语落花中”的说法只是诗人的比拟。动物虽然也有传递信息的手段，但这些手段和人类的语言有着本质的区别，不能叫真正的语言。如蜜蜂发现蜜源，能通过舞蹈告知同伴蜜源的方位、距离、质量等情况，但这只是一种与生俱来的本能，它的舞蹈也不能像人类语言那样被拆分成语言单位并组合成新的话语；鹦鹉能模仿人类说话，但它并不明白它所模仿的话语是什么意思，更谈不上运用语言单位组合成新的句子。会不会说话，有没有自己的语言，这是人类和其他动物最根本的区别之一，非洲有一个民族把新生的婴儿叫做 kuntu（物），到孩子学会说话后才被叫做 muntu（人），说的就是这个道理。

语言不但是人类交际的工具，而且是各种交际工具中最重要的一种。除了语言之外，人类还有其他的交际工具，如文字、旗语、红绿灯、电报代码、烽火等，其中，文字也很重要，但文字在交际中的重要性远不能和语言相比。一个社会可以没有文字，但不能没有语言。没有语言社会就不能生存和发展。文字是以语言为基础产生的，只有几千年的历史，而语言在文字产生以前早已存在，估计已有几十万年的历史。今天世界上没有文字的语言比有文字的语言多得多。文字产生后也要随着语言的发展而演变，它始终从属于语言，只能作为一种辅助性的交际工具。至于其他的工具，其适用范围和所表达的意义就更为有限，当然更无法与语言相提并论。这些交际工具大多是在语言和文字的基础上产生的，是更加后起的交际工具，离开了语言文字，它们就不能独立存在。由此可见，语言是应用最广泛的交际工具，它随着社会的发展而发展，人类社会的所有活动都离不开语言。

二、语言是一种符号系统

人类用来交际的不是实在的事物，而是代表事物的符号。词就是一种能代表和指称某一种现实现象的符号，我们一听到“人”这个词就知道它指的是会说话、用两条腿走路、会制造生产工具进行劳动的动物。任何符号都包含形式和意义两个方面，它们的关系正如纸的正反面，是互相依存、不可分割的统一体。形式是人们的感官可以感知的，比如指挥交通的红绿灯、旗语的手势等是视觉可以感知的，盲文是触觉可以感知的，语言是听觉可以感知的。语言符号就是声音和意义相结合的统一体。

和任何其他符号一样，语言符号的形式和它所代表的意义之间没有必然的联系，什么样的语音形式代表什么样的意义内容，完全是人类在长期的社会实践活动中共同约定的。语言符号的这种音义结合的任意性是人类语言多样性形成的重要原因。比如照明用具，汉族人用 deng 表示，英国人用 lamp 表示；又如著作，汉语用 shu 表示，英语用 book 表示。同样的内容，形式不同，就是不同的社会集团选择了不同的语音形式的缘故。早在两千多年前，我国著名的哲学家荀子就说过：“名无固宜，约之以命，约定俗成谓之宜，异于约谓之不宜。名无固实，约之以命实，约定俗成谓之实名。”

语言是一个系统。它不是单一的东西，而是由许多大大小小不同层级的单位组成的。语言符号系统主要由语音系统、词汇系统和语法系统等子系统构成。语音是语言的物质外壳，词汇是语言的建筑材料，语法是语言的结构规则。这些子系统又是由更小的系统构成，如汉语的语音系统包括声母系统、韵母系统、声调系统等。这些单位不是孤立的，它们互相联系，处于一定的关系之中。

语言符号系统单位之间的关系主要是组合关系和聚合关系。

组合关系是纵向联系。例如声母和韵母构成音节，词和词构成句子，这些是纵向的组合关系。符号和符号的组合形成语言的结构。音素和音素组合成音节，语素和语素组合成词，词和词组合成句子。组合关系是有条件的，例如，在普通话中，声母 j、q、x 可以与齐齿呼和撮口呼韵母组合成音节，却不能与开口呼和合口呼韵母组合成音节；副词可以修饰动词或形容词，却不能修饰名词。符号组合的顺序也是有条件的，顺序不同，组合起来的关系就不同，意义也不一样，例如“红”和“花”可以组合成“红花”和“花红”，它们在两个组合中的关系不同，整个组合的性质也就不同。

聚合关系是横向关系，在语言符号组合链条的某一环节上能够互相替换的符号，它们具有某种相同的作用，自然就聚合成群。例如，北京话中，在 an 之前，能与之组合成音节的辅音有 b、p、m、f、d、t、n、l、z、c、s……这些辅音能在语音结构的相同位置出现，所以构成一个聚合——声母；又如"红花"这一语言符号链条中，能出现在"红"这个位置上的有蓝、白、紫、大、小、香……能出现在"花"这个位置上的有光、线、旗、房子、脸蛋、帽子……这两组词也各构成一个聚合。处于同一个聚合中的符号单位可以互相替换，替换后就形成不同的语言单位。

组合关系指符号之间在功能上的联系，聚合关系是符号在性质上的归类，它们就像几何中的横轴和纵轴，任何一个语言符号都有序地排列在这个语言系统的坐标系之中，我们可以借助这两个轴说明符号在语言系统中的地位。因此，组合关系和聚合关系是语言系统中的两种根本的关系，对于我们学习和运用语言具有十分重要的意义。组合关系使符号之间的关系呈现出有序性，反映了语言系统组织结构的基本法则，这是以较小的单位组合成较大的单位必须遵守的法则。聚合关系是组合关系的具体运用，充分反映语言规则的概括性，为句子生成提供了无数的可能。

三、语言的发展

万物皆流，万物皆变，发展变化是事物运动的普遍规律，世界上没有固定不变的事物。语言也是这样，它无时无刻不在变化之中。我们知道唐诗是押韵的，但我们今天用普通话去读，就会发现有些字不押韵了。例如孟浩然的《过故人庄》："故人具鸡黍，邀我至田家。绿树村边合，青山郭外斜。开轩面场圃，把酒话桑麻。待到重阳日，还来就菊花。"其中"斜"就不押韵了。英语是表音文字，但是有许多词的写法与读音不一致，如 light[lait]，right[rait]，night[nait]中的"gh"就不发音。我们在翻阅几十年前的报纸杂志时也会感到有些词语很陌生，如"三反"、"五反"、"红卫兵"、"走资派"、"知青"、"上山下乡"等，对 20 世纪 80 年代以后出生的人来说就感到很陌生，不易理解其意义。这些现象都是语言的发展变化造成的。

社会的发展是语言发展的基本条件和强大动力。斯大林说："语言随着社会的产生和发展而产生和发展。语言随着社会的死亡而死亡。社会之外是没有语言的。"由此可见，语言是人类最重要的交际工具，它存在于运用之中。运用中的语言是社会成员之间最重要的联系纽带，因而它和社会的发展息息相关。

社会发展会推动语言的发展。随着社会的发展，新事物、新概念层出不穷，人们的思维愈来愈细致复杂，这些都会向人们交际提出新的要求，而作为大众交际工具的语言，必然要反映这些变化，不断丰富词汇、改变语法，才能适应交际的需要。如近30年来，随着科学技术和社会的发展以及我国对外开放的进一步扩大，出现了很多新事物、新现象，于是，汉语中增添了很多新的词语，如“大款”、“大腕”、“小蜜”、“债转股”、“电脑”、“彩电”、“股票”、“手机”、“BP机”、“网络”、“网友”、“网迷”、“网吧”、“网恋”、“黑客”、“电子邮件”、“沙发”、“巧克力”、“特区”、“抢滩”、“VCD”、“DVD”等。这些新词的出现就是为了适应社会发展、满足人们日常交际的需要。

社会的分化和统一也会相应地引起语言的分化和统一。如我国战国时期是个社会大分裂的时期，诸侯割据造成了社会的分化，因而形成了“言语异声”的局面。再如，最近这些年，世界的政治版图发生了很大变化，分化产生了许多新国家，相应地，许多新语言也就产生了。例如，捷克斯洛伐克，原来讲捷克语，后来分裂为捷克和斯洛伐克两个国家，捷克仍然讲捷克语，而斯洛伐克则讲斯洛伐克语，其实，斯洛伐克语只是捷克语的一种方言而已，但社会的分裂导致了语言的分裂。语言不但随社会的发展而发展，而且也会随社会的消亡而消亡。例如，我国历史上的西夏语在西夏灭亡以后也逐渐消失了，成为历史陈迹。希伯来语是以色列的通用语言，历史上的《旧约全书》就是用希伯来语书写的。随着以色列民族的变化，犹太人流落到世界各地，特别是在欧洲，希伯来语随之经历了长期和复杂的演变，在公元200年前后，其口语就已经消失，犹太人使用的语言先后被阿拉伯语或其他欧洲语言取代，希伯来语作为一种书面语言被保留下来。在19世纪末，犹太人开始重新在今以色列一带聚居，来自不同地方的人说着不同的语言。如何增强各地来此定居的犹太人的凝聚力，是当时犹太人面临的重要问题。他们认识到，最为重要的莫过于统一语言，复活自己民族的语言。于是，经过努力，消亡近两千年的口语在民族统一、民族团结的大旗下竟然奇迹般地死而复生！

不同社会的联系、交往、接触也必然会推进语言的发展。民族间贸易往来、文化交流、移民杂居、战争征服等各种形态的接触，都会引起语言的接触。语言的接触有不同的类型，主要有语言成分的借用和语言的融合。语言成分的借用中最常见的是借词。借词也叫外来词，指的是音与义都借自外语的词。例如：沙发、夹克、咖啡、沙龙、扑克、拷贝等。有些借词一直流传下来，使用年代久远，人们已经觉察不到它们是借词了。例如葡萄、石榴、苜蓿、菠萝、狮子、玻璃是汉代从西域借入的词；佛、菩萨、罗汉、阎罗、魔、僧、尼、和尚、塔是汉代以后从印度借入的佛教用词；胡同、站、蘑菇是元代时借入的蒙古语词。借词的音义虽然都借自外语，但在语音和语法上还得服从本族语言的结构规则，如果碰到本族语言中没有的音，就用相近的音去代替。但是如果借用数量很大，则被借语言的语音、语法特点也可能渗入借入语言的系统而出现音位、音节构造、构词规则乃至句法规则的借用。例如，侗语中送气音和不送气音本来是不起区别词义作用的，属于同一音位的不同变体，但与汉语长期接触后，现在它们都成了独立的音位，有区别意义的作用。侗语原来把“我的书”说成“$le^{2}jau^{2}$”（书我），自从借用了汉语的“的”[tji]之后，在语序上就和汉语一样，说成“$jau^{2}tji^{6}le^{2}$”。

当两个民族关系的发展日益密切，尤其是当他们杂居生活在同一地区，逐步趋向于民族融合的时候，他们的语言也会渐渐走向融合。语言融合并不是指产生“混合语”，而是指相互接触中的一种语言排挤替代了其他语言，即其中某一种语言成为胜利者，保留自己的语法构造和基本词汇，并且按自己发展的内在规律继续发展，成为趋向于融合的各民族人民的共同交际工具，而其他语言则由于无人使用而消亡。消亡的语言通常会在胜利者的语言中留下一些痕迹，如某些发音方式的特点，当地某些地名或特有地貌、物产的名称等。汉语在历史上曾和不少民族的语言发生过融合。春秋战国时期，我国历史上就有关于东夷、南蛮、西戎、北狄的记载。所谓夷、蛮、戎、狄都是居住在汉族周围地区的一些兄弟民族，他们各有自己的语言，与汉语间不能通话。但经过春秋战国时期的会盟、战伐、兼并等，发生了民族的融合和语言的融合。汉语在融合中成为胜利者，继续按自己的发展规律发展。两汉以后，居住在我国北方的匈奴、鲜卑、羯、氐、羌等民族和汉族发生密切关系。隋唐以后，契丹、女真等民族也和汉族发生密切关系。随着民族关系的发展，汉语和这些民族的语言发生融合，在融合中，汉语继续成为胜利者，成为这些民族人民共同的交际工具。

语言随社会的发展而发展，但语言如何发展，这是由语言系统内部各种要素的相互关系决定的。

作为由语音、词汇、语法三要素构成的一个符号系统，其内部各个要素处于一种对立统一的关系之中，呈现出一种平衡状态。系统中一种要素发生变化，必然打破系统原有的平衡，那么系统中的有关要素就会相应地变化，以达到新的平衡，这样就引起了语言的变化。例如，语言作为音义结合的符号系统，符号和符号之间必须保持有效的区别，如果语言符号的区别性受到破坏，就会引起语言系统的变化。如古代汉语中单音节词占优势，那是因为古代汉语的语音系统比较复杂，音位和音位的组合方式比较多，因而单音节词能保持有效的区别，但后来由于浊音清化以及辅音韵尾[m]、[p]、[t]、[k]消失等，使语音趋向于简化，语言中同音词大量增加，同时新词又不断产生，这就使语言符号的区别性受到影响，给交际带来困难，因此就需要有新的方式来解决由于语音简化所带来的矛盾。于是人们就用加长词的长度来解决同音问题，用双音节词格局代替单音节词的格局。原来的单音节词变成了构词语素，如“想”变成了“想念、思想、想法、梦想、妄想”等，“民”变成了“人民、公民、选民、草民、小民、民族、民主、民权、民情、民意”等。随着双音节词的产生，一个词内部两个成分之间在语音、语义上又产生了轻重、主次的区分，于是又出现了轻声、儿化、变调等语音上的变化。某些实词也词缀化了，如“子、儿、头”等，在古代汉语中都是具有实际意义的词，但由于汉语构词的双音化，这些词逐渐虚化，变成了词缀，不但语音上发生了变化，而且意义也发生了很大的变化。如“盖子、花儿、看头”等词中的“子、儿、头”语音上只读轻声，意义上也只作为名词的标志，只具有语法意义而不具有词汇意义了。由此可见，语言系统内部某一要素的变化都会引起其他要素的变化。语言之所以朝某一特定的方向发展变化，是语言内部各要素相互制约、相互影响的结果。正是由于语言系统内部各要素之间这种彼此对立、彼此联系和彼此制约的关系，促进了整个语言系统的发展。

和任何事物的发展一样，语言的发展有自己的特点。语言发展的特点是渐变性和不平衡性。

语言的发展变化不是像火山爆发、暴力革命那样的突变，而是一种逐渐变化的过程。语言是人类最重要的交际工具，它存在于群众的使用之中，每个成员无时无刻不在使用它，如果采取突变的方式，一夜之间面目全非，人们将会一下子丧失最重要的交际工具，社会的一切活动将会突然终止，其后果是不堪想象的。语言的交际职能决定了它不可能采取突变的方式，而只能采取渐变的方式。

语言的发展变化不是均衡的、匀速的，而是不平衡的。

第一，语言系统发展变化不平衡。在语言各子系统中，词汇系统的发展变化最快，相比而言，语法的发展变化就要慢得多，语音发展变化的速度也较为缓慢。这是因为社会生活随时都处在变化之中，这种变化直接在语言的词汇中得到反映，表现为新词的产生、旧词的消亡和词义的发展。但语言中成千上万的词都是通过有限的语音形式表达出来的，一种语言里，几十个音位的排列组合完全能够满足语言表达的需要。语法是组织语言材料的规则，即使词汇发生急剧的演变，人们还是要按照结构规则构词组句。因此，语音和语法比词汇更具有稳固性，它们的发展变化速度是非常缓慢的。语言各子系统内部的发展变化也是不平衡的。比如在词汇系统中，发展变化较快的是一般词汇，基本词汇却是相当稳固的。有人曾对不同语言中的215个常用词（其中主要是基本词）在一千年中的发展变化情况做过统计，发现汉语和法语79%未发生变化，英语85%未发生变化，德语78%未发生变化，罗马尼亚语77%未发生变化，葡萄牙语82%未发生变化，西班牙语和意大利语85%未发生变化。这说明基本词汇的发展变化速度是较为缓慢的。

第二，不同时期语言发展变化不平衡。当社会变革较为剧烈、社会发展的步伐较快、社会思维较为活跃、不同文化的接触较为频繁时，语言发展变化的速度就会快一些；反之，语言发展变化的速度就会慢一些。英语在从9世纪阿尔弗列德大帝到莎士比亚（1564—1616）这五个世纪中，发展变化的速度非常之快，以至于后代人读9世纪以前的作品时，就像是读外语。

第三，语言变体发展变化不平衡。地域方言的形成本身就是语言发展变化不平衡的一种表现。各种方言形成之后，在发展变化的速度和方向上也不是完全同步的。例如，在汉语各方言中，南方的一些方言发展变化的速度相对较慢，保存古代汉语的成分较多，而北方的方言，特别是北方官话区的方言，发展变化的速度就相对较快。

第二节 汉民族共同语

一、汉民族共同语的发展

在方言分歧的社会里，为方便中央政权施政和方言区之间交往交流，需要一种能让各方言区人民进行沟通交际的共同语。

汉族早在先秦时代就存在着古代汉民族共同语。殷商时代在中原黄河流域的华夏族聚居区，出于政治、经济、文化等活动的需要，有了早期共同语的萌芽。夏商周和春秋战国时，民族共同语被称为“雅言”，它可看做是早期的汉民族共同语，主要流行于黄河流域。春秋战国时期百家争鸣，互相辩难必然说的是天下各国都能听懂的雅言；苏秦、张仪奔走各国，宣传合纵连横，自然也必须说雅言；孔子弟子三千，来自各个不同的诸侯国，他讲学时用的不可能是鲁国语，而应该是雅言。《论语》里也有记载：“子所雅言，诗、书、执礼，皆雅言也。”春秋时期成书的《诗经》，收集的诗歌来自如今陕西、山西、山东、河南、河北、湖北各地，大多数为民间创作，本来应该反映出各地方言语音的差异，但我们发现它在押韵方面却很一致，说明《诗经》是用当时的共同语——雅言定稿的。

秦朝时推行“书同文”等文化政策，使民族共同语的传播有了政治上的保障。汉代的民族共同语叫“通语”，或“凡语”、“凡通语”、“通名”。各地讲不同方言的人可以用它进行交际。西汉杨雄编著的《方言》就是用“通语”来解释各地的方言的，这是我国第一部有关方言的著作。书中的第一条是：“党、晓、哲，知也。楚谓之党，或曰晓；齐宋之间谓之哲。”用“知”来解释楚国的“党、晓”和齐、宋之间的“哲”，说明“知”是天下大家都懂得的词，是共同语，而“党、晓、哲”则是方言。从这里我们可以看出，当时一定是各地方言与天下共同语并存。

魏晋南北朝时，以洛阳语音为标准的汉民族共同语从中原传向北方和江左一带。《魏书咸阳王禧传》就有关于北魏孝文帝通令“断胡语，用正音”的记载。正音就是北魏都城洛阳的语音。南朝的宋、齐、梁、陈都建都于金陵（今南京），当时的金陵话是洛阳话的沿用。

隋、唐、宋时期是汉民族共同语发展的中期阶段。隋炀帝杨广以洛阳为首都，把数万户富商大贾从全国各地迁到洛阳，推广以洛阳为代表的正音和正语。唐朝时，洛阳话仍然被看做汉民族共同语的基础。北宋都汴梁（今开封），洛阳话和汴京话十分接近，两地流传的语音被称为“中原雅音”。南宋定都于杭州，中原雅音也随之在杭州扩大了影响，以至于今天的杭州话还同中原官话有许多相似之处。但当时洛阳话仍处于标准音的地位，陆游《老学庵笔记》就曾说“中原惟洛阳得天下之中，语音最正”。

隋、唐、宋时代，人们作诗词、写文章非常注意“正音”，因此大量供写作诗词韵文使用的韵书应运而生，如魏·李登的《声类》、晋·吕静的《韵集》、梁·沈约的《四声谱》、隋·陆法言的《切韵》、唐·孙愐的《唐韵》、宋·陈彭年等人的《广韵》、丘雍等人的《韵略》等。韵书的出现，“正音”风气的盛行，都在客观上起到了推行民族共同语的作用。唐宋诗人们用的是他们那个时代的音韵，而且不管原作者的籍贯是哪里，他们在音韵格律上都是高度一致。这些韵书也为现代学者研究中古时期汉语的语音提供了宝贵的资料。

金、元、明、清是汉民族共同语扩大影响和标准音转移的重要时期。这四个朝代在北京建都长达700多年。金人迁都北京后，中原共同语的影响扩大到金人统治的大部分地区。元代朝廷规定学校教学要使用以大都语音为标准的“天下通语”,因此在元代出现了汉族共同语广泛传播的“四海同音”的局面。元人周德清的《中原音韵》就是“以中原为则,而又取四海同音”而编写的。元代汉民族还是以中原之音为正音的。明太祖朱元璋担心读书人“拘于方言,无以达于上下”,命人编纂《洪武正韵》并颁行天下。《洪武正韵》是洪武年间编成的一部官韵,编纂原则是朱元璋御定的“一以中原雅音为定”。“官话”的名称出现在明代中叶。“官话”可以解释成官员在官场上说的话,也可以理解成大众公用的话,因为“官”也有“公共”的意思。

与此同时,元、明、清三代随着政治、经济的集中,大量古话文学作品(元杂剧、《三国演义》、《水浒传》、《西游记》、《儒林外史》、《红楼梦》等)的产生和流传,使北京语音逐步上升到标准音的地位。元末明初的供朝鲜人学汉语的课本《老乞大》和《朴通事》就是以当时的北京话为标准音而编写的。北京语音正式取代中原雅音的标准音地位是在清中叶以后。1728 年,清世宗雍正帝设立“正音书馆”,在全国推行北京官话。他谕令福建、广东两省推行“官话”,并规定“举人生员贡监童生不谙官话者不准送试。”

这一时期,汉民族共同语经历 700 多年的发展演变,在标准音方面实现了从中原雅音到北京语音的转变,在词汇、语法方面扩大了基础方言北方话的影响,为现代汉民族共同语的诞生奠定了基础。

辛亥革命之后,为了发展中国的经济、文化,开始推广民族共同语。1912 年,民国政府的临时教育会议采用“国语”这个名称,并决定在全国范围内推行国语。“国语”这个词成为民族共同语的一个正式称呼。1932 年编纂的《国音常用字汇》由民国政府教育部公布,在《字汇》的序言中对国音以北京音为标准的含义做了说明,即“所谓以现代的北平音为标准音者,系指‘现代的北平音系’而言,并非必字字尊其土音”。

二、现代汉民族共同语——普通话

普通话是统一规范的现代汉民族共同语。

1949 年新中国成立,中国走上全新的阶段,为了发展新中国的文化教育,推广民族共同语是非常必要的。1955 年 10 月召开“全国文字改革会议”和“现代汉语规范问题学术会议”期间,汉民族共同语的名称正式定为“普通话”,并同时确定了它的定义,即“以北京语音为标准音,以北京话为基础方言”。1955 年 10 月 26 日,《人民日报》发表题为《为促进汉字改革、推广普通话、实现汉语规范化而努力》的社论,文中提到,“汉民族共同语,就是以北京话为基础方言、以北京语音为标准音的普通话。”1956 年 2 月 6 日,国务院发出关于推广普通话的指示，把普通话的定义增补为“以北京语音为标准音，以北京话为基础方言、以典范的现代白话文著作为语法规范的现代汉民族共同语。”这个定义从语音、词汇、语法三个方面明确规定了普通话的标准，使得普通话的定义更为科学、更为周密。其中，“普通”二字的含义是“普遍”和“共通”的意思。

一种共同语总是在一种方言的基础上形成的，作为共同语的基础的方言叫基础方言。哪一种方言能成为基础方言，这并不决定于人们的主观愿望，而是取决于这种方言在社会中的地位，取决于客观的社会政治、经济、文化等各方面的条件。北方方言的代表点北京是辽、金、元、明、清的都城，近千年来一直是一个政治、经济和文化的中心。以北京话为代表的北方方言在全国各地方言中影响最大，是几百年来中央政权施政的工具。唐、宋以后，用北方方言创作的白话文学作品（如唐代的变文与传奇，宋元的话本、元曲，明清的小说等）的流传，加速了北方方言的推广，扩大了北方方言的影响。特别是五四运动以后，“白话文运动”和“国语运动”的开展更增强了北京话的代表性，促使北京语音成为全民族共同语的标准音。

普通话“以北京语音为标准音”，指的是以北京话的语音系统为标准，并不是把北京话一切读法全部照搬，普通话并不等于北京话。北京话仍有许多土音，比如：老北京人把连词“和（hé）”说成“hàn”，把“蝴蝶（húdié）”说成“húdiěr”，把“告诉（gàosu）”说成“gàosong”，这些土音，使其他方言区的人难以接受。另外，北京话里还有异读音现象，例如“侵略”一词，有人念“qīn lüè”、也有人念成“qǐnlüè”；“附近”一词，有人念“fùjìn”，也有人念成“fǔjìn”，这也给普通话的推广带来许多麻烦。从1956年开始，国家对北京土话的字音进行了多次审订，制定了普通话的标准读音。因此，普通话的语音标准，当前应该以1985年公布的《普通话异读词审音表》以及2005年版的《现代汉语词典》为规范。

就词汇标准来看，普通话“以北京话为基础方言”，指的是以广大北京话地区普遍通行的说法为准，同时也要从其他方言吸取所需要的词语。北京话词语中也有许多契丹各地的土语，例如北京人把“傍晚”说成“晚半晌”，把“斥责”说成“呲儿”，把“吝啬”说成“抠门儿”；北京不少地区将“玉米”称为“苞米”，将“肥皂”称为“胰子”，将“馒头”称为“馍馍”。所以，不能把所有北京话的词汇都作为普通话的词汇，要有一个选择。有的非北京话地区的外来词汇有特殊的意义和表达力，北京话里没有相应的同义词，这样的词语可以吸收到普通话词汇中来。例如“搞”、“垃圾”、“尴尬”、“噱头”等词已经在书面语中经常出现,早已加入到了普通话词汇行列中。普通话所选择的词汇,一般都是流行较广而且早就用于书面上的词语。

普通话的语法标准是“以典范的现代白话文著作为语法规范”,这个标准包括四个方面意思:“典范”就是排除不典范的现代白话文著作作为语法规范;“白话文”就是排除文言文;“现代白话文”就是排除五四以前的早期白话文;“著作”就是指普通话的书面形式,它建立在口语基础上,但又不等同于一般的口语,而是经过加工、提炼的语言。

第三节 现代汉语方言

一、现代汉语方言概说

我国幅员辽阔,人口众多,方言差异很大。方言是语言的变体,广义的方言可分为社会方言和地域方言。社会方言是同一地域的社会成员因为在职业、阶层、年龄、性别、文化教养等方面的社会差异而形成的不同的社会变体。我们平时所说的“方言”一般指地域方言,它是语言因地域方面的差别而形成的变体,是全民语言在不同地域上的分支,是语言发展不平衡性在地域上的反映。

汉族社会在发展过程中出现过程度不同的分化和统一,因而使汉语逐渐产生了方言。在我国现代几大汉语方言中,北方方言可以看成是古汉语经过数千年在广大北方地区发展起来的,而其余方言却是北方居民在历史上不断南迁逐步形成的。在早期的广大江南地区,主要是古越族的居住地,古称“百越”,他们部落众多,各自说自己的语言或方言,与古汉语相差很远,不能通话。后来,北方的汉人曾有几次大规模南下,带来不同时期的北方古汉语,分散到江南各地区,于是逐步形成现在彼此明显不同的六大方言。各方言之间形成差异,究其原因有四:一是北方汉语与南方古越语在彼此接触之前,其内部就有各自的地区性方言;二是北方汉语南下的时间不同,汉语本身自然就不相同;三是汉语南下之前,原土著居民的语言各不相同,他们被汉语替代后,也会在汉语中留下不同的痕迹;四是由于行政区划的原因或地理的原因,南方各方言分别在相对独立的环境中发展。

尽管各方言之间存在着很大的差异,这些差异表现在语音、词汇、语法各个方面,以至于操不同方言的人不能互相通话,但是多数方言和共同语之间在语音上都有一定的对应规律，词汇、语法方面也有许多相同之处，因此它们都只是汉语的一种方言，而不是独立的语言。

根据方言的特点，联系方言形成和发展的历史，以及目前对方言调查的结果，可以对现代汉语的方言进行划分。当前，我国语言学界对现代汉语方言划分的意见还未完全一致，大多数人认为现代汉语有七大方言，分别是：北方方言，吴方言，湘方言，赣方言，客家方言，粤方言，闽方言。

1. 北方方言

北方方言，又称北方话，是现代汉民族共同语的基础方言，以北京话为代表，内部有较强的一致性。在汉语各方言中分布地域最广，使用人口约占汉族总人口的73%。北方方言分为四个次方言区：

(1)华北、东北方言。分布在京津两市，东北三省，河北、山东、河南和内蒙古的一部分地区。

(2)西北方言。分布在山西、陕西、甘肃等省和青海、宁夏、内蒙古的一部分地区，新疆汉族使用的语言也属于西北方言。

(3)西南方言。分布在四川、贵州、云南三省及湖北大部分(东南角咸宁地区除外)，湖南西北部、广西西北部等地区。

(4)江淮方言。分布在长江中下游，包括安徽、江苏两省长江以北地区(徐州、蚌埠一带属华北、东北方言)、镇江和镇江以西九江以东的长江南岸沿江一带。

2. 吴方言

吴方言，又称江浙话或江南话。过去以苏州话为代表，现今随着上海市的经济发展，使上海话的影响越来越大，使用的人口不断增多，因此现今吴方言的代表乃是上海话。通行地域主要是上海市、江苏省长江以南、镇江(不含)以东地区、南通小部分地区及浙江大部分地区。杭州市曾做过南宋的都城，杭州城区的吴语也就带上了浓厚的“官话”色彩。吴方言使用人口占汉族总人口的7.2%。

3. 湘方言

湘方言，又称湖南话或湖湘话，以长沙话为代表，分布在湖南省大部分地区(西北部和东部部分县市除外)。湘方言从内部语音差异上看，又有新湘语和老湘语的分别。老湘语广泛流行于湖南中部宁乡、衡阳等地，新湘语流行于长沙、株洲等大中城市中。湘方言使用人口约占汉族总人口的3.2%。

4. 赣方言

赣方言，又称江西话，以南昌话为代表，分布在江西省大部分地区（东北沿江地区和南部除外），以及福建省西部、湖南省东部部分县市。赣方言使用人口约占汉族总人口的3.3%。

5. 客家方言

客家方言，又称客家话，以广东梅县话为代表。客家人分布在广东、福建、台湾、江西、广西、湖南、四川等省，其中以广东东部和北部、福建西部、江西南部、广西东南部为主。历史上客家人从中原经多次迁徙到南方各地，虽然居住分散，但客家方言仍自成系统，内部差别不大。客家方言使用人口约占汉族总人口的3.6%。

6. 粤方言

粤方言，又称广东话，当地人也叫“白话”，以广州话为代表。分布在广东省中部、西南部和广西东部和南部的一百余个县以及香港、澳门特别行政区。粤方言的使用人口约占汉族总人口的4%。

7. 闽方言

闽方言，又称福建话，分布区域跨越六省，包括福建和海南的大部分地区、广东东部潮汕地区、雷州半岛部分地区、浙江南部温州地区的一部分、广西的少数地区、台湾省的大多数地区。闽方言使用人口约占汉族总人口的5.7%。

闽方言内部分歧较大，又可分为5个片：

（1）闽东方言。以福州话为代表，分布在福建东部闽江下游。

（2）闽南方言。以厦门话为代表，分布在闽南24县、台湾及广东的潮汕地区、雷州半岛、海南省及浙江南部。

（3）闽北方言。以建瓯话为代表。

（4）闽中方言。以永安话为代表。

（5）莆仙方言。以莆田话为代表。

二、共同语和方言的关系

共同语和方言都处在不断的发展变化之中，因此，共同语和方言的关系可以从共时和历时两个角度来认识。

从共时的角度看，共同语是打破语言的地域隔阂、走向语言统一时出现的语言形式。现代汉民族共同语是普通话，是经过规范的标准语，同时也是国家推广的通用语言。普通话来自方言，是在北方方言的基础上建立起来的，但普通话又要高于方言，对方言起示范作用，规范方言的发展方向，而方言则从属于普通话，向普通话集中、靠拢，因此，普通话是具有全民通用性和权威性的特殊方言。

从历时的角度看，我们知道，方言是语言分化的结果，历史上或现代的几个方言在未分化之前应该是处于统一状态的。这种统一状态下的语言就是历史上某一时期的共同语。对于汉语方言来说，现代汉语方言就是由古代汉民族共同语发展而来的。我们在进行方言比较的时候，会发现各个方言之间存在着很整齐的对应关系，就是因为它们是由一种统一的语言发展而来的。我们研究汉语方言时，经常联系中古的《切韵》和《广韵》，有时还联系以《诗经》为代表的上古音，会发现中古语音的特点现在还保留在一些方言之中。例如，南方方言多数都保留了入声；闽语、粤语和客家话不仅保留了北方方言已经消失的鼻音韵尾[-m]，而且完整地保留了[-p] [-t] [-k]三种塞音韵尾；吴方言和部分湘方言保留了全浊音声母[b] [d] [g]；而闽方言中缺少声母[f]则很可能是上古时期“古无轻唇音”这一特点的保留。

第四节　推广普通话

普通话是现代汉民族共同语的口语形式，我们国家地域辽阔、人口众多，自古以来就有方言分歧。方言的存在给交际带来不便，产生隔阂，为了克服方言给交际带来的隔阂，就要有沟通各种方言的共同语存在。在建设有中国特色社会主义现代化的历史进程中，大力推广、积极普及全国通用的普通话，有利于克服语言隔阂，促进社会交往，对社会主义政治、经济、文化建设具有重要意义。

推广普通话是国家统一和民族团结的需要。一个国家、一个民族是否拥有统一的语言，是关系到国家和民族凝聚力的具有政治意义的大事。《中华人民共和国宪法》第 19 条规定：“国家推广全国通用的普通话”。使用国家通用的语言文字，是每个公民应当履行的权利（非义务）。我国是一个多民族、多方言的国家，推广普及普通话有利于增进我国各民族的交流与往来，维护国家统一，增强中华民族的凝聚力。

推广普通话是社会主义经济建设的需要。随着改革开放和社会主义市场经济的发展，社会对普通话的需求日益迫切，推广和普及普通话，营造良好的语言环境，有利于促进人员交流、商品流通和建立统一的市场。

语言文字能力是文化素质的基本内容，推广普及普通话是素质教育的重要内容。推广和普及普通话有利于贯彻教育面向现代化、面向世界、面向未来的战略方针，有利于弘扬祖国优秀传统文化和爱国主义精神，提高全民族的科学文化素质。

信息技术水平是衡量国家科技水平的标志之一。语言是最主要的信息载体，语言文字规范化是提高中文信息处理水平的先决条件。推广普及普通话和推行《汉语拼音方案》有利于推动中文信息处理技术的发展和应用。

随着对外开放政策的贯彻执行，国际往来和国际交流越来越多，进一步推广普通话，可以减少语言交际的困难，促进国际交往。

正因为如此，国家一直十分重视推广普通话工作。20世纪50年代，国家推广普通话的工作方针是“大力提倡，重点推行，逐步普及”。这个方针符合当时的社会实际，对于普通话的推广起到了重要的促进作用。进入社会主义建设新时期以来，推广普通话工作进入一个新的阶段。1982年修订的《中华人民共和国宪法》规定“国家推广全国通用的普通话”，第一次在根本大法中明确了普通话的通用语言地位。推广普通话不再是一般的“提倡”、“号召”的事情，而是应当大力推行的执法行为。1986年，全国语言文字工作会议把推广普通话列为新时期语言文字工作的首要任务。1992年，国家语委把推广普通话的工作方针调整为“大力推行，积极普及，逐步提高”。1997年，全国语言文字工作会议要求继续贯彻这个方针，在普及的基础上提高，在提高的指导下普及，并且提出中心城市和经济发达地区率先普及普通话的要求。21世纪推广普通话的工作目标是：2010年以前，普通话在全国范围内初步普及，交际中的方言隔阂基本消除，受过中等或中等以上教育的公民具备普通话的应用能力，并在必要的场合自觉地使用普通话；21世纪中叶以前，普通话在全国范围内普及，交际中没有方言隔阂。经过未来四五十年的不懈努力，我国国民语文素质将大幅度提高、普通话的社会应用更加适应社会主义政治、经济、文化建设需要，形成与中等发达国家水平相适应的良好语言环境。

当前，推广普通话工作的要求是：第一，学校及其他教育机构以普通话为基本教育教学用语，普通话水平达标的教师才能上岗。各级各类学校要加强普通话能力训练，特别要注重普通话口语能力的提高，使普通话成为各级各类学校的教学语言和城镇学校的校园语言。教育行政部门要把提高学生语言文字规范意识和语言文字应用能力的要求纳入各级各类学校的培养目标和有关课程标准，纳入教育教学和学生技能训练的基本内容，纳入学校工作日程常规和管理，渗透到德育、智育、体育、美育和社会实践等教育活动中。第二，党政机关以普通话为基本的公务用语，公务员在公务活动中自觉说普通话并不断提高普通话水平。党政机关要在推广普通话方面率先垂范，督促和带动全社会推广普及普通话。第三，广播电影电视等有声传媒要以普通话为基本用语，提倡商业、旅游、邮电、交通、铁路、民航、金融、卫生等行业以普通话为服务用语，工作人员要努力提高普通话水平。解放军和武警部队要以普通话为工作用语，帮助干部战士努力提高普通话水平。

我国是统一的多民族国家，推广普通话要处理好普通话与各民族语言的关系。各民族语言平等共存，各民族都有使用和发展自己语言的自由。国家鼓励各民族互相学习语言。使用少数民族语言进行教学的学校开设的汉语课程应当教授普通话，少数民族自治地方需要使用汉语的场合要使用普通话。

推广普通话还要正确处理普通话与汉语方言的关系。推广普通话是为了消除方言之间的隔阂，而不是禁止和消灭方言，而且方言也不是用人为的力量可以消灭的。因此，我们在推广普通话的过程中，应坚持社会语言生活主体化和多样化相结合的原则，一方面使公民普遍具备普通话应用能力，另一方面尊重方言的使用价值和文化价值。推广普通话不是消灭方言，而是要让公民在使用方言的同时也掌握国家通用语言，并在正式场合和公共交际场合自觉地使用普通话。

第二章 语音基础知识与发声技能

第一节 语音的性质

语音是语言的物质外壳,它是由人的大发音器官发出的,负载着一定语言意义的声音。关于语音的性质,可以从物理属性、生理属性和社会属性三方面来理解。

一、语音的物理属性

语音是声音,而声音是一种物理现象。世界上任何一种物体处于静止状态时是不会发出声音的,声音的产生源于物体的振动。声源的振动引起空气的振动,产生了振动波,声波传入人耳,耳朵的鼓膜也产生同样的振动,我们就听到了声音。语音也是这个道理,它是由人的气息振动发音器官产生声波,经过共鸣器官扩大和美化后传入人耳。

每个声波都可以从音高、音强、音长、音色四个基本要素去认识,分析语音也不例外。

1. 音高

音高指的是声音的高低。它取决于发音体在单位时间里振动次数的多少。声波每秒振动的周期次数就是声波的频率。语音的高低,就是由声波频率的多少决定的。频率与声音的高低成正比,如果在一定的时间里发音体振动得快,次数多,频率就高,声音也就高;发音体振动得慢,次数少,频率就低,声音也就低。物体发音的高低还与物体的形态有关。一般说,物体的大小、粗细、厚薄、长短、松紧直接影响物体发音的高低。大的、粗的、厚的、长的、松的东西振动慢,频率低,声音低;反之,小的、细的、薄的、短的、紧的东西振动快,频率高,声音高。乐器中的大提琴、小提琴就说明了这一点。在语音中,声音的高低取决于人的声带的长短、厚薄及闭合的情况和松紧的调节。一般说,成年男子声带长厚,声音低;女子和儿童声带相对短薄,声音高。音高在汉语中有很重要的作用，在普通话中，“妈”、“麻”、“马”、“骂”四个声调的区别主要就是由音高的不同变化决定的。

2. 音强

音强指的是声音的强弱，它取决于发音体振动幅度的大小。计算振幅的单位是分贝。普通谈话时声音的强度在60—70分贝，如果超过这一数值，人耳就会不适，当声音高达120—130分贝时，人耳就会感到疼痛。振幅的大小与音强成正比，振幅大，声音就强；振幅小，声音就弱。

从发音上来说，同一个人语音的强弱是由发音时气流冲击声带力量的强弱来决定的。气息饱满声音就实，气息弱声音就虚。从语音的性质上来讲，元音普遍要比辅音的音量强、响度大；浊辅音比清辅音音量强、响度大；开口度大的元音比开口度小的元音音量强、响度大。普通话词汇的轻重读也主要靠音强来区别。比如，“莲子”和“帘子”中的“子”的区别主要就是音强的不同。

3. 音长

音长是指声音的长短，它取决于发音体振动时间持续的长短。振动时间长，声音就长；振动时间短，声音就短。从发音上来说，语音的长短是由发音动作延续时间的长短决定的。有些语言用音的长短来区别意义，在汉语方言广州话里，“三”和“心”的区别也主要是音长的不同。在普通话中，轻声音节，音长相对也较短。如，“妈妈”的后一个“妈”字念得又轻又短。另外，在语言表达过程中，还可以控制语音的音长来达到表情达意的目的。

4. 音色

音色是指声音的个性和特色，也叫“音质”，是一种声音区别于另一种声音的基本特征。音色的差别取决于振动形式的不同，或者说，是音波波纹的曲折形式不同才造成不同的音色。形成不同音色的原因有三个方面：(1)发音体不同。小提琴和黑管的声音不同，就是因为小提琴是弦乐器，黑管是管乐器；两人说同一句话，我们可以听出不同，这是由于两人的发音器官不一样。(2)发音方法不同。同一把小提琴，用弓拉、用手弹拨音色就不同。同一个人发 b 和 p 时音色也不同，这都是发音方法不同所致。(3)发音时共鸣器形状不同。竹箫和竹笛同是竹制管乐器，发出来的声音却不一样，就是因为共鸣器的形状不同。同一个人发 a 音和发 i 音音色不一样，这也是发音时共鸣腔的形状发生了变化。发 a 音时口腔大开，舌位低；发 i 音时舌位高，口腔开度较小。所以，共鸣腔的形状不一样，音色也就不一样。我们练习发声就是要充分利用共鸣来扩大和美化声音，使声音圆润、集中。

音高、音强、音长、音色是语音物理属性中不可缺少的四个要素，任何一种声音都是这四要素的组合。在汉语普通话中这四个要素都起着区别意义或表情达意的作用，我们在进行语音训练时要把握好这四个要素。

二、语音的生理属性

语音是由人的发音器官发出来的，发音器官及其活动决定了语音的不同。人的发音器官分为三个部分。

1. 肺和气管

肺部呼吸产生的气流是语音的原动力，气流通过支气管、气管送到喉头，冲击声带或其他发音器官，使之振动，发出声音。肺本身不能自由扩张收缩，是依靠胸部腹部若干肌肉群的活动来进行呼吸的。这些肌肉群的活动还可以控制肺部吸入气流量的大小、呼出气流量的强弱及持续时间，影响声音的强弱与长短。

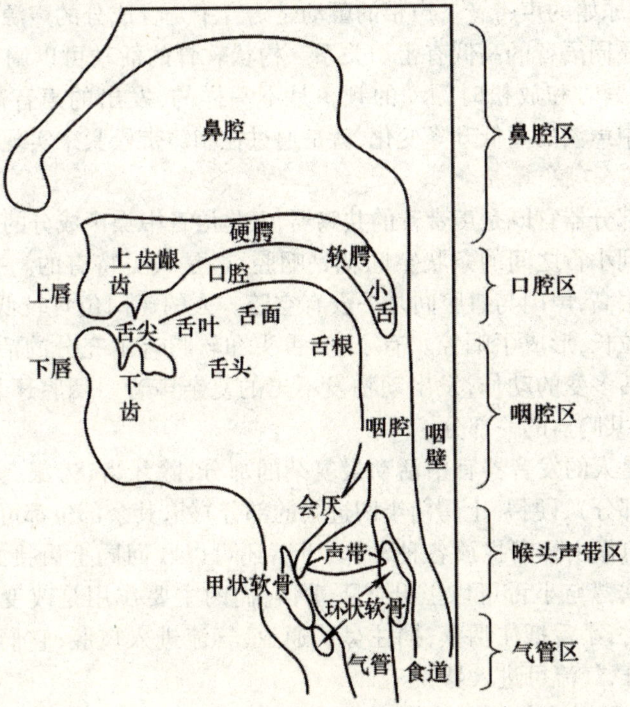

发音器官示意图

2. 喉头和声带

气管的顶端接着喉头。喉头由甲状软骨、环状软骨和两块杓状软骨及与它们相连的肌肉、韧带组成，是个能活动的管腔体，声带就位于喉头的中间。

声带是一对富有弹性的带状薄膜，边缘很薄。它一端合并固定在甲状软骨上，不能分开；另一端分别附在两块杓状软骨上。杓状软骨小而灵活，能在肌肉牵引下活动，使声带拉紧或放松，闭合或打开。声带中间的空隙叫声门，正常呼吸时，声门敞开，略呈三角形；深呼吸时，声门大开呈菱形；耳语时，声带前半闭合后半接近，杓状软骨之间形成三角形空隙，气流从这里擦出，基本不触及声带；发音时，杓状软骨转动向一起合，声带也并拢，声门关闭。

这时，声门下的气流受阻，压力增加，便冲击声带，声带被冲开又合上，再被冲开，再合上，这样不停地开闭，形成有节奏的颤动，产生有规律的周期波，这就是原始的声带音。声带的颤动是语音中乐音成分的声源。

声带还同语音的高低有密切关系。杓状软骨的活动可以调节声带的松紧，声带绷紧时和放松时颤动的频率是不一样的，发出的声音高低也不一样。汉语中声调的高低升降变化，就是通过控制声带松紧来实现的。

3. 咽腔、口腔、鼻腔

这一部分器官既是声带音的共鸣器，又是语音中噪声成分的声源。

喉头到小舌之间的条状空间就是咽腔，这是人类特有的。一般动物的声门位置很高，声门与口腔间几乎没有空腔。人的声门位置较低，喉头和口腔间距离拉长，形成了咽腔。有了它，舌头和软腭有了充分的活动空间，可以做出灵活多变的动作，发出动物发不出的复杂声音。咽腔还是口腔的延伸，是整个共鸣器的一部分。

口腔是人的发音器官中活动最复杂的部分，除牙齿、齿龈（上腭前端凸出的一小部分）、硬腭（上腭前半凹进去的部分）外，其余部位都可以活动。

双唇可做出开闭拢放各种动作，下唇还可以收回同上齿接触。上腭后半部分的软腭与小舌可以上升或下垂，它们的主要作用是改变气流方向。它们上升时，小舌抵住咽壁，挡住鼻腔通道，气流进入口腔；它们下垂时，鼻腔通道打开，气流可进入鼻腔。

舌头是口腔中最活跃的部件，它柔软而灵活，不仅整个舌头可以前后上下移动，它的各部分（舌尖、舌面、舌根）都可以独立活动，特别是舌尖，它可以自由接触到口腔前方上方的多处部位。舌头多变的动作，是口腔形状能出现丰富变化的重要条件。

鼻腔不像口腔那样可以变动,它是个形状固定的共鸣腔,但当它与口腔连通时,口腔动作改变也可以发出不同的鼻音。

总之,这部分器官通过复杂的动作不断改变共鸣腔的形状,用不同的共振把原始的声带音变成了我们听得到的各种声音。

口腔还有一部分动作是由某些部位靠近或闭合,阻挡了气流,气流必须发力冲破阻挡或从窄小的通道挤过去,才能到达口鼻腔外。在打通通道的同时,气流就冲击了阻挡它的部位,产生出不规则振动的噪声波。这也就是语音中许多辅音的来源。

三、语音的社会属性

语音的物理属性和生理属性都是语音的自然属性。语言是社会现象,作为语言的物质外壳,语音也是一种社会现象。语音的社会属性表现在以下几方面:

首先,语音与语义的联系是社会赋予的。语音是人类发音器官发出的声音,是语言符号的形式,它所表现的内容是意义,声音和意义本来没有必然的联系,用什么样的声音形式表达什么样的意义是任意的,完全是一个民族的社会成员在漫长的社会发展中约定俗成的。一种语言所用词的音义结合,只有得到该民族全体社会成员的认可才能成立。因此,相同的语音形式在不同的语言或方言中可以用来表示不同的意义。同样一个意义在不同的语言或方言中也可以用不同的语音形式来表示。当然,用某个音表示某种意义,一经社会公认和普遍使用,音义的联系就固定下来了,任何个人不能再随意改变,不然别人就听不懂。语音和意义之间这种约定俗成的关系说明,语音的建立是一种最广泛的社会行为。所以,社会属性是语音的本质特点,也是语音区别于自然界一切声音的本质特征。

其次,语音还表现出不同的地方特征和民族特征。汉语普通话里有翘舌音,如“知”、“吃”、“诗”等,但汉语很多方言却没有这一类音;英语有齿间音,如“three”、“this”中的“th”,汉语中却没有这样的语音。不同民族的人对同一个音的敏感程度和发音能力也有很大差异。人们对母语中没有的音就常常发不准或分不清,如英语的齿间音[θ],俄语的舌尖颤音[r],法语的小舌颤音[R],中国人学起来就很困难。同样,外国人学汉语语音也会遇到种种困难。其实,人类发音器官的构造基本上是相同的,为什么不同的人对同一个音的敏感程度和发音能力会有差异呢?其原因只能归结为不同民族不同地域人们的语言习惯不同,这是语音社会属性的又一表现。我们在学习别的方言或民族语言时,要下工夫去掌握富有地方特征和民族特征的语言成分。

最后,语音的社会性还特别表现在不同语言具有不同的语音系统这点上。各种语言或方言都有自己的语音系统,不同语音系统的基本语音单位、单位之间的搭配规则等,都有很大差别。比如,语音四要素在不同语言中被运用的情况很不一样。英语在利用音质差别的同时,还利用音长的差异来区别意义,有着成系列的长短音:[iː]-[i]、[uː]-[u]等;汉语则运用音高形成的声调来区别意义,这样,就形成了不同音系各自的特征。有些音在几种语言里都有,但是它们在各自的语音系统里的作用和地位却不一样。例如,发音时送气或不送气在普通话中是非常重要的,它可以区别意义。如:[pu51](部)和[phu51](铺)、[tu51](肚)和[thu51](兔)、[ku51](故)和[khu51](裤)中的[p、t、k]和[ph、th、kh],发音时送气和不送气,具有区别词形和词义的作用,是不能相混的。这两组音在英语、俄语里也有,然而送气与不送气的区别却并不重要,因为它们不起区别词形和词义的作用。例如英语"park"与"spark"、"top"与"stop"、"kill"与"skill"里的"p、t、k"读成送气音或不送气音都不会引起意义的变化,最多只是听起来不顺耳,发音不标准,却不至于让人理解错误。音素在不同语音系统里的这种不同地位和作用,也是由社会因素决定的,是语音社会属性的表现。

第二节　语音的基本概念

一、音节

音节是语音中最自然的结构单位。人在说话时,发音器官的肌肉总是一松一紧地运动,松紧交替一次,就在人们的听觉上形成一个语音段落,这就是音节。因此,人们凭听觉就能从语段中分辨出音节来。说话时,人们也总是按音节来发音,肌肉紧张一次,就发出一个音节。例如,"飘 piāo"和"皮袄 pí'ǎo"的构成成分除声调外都是一样的,但我们一听就知道"飘"是一个音节,"皮袄"是两个音节。一般说来,一个汉字就是一个音节。

从人们对语音的自然感觉上说,音节是最小的单位。但事实上,音节是由比它更小的语音单位组成的。也就是说,音节是有结构的,它可以被分成更小的语音单位。

我国传统音韵学的办法，是对汉语的一个音节作层层二分：先把声调从音节中分开，再把音节分成声母和韵母两部分，继而分韵母为韵头、韵身，韵身再分作韵腹、韵尾。例如“kuān”（宽）中，“k”是声母，“uān”是韵母；“u”韵头，“ān”是韵身；“ā”是韵腹，“n”是韵尾。

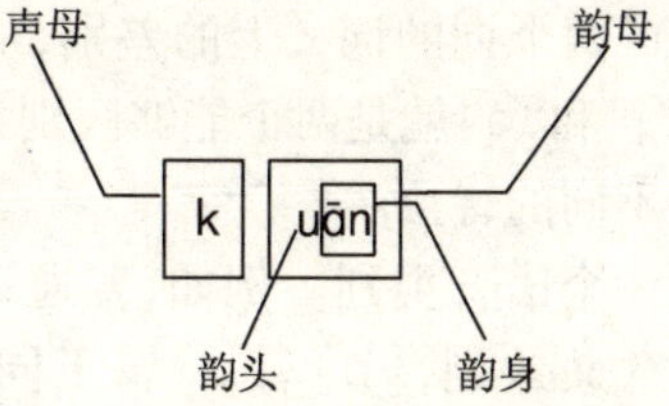

国外语音学则根据音色的差别，直接把音节分成若干个最小单位。

二、音素

音素是最小的语音单位。它是根据音色差别划分出来的。如果把发音动作放得很慢来读“mā”（妈）这个音节，就能从音节始末听出两个不同的音m-a，这就是两个音素。

音素可以用比较的方法来分析。例如汉语普通话中的“他”（ta）和“图”（tu），开头的音都是t，只是后面的音不同，一个是a，一个是u，a和u不能再分，就是最小的语音单位——音素。同样的道理，“图”（tu）和“湖”（hu）后面的音相同，都是u，前面的音不同，一个是t，一个是h，t和h也不能再分，也是最小的语音单位——音素。

音素可分为元音和辅音两大类。气流在咽腔、口腔不受阻碍而形成的音叫元音，如a、o、e、i、u等。气流在咽腔、口腔受阻碍而形成的音叫辅音，如p、t、k、ch等。

元音和辅音的差异主要有以下四点：

（1）发元音时，气流通过咽头、口腔不受任何阻碍；发辅音时，气流通过咽头、口腔一般要受到某个部位的阻碍。这是元音和辅音最重要的区别。

（2）发元音时，声带一定振动，声音总是比较响亮，并且能延长；发辅音时，声带不一定振动（有的振动，如m、n、l、r；有的不振动，如b、t、k），声带振动时声音较响亮，不振动时声音不响亮。发辅音时，声带振动的是浊辅音，不振动的是清辅音。

（3）发元音时，发音器官各部位保持均衡的紧张状态；发辅音时，发音器官成阻的部位特别紧张。

(4)发元音时,气流较弱;发辅音时,气流较强。

三、音位

音位是一个语音系统中能够区别意义的最小的语音单位。例如,普通话里"季(ji)"和"气(qi)"两个词的词义上的差别,从语音上看就是通过"j"和"q"来表现的,那么,"j"和"q"就是两个能够区别意义的最小语音单位,它们就属于普通话里两个不同的音位。

一个音位往往是指一个语音类别。例如,普通话"霸"[bɑ],读作[pɑ]虽不尽标准,但不引起意义差别,[p]、[b]属于同一音位;贪[t'an]、他[tA]、汤[t'ɑŋ]的[a]、[A]、[ɑ]实际读音并不完全一样,[a]舌位靠前,[A]舌位居中,[ɑ]舌位靠后,但这些差异并没有区别词义的作用,它们可以互换,说起来可能觉得拗口,但无意义差别,所以属于同一音位。汉语拼音方案里的ɑ、o、e、b、p、m、f……都是这样归纳出来的语音单位,实际上它们每一个单位都各成一类,就是一个音位。

音位总是属于某种特定语言或方言的。两个音在某种语言中属于同一音位,在另一种语言中则有可能属于两个不同的音位。例如[t]、[t']在英语中属于同一音位,英语 star 中的 t,一般读不送气音[t],如果读成送气音[t'],也只是让人觉得发音不够准确或听起来不顺耳,但不至于理解错误,在汉语中,送气不送气则有区别意义的作用,"大[tA]"和"踏[t'A]"是意义不同的两个词,因此,[t]、[t']在汉语中属于两个不同的音位。

四、元音

元音也叫"母音"。共鸣腔的形状不同,元音的发音也就不同。共鸣腔中最主要的器官是口腔,因此,元音的差别主要取决于口腔的形状。改变口腔形状主要靠舌和唇,舌可以前伸、后缩,也可以抬高、降低,唇可以撮起或展平,这些动作都可以改变口腔内部的形状和容积,从而改变元音的音质。这样,元音的不同就主要取决于发音时的三个因素:舌位的高低、舌位的前后和嘴唇的圆展。

根据舌头的状态,可将元音分为舌面元音和舌尖元音两大类。

发舌面元音时,舌面上的肌肉有个比其他部分更紧张的部位,称为舌高点。舌高点的位置大致可分为前、中、后三点,舌面元音也就相应分为前元音、中元音和后元音三类。

嘴唇不圆，把嘴张得最大，也就是舌位最低，舌头尽量前伸，抵住下齿背，发出来的音就是前低不圆唇舌面元音[a]，就像“爱”(ai)里面的前一个音；同样条件下，把舌头尽量后缩，发出来的音就是后低不圆唇舌面元音[ɑ]，像“昂”(ang)里面的前一个音。

嘴唇不圆，把嘴合拢，开口度最小，舌头尽量前伸，抵住下齿背，发出的是前高不圆唇元音[i]，就像“衣”；在此基础上，把舌头尽量后缩，嘴唇撮圆，发出的就是后高圆唇元音[u]，就像“乌”。

下图是元音舌位图，图中有“嘴唇的圆展”、“舌位的高低”、“舌位的前后”三个参照系。以“前高不圆唇元音[i]”为例，“前”是指舌位靠前，舌头尽量前伸；“高”是指舌面尽量贴近上腭，舌面拱起；“不圆唇”是指嘴唇的开口度比较小，嘴唇不圆。满足了上面三个条件，就能发出标准的“前高不圆唇元音”[i]来。

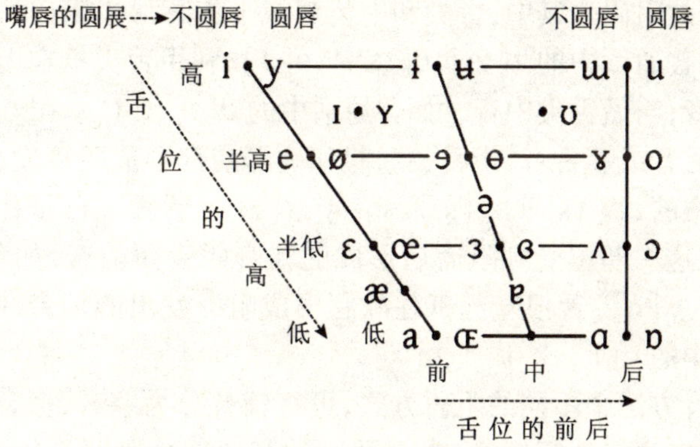

元音舌位图

五、辅音

辅音也叫“子音”。发音时，气流从肺中呼出，经过声门、咽腔、口腔或鼻腔时，受到各个器官不同程度的阻碍。由于阻碍部位（发音部位）和阻碍的方法及除去阻碍的方式（发音方法）不同，因而形成不同的辅音。如[p]、[t]、[k]的不同，就是发音部位不同。[p]、[p‘]的不同，就是发音方法不同。发辅音时，阻碍部位的肌肉会产生局部的紧张，如发[t]时，舌尖部位紧张，发[k]时，舌根部位紧张。发辅音时的气流要比发元音时的气流强。

语音学上将辅音形成的过程分为“成阻”、“持阻”、“除阻”三个阶段。成阻，是发音时阻碍作用开始形成、发音器官从静止或其他状态转到发一种辅音时所必须构成阻碍状态的过程，如发[p]时，双唇紧闭，软腭上升；持阻，是发音时阻碍作用持续、发音器官从开始成阻到最后除阻的中间过程；除阻，是发音中阻碍作用消除、发音器官从某一状态转到原来静止状态或其他状态的一种过程。辅音在成阻、持阻或除阻时都能发出声音，持阻时发出的声音可以延长，如[s]、[m]；除阻时发出的声音不能延长，如[p]、[k]。

按照发音部位的不同，可将辅音分为双唇音、唇齿音、舌尖音、舌面音、舌根音等。双唇音是下唇和上唇形成阻碍发出的辅音。如汉语普通话中的b[p]、p[p‘]、m[m]。唇齿音是下唇和上齿形成阻碍发出的辅音。如汉语普通话中的f[f]，英语very里的[v]。舌尖可以上翘，抵在上腭的不同部位，造成不同的阻碍。其中，舌尖和上齿龈或上齿背形成阻碍发出的辅音叫舌尖前音，如普通话中的z[ts]、c[ts‘]、s[s]；利用舌尖抵在上齿龈形成阻碍发出的辅音，叫做舌尖中音。如普通话中的d[t]、t[t‘]、n[n]、l[l]；舌尖后音又叫卷舌音或翘舌音，指舌尖翘起和硬腭前部形成阻碍发出的辅音，如汉语普通话中的zh[tʂ]、ch[tʂ‘]、sh[ʂ]、r[ʐ]。舌面前部抵住或接近硬腭前部，气流在这一部位受到阻碍后形成的辅音叫舌面前音，如普通话中的j[tɕ]、q[tɕ‘]、x[ɕ]；舌根隆起抵住软腭形成阻碍发出的辅音，叫舌根音，如汉语普通话中的g[k]、k[k‘]、h[x]。

按照发音方法中不同的阻碍方式，可将辅音分为塞音、擦音、塞擦音、鼻音、边音等。塞音又叫闭塞音，发音器官的某两部分紧紧靠拢，完全堵塞气流通道，除阻时阻碍部位突然放开，气流骤然冲出，就产生塞音，如[p]、[t]、[k]、[p‘]、[t‘]、[k‘]、[b]、[d]、[g]这些音都是塞音。擦音又叫摩擦音，发音器官的某两部分靠近而不完全闭塞，留出一个狭窄的缝隙，让气流从中摩擦而出，就产生擦音，如[f]、[s]、[ʂ]、[ʐ]、[ɕ]、[x]这些音都是擦音。塞擦音是发音器官的某两部分先闭塞，然后放松阻碍，形成缝隙，让气流摩擦而发出的辅音。发塞擦音时，闭塞过程和摩擦过程结合很紧，一般把它们看成一个发音过程，国际音标就用一个塞音符号和一个擦音符号来表示塞擦音，如汉语普通话中的z[ts]、c[ts‘]、zh[tʂ]、ch[tʂ‘]、j[tɕ]、q[tɕ‘]都是塞擦音。鼻音，指口腔气流通路被阻塞，软腭下垂，鼻腔通气发出的声音，普通话的m[m]、n[n]、ng[ŋ]都是鼻音。边音，指舌头的某部位和齿龈或硬腭接触，使口腔中部闭塞，让气流从舌头两边的空隙中流出，就产生边音，如汉语普通话的 l[l]。

按照发音时声带是否振动，可将辅音分为清辅音和浊辅音。普通话声母中，浊音有 m[m]、n[n] l[l]、r[ʐ]四个，另有一个辅音韵尾 ng[ŋ]。

按照发音时气流的强弱，可将辅音分为不送气音（如[p']、[t']、[k']）和送气音（如[pʰ]、[tʰ]、[kʰ]）。

第三节　记音符号

汉字是表意文字，它和拼音文字不同，不能从字形中看出读音来，为了记录汉字的读音，人们采用过多种记音方法，主要有用汉字记音、用注音字母记音和用拼音字母记音。

一、汉字记音

汉魏以前，汉字注音一般都是采用打比方的方法，这叫做“譬况”。比如《淮南子·地形训》中说：“其地宜黍，多旄犀。”东汉时高诱注：“旄读绸缪之缪，急气言乃得之。”又如《淮南子·原道训》：“蛟龙水居。”高诱注：“蛟读人情性交易之交，缓气言乃得耳。”这种注音方法显然不科学、不准确。

还有一种注音方法是“读若”或“读如”，意思是“读得像某字音”，实际上还是打比方的方法，这种方法在《说文解字》中用得较多。如“珣，读若宣。”又如“宋，居也，从宀木，读若送。”

汉代开始还有一种“直音法”，就是用一个同音字给某字注音。如《汉书·高帝纪》中说：“高祖为人，隆准而龙颜。”颜师古注引服虔曰：“准音拙。”又如“单父人吕公善沛令”，注引孟康曰：“单音善，父音甫。”这种注音方法有它的局限性：第一，运用这种方法必须找到确切的同音字才行，但并不是每一个音节都有同音字。即使找到同音字，而那个同音字如果生僻难识也不行。第二，我国方言复杂，在这个方言里是同音字，而在别的方言中就不一定是同音字了，比如“利、力、立、栗、历”在普通话里是同音字，但在各种方言里它们的读音不一定全都相同。

在打比方和直音法都行不通的情况下，东汉后期，人们创造了“反切法”来给汉字注音。反切，是用两个汉字注出另一个汉字的读音，古代直行书写，反切的两个字一个在上，一个在下，反切的基本原理是：上字取声，下字取韵（包括调）。比如“都，当孤切。”这里“当”是反切上字，表示被注音字

"都"的声母与"当"相同;"孤"是反切下字,表示被注音字"都"的韵母和声调与"孤"相同。运用反切法注音解决了直音法局限性的第一个方面,但还是不能解决各种方言之间读音不同的问题。另外,由于语音是在不断发展和变化之中的,古代的某个反切,后代按照反切的原理就不一定能切出准确的读音来。如"所江切双"、"吐根切吞",如果按现代普通话进行反切,就切不出准确的读音。

二、注音字母记音

注音字母是我国第一套法定的汉字形式的标注汉字的拼音字母,又称国音字母、注音符号、注音字符。1913 年由读音统一会制定,1918 年由北洋政府教育部公布。1919 年又公布"注音字母音类次序",重新排列字母顺序。字母共有 39 个。1920 年,审音委员会增加"ㄜ"字母,成为 40 个。即:ㄅㄆㄇㄈㄪ、ㄉㄊㄋㄌ、ㄍㄎㄫㄏ、ㄐㄑㄬㄒ、ㄓㄔㄕㄖ、ㄗㄘㄙ、ㄧ(直行作一)ㄨㄩ、ㄚㄛㄜㄝ、ㄞㄟㄠㄡ、ㄢㄣㄤㄥ、ㄦ。注音最初以读音统一会所定字音为标准,故有万、兀、广三个字母。后来以北京音为标准,万、兀、广 3 个字母用来标注方音。1922 年,北洋政府教育部公布《注音字母书法体式》,改订标调法,废除四角点声法,改用标调符号。

注音字母的特点是:字母出自古汉字,音节拼字法采用三拼制,主要用来标注汉字读音。1918—1958 年,在汉语拼音方案公布前一直通行,对统一汉字读音、推广国语、普及拼音知识有很大贡献。1930 年,南京国民政府曾把注音字母改名为注音符号。后台湾当局改称为国音符号。

三、拼音字母记音

用拼音字母来给汉字注音和记录汉语有威妥玛式方案、国语罗马字拼音法式、北方话拉丁化新文字和《汉语拼音方案》等。

威妥玛式方案,是中国清末至 1958 年《汉语拼音方案》公布前,中国和国际上流行的中文拼音方案,又称威妥玛·翟理斯式拼音。T. F. 威妥玛(Thomas Francis Wade,1818—1895),英国人,曾在英国驻华使馆任职。回国后在剑桥大学任教,讲授汉语。威妥玛在华任职期间,使用他根据北京读书音制订的拉丁字母拼音方案给汉字注音。这个方案以后被普遍用来拼写中国的人名、地名等,一般称为威妥玛式拼音。威妥玛式拼音虽然保持了接近英文拼法的一些特点,但是并不完全迁就英文的拼写习惯。它的最大优点是利用送气符号来表示声母,最大缺点是没有充分考虑汉语的语音特点,拘泥于国际习惯。

国语罗马字拼音法式，是中国第一套法定的拉丁字母拼音方案。1925—1926年，由国语统一筹备会罗马字母拼音研究委员会研究制订，1928年，南京国民党政府大学院作为“国音字母第二式”公布，与注音字母同时推行。这个方案以北京语音为标准音，同时适当兼顾其他“官话”区域的读音；完全采用现成的拉丁字母，不增加新字母也不附加符号；充分考虑到现代汉语的语音特点，同时也尽可能地照顾到国际习惯，但缺点是用变化拼法的办法来表示声调，规则较繁，带来学习上的不便。

拉丁化新文字，是从20世纪30年代初到1958年《汉语拼音方案》公布前在群众中推行的汉语拼音文字方案，一般简称“新文字”。它除了北方话的方案外，还有方言的方案，但北方话拉丁化新文字是它的代表性方案，所以又简称“北拉”。它以汉语拼音文字的现代化、国际化、大众化和方言化为原则，制订了拉丁化新文字的方案。这是一个在中国文字改革运动中起过重要作用的拼音文字方案，它的一些特点被吸收在《汉语拼音方案》中。

《汉语拼音方案》，是在20世纪50年代制订出来的，是60多年来（从清末到1958年）我国人民创制汉语拼音的总结，是集大成之作。新中国成立后，语言文字工作部门就着手进行汉语拼音方案的研究，经过反复征求意见，反复修改，1958年2月11日由第一届全国人民代表大会第五次会议正式批准公布，1958年秋小学开始教学汉语拼音。《汉语拼音方案》比注音字母及以前的各种拼音字母更先进、更科学，它的制订有三个原则：国际化、音素化、标准音。国际化，指字母形式采用国际通用的拉丁字母；音素化，指音节结构音素化；标准音，指以北京语音为标准音。

《汉语拼音方案》包括五项内容：《字母表》《声母表》《韵母表》《声调符号》和《隔音符号》。《字母表》确定了汉语拼音字母的排列顺序、体式和名称。《声母表》有21个声母，这些声母是按照“注音字母”的顺序排列的，每个字母的下面用“注音字母”和汉字来标明声母的读音。《汉语拼音方案》中共有韵母39个，其中，《韵母表》中有35个（单韵母6个、复韵母13个、鼻韵母16个），韵母表后的说明中还有表中不便列出的韵母4个（ê韵母、卷舌元音韵母、舌尖前元音韵母、舌尖后元音韵母）。《声调符号》中有阴平、阳平、上声、去声四个声调。《隔音符号》中规定，a、o、e开头的单节都用隔音符号跟前面的音节隔开。

《汉语拼音方案》自1958年公布以来，在许多领域得到了广泛应用。汉语拼音是推广普通话的有效工具,也是学习汉字、提高汉语水平的得力工具。国内出版的中文书刊多在封面或扉页上加注汉语拼音书刊名称。汉语拼音索引不仅用于字典、词典,而且用于图书馆里书报刊的检索、档案馆里的档案检索、医院里的病历检索等。在编制型号、代号方面,汉语拼音也发挥了自己的作用,例如交通工具型号、机械设备型号等,现在都普遍采用了汉语拼音。在信息处理方面,采用汉语拼音来输入汉字,是最容易掌握的输入方法,使用者甚多。

《汉语拼音方案》已在我国各个领域广泛应用,同时,也得到国际社会的承认,1979 年,联合国秘书处决定采用“汉语拼音”作为在各种拉丁字母文字中转写中国人名、地名的国际标准,1982 年,国际标准化组织把《汉语拼音方案》作为拼写汉语的国际标准。近年来,台湾的一些地名也开始使用汉语拼音,美国国会图书馆的中文目录检索已全部改为汉语拼音。新加坡多年来都在教学和使用汉语拼音。汉语拼音还是我国少数民族文字改革的共同基础。在对外汉语教学方面,汉语拼音也得到愈来愈多的应用。随着时代的前进,汉语拼音使用的范围还将进一步扩大。

四、国际音标

国际音标是国际语音学会制定的一套记音符号,是用来记录各民族语言的语音。

早期的语言学家因个人研究需要,自定标音方法,不便交流。针对这种状况,1888 年,由英国的 H. 斯维斯特倡议,由法国的 P. 帕西和英国的 D. 琼斯等人完成,历史上第一个国际音标表在“国际语音协会”前身“语音教师协会”的会刊《语音教师》上发表。后经多次修订,现通行的是 1979 年修订的方案。

国际音标采用方括弧[ ],以别于普通字母。

国际音标形式上以拉丁字母(罗马字母)的小写印刷体为主,并用大写、草体、合体、倒排、变形、加符等方法加以补充。另外,为了方便记录,对于一些重要的语音伴随现象,国际语音学会还规定了一套“形容符号”、“通代符号”和“特别符号”。如:字母上标“ ~ ”为鼻化;右上角标小 h 如[p^h]为强送气,右上角标“‘”如“p‘”为弱送气;[a:]为全长 a,[a。]为半长 a。

目前通行的国际音标表上的音标计有辅音 72 个、元音 32 个,用来标注语音大致够用。辅音大致按发音部位和发音方法来定纵横坐标,元音按舌位高低前后来定位置。国际音标严格规定以“一符一音”为原则,即“一个音素一个符号,一个符号一个音素”。

使用拼音方案的语言,同一字母在不同词中常有几种读法。例如:英语like和lit中的“i”,用国际音标注音,分别为[ai]和[I]。又如:普通话bān(班)和bāng(邦)的a,用国际音标分别为[a]和[ɑ]。此外,在不同的语言中,同一个音有不同的拼法。例如,英语的sh,法语的ch,德语的sch,波兰语的sz,捷克语的s,实际上都是国际音标的[ʃ]音。这些都是国际音标的长处,就是可以比较科学、精确地记录和区分语音。

用音标标记语音的方法叫标音法。一般分为严式标音法和宽式标音法两种。

所谓严式标音法,就是出现什么音素就记录什么音素,有什么伴随现象就记录什么伴随现象。无论什么音素和什么伴随现象都不放过,也就是最忠实、最细致地记录语音的原貌。所以,严式标音又称为“音素标音”。例如,现代汉语普通话中,较低的舌面元音可归纳为一个音位/a/,若用严式标音,则必须分别标为[ε]、[A]、[a]、[ɑ]等。它的特点就是,对一种语言或方言中实际存在的每一个音素(不论它们是否属于同一个音位),都用特定的音标加以标记。因此,严式标音使用的音标很多,对语音的刻画描写很细致。

所谓宽式标音,是在严式标音的基础上,整理出一种语音的音位系统,然后按音位来标记语音,也就是只记音位,不记音位变体及其他非本质的伴随现象。因此,宽式标音又称为“音位标音”。例如,现代汉语中,舌面低元音有[ε]、[A]、[a]、[ɑ]等多个,用宽式标音只用/a/就可以了。用宽式标音,可以把音标数目限制在有限范围之内,因而能把一种语言或方言的音系反映得简明清晰。

第四节 发声技能

口语交际的工具是有声语言,除了说的内容之外,作为交际活动中信息载体的声音也十分重要。声音到底该如何,这是没有定论的。但是,如果一个人,尤其是嗓音工作者,发音不够清晰、准确,语音语调不很恰当,说话上气不接下气,交际的效果势必会受到影响。更何况用嗓不科学,容易造成声音嘶哑、喉咙红肿,甚至引发声带病变,这些都会给自己的工作和生活带来不便。因此,系统科学地提高发声能力,也是我们应该了解、最好能够掌握的技能。

语音是在大脑统一支配下，各发声器官协调运动发出的，人体的发声器官包括动力器官、振动器官和共鸣器官。动力器官——肺，由肺呼出的气息是发声的动力；振动器官——喉头内的声带，它是声源；共鸣器官——喉腔、咽腔、口腔、鼻腔以及胸腔、头腔等，使声带发出的微弱的声音得到扩大和美化；咬字器官——舌、唇、齿及齿龈、硬腭、软腭等，通过它们的运动对喉部发出的声素和肺呼出的气流加以节制，从而形成音素和音节。

一、呼吸控制

呼出的气息是人体发声的动力，声音的强弱、高低、长短以及共鸣的运用与呼出气息的速度、流量和密度都有直接的关系。气流的变化关系到声音的响亮度、清晰度以及音色的优美圆润、嗓音的持久性及情趣的饱满充沛，也就是说，只有在呼吸得到控制的基础上才能谈到声音的控制。呼吸的作用不仅仅限于它是发声的动力，它还是一种极重要的表达手段，是情和声之间必经的桥梁。要想使声音能够自如地表情达意，我们必须学会呼吸的控制和运用。

呼吸是人与生俱来的能力，日常生活中呼吸、说话用声都是下意识"自动化"的，但这还不足以达到我们语音训练的要求。我们应以生活中的呼吸为基础，通过有意识的呼吸控制训练，培养良好的呼吸习惯并进一步掌握艺术发声的呼吸控制方法，通过训练，提高自己说话发声时控制呼吸的能力。

口语交际的表达过程绝大多数是在呼气过程当中完成的，所以，控制呼吸时，我们不必过分强调进气量一定要大，而只要求有足够的气息就行，呼吸控制的关键在于控制气流以急缓、疏密、均匀等各种方式呼出。

呼吸方法一般分为胸式呼吸、腹式呼吸和胸腹联合式三种。胸式呼吸时，气吸得比较浅而且少；腹式呼吸时，虽然气能吸得较深，但进气量不够大；用胸腹联合式呼吸法，能使胸腔、横膈膜及腹部肌肉控制呼吸的能力得到合作，不但扩大胸腔的周围径，而且扩大胸腔的上下径，因而能够吸入足够的气息，使气息的容量增大。另外，由于用胸腹联合式呼吸法能够稳定保持住两肋及横膈膜的张力和来自小腹的收缩力形成均衡的对抗，有利于形成对声音的支持力量，因而容易控制呼吸。在我国民族声乐以及戏剧曲艺等艺术发声中所说的丹田气，就是用胸腹联合式呼吸法完成的，它是我们应该采用的呼吸方法。

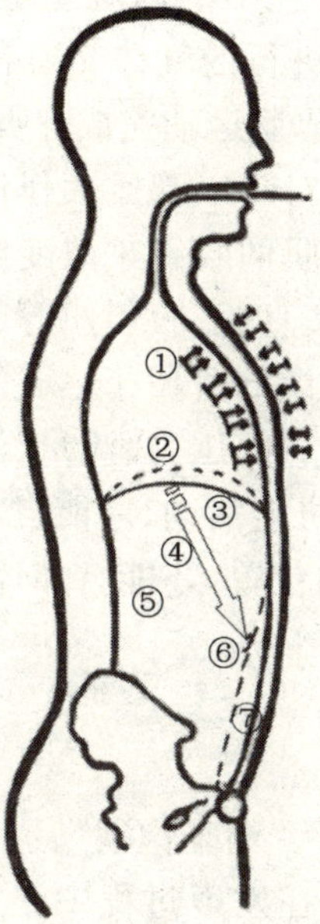

胸腹联合式呼吸法示意图

用胸腹联合式呼吸法吸气的三个要领是吸气要深、两肋打开、腹壁站定。这三个要领是吸气的分解动作，实际上，它们在吸气过程中是同步进行的。身体总的感觉应该是吸气时小腹微收，随着气流从口鼻吸入，两肋向两侧扩张，同时腰带感觉渐渐紧起来，小腹控制逐渐加强。吸气量要比生活用气多，但是又不要吸得过满，过满则难以控制使用，一般是达到七八成就可以了，但是要吸得深，感觉气流通过脊背向后腰及下胸部和两肋流入，逐渐地，整个腰部都有明显扩张的感觉，有一种自上而下、由里而外扩张的力量。呼气的时候要稳进、持久和变化，保持住腹肌的收缩感以牵制膈肌和两肋使它们不能迅速回弹，随着气流的缓缓呼出，小腹逐渐放松，但是最后仍然要有控制的感觉，而膈肌和两肋则在这种控制的感觉之下逐渐恢复自然状态。在发声状态中，腹肌控制的强弱是随着思想感情的运动在不停运动和变化的。在换气的时候则要注意在句首换气，换了就用，留有余地，吸气无声。

发声时，应将控制呼气放在首要位置，因为吸气换气都是为呼气发声服务的。吸气的时候，我们的胸廓扩张，胸部和腹部相隔的那层膈肌收缩下降，腹腔里的脏器位置也在下降，腹腔内压升高，腹壁稍微向外突出；相反，呼气的时候,我们的胸廓缩小,膈肌放松上升,腹腔中的内脏复位,腹壁收回。有资料表明,一个人在平静状态下呼吸活动进行的气体交换有25%是来自肋骨的活动,有75%是靠膈肌的活动,因此,膈肌运动完成呼吸活动,对维持我们生理需求起着举足轻重的作用。但是,对呼吸起巨大作用的膈肌是不随意肌,而腹肌是随意肌。我们可以靠着腹肌的收缩来改变腹腔的内压,从而控制膈肌的升降,而这个控制过程是靠腹直肌、腹斜肌等的协同动作来完成的,而作用力的合力的中心就是我们所说的丹田了。我们能对腹肌调节控制做到适度、灵活、自如,就会使呼出气息的压力、流量、流速产生多层次的交叉变化,才有可能形成有弹性的发声机能活动,才能自如地控制音长、音强、音色的变化以及节奏的变化和共鸣的位置,才能自如地表达、传递思想感情。

二、口腔控制

我们经常听到人们评价好的声音"字正腔圆"、"清晰饱满",这也是口语发声的一个基本要求。要做到这一点,我们就要在发声过程中注意口腔控制,正确而熟练地吐字归音。

由肺呼出的气流在喉部通过声带发出声音,经咽腔到达口腔,在口腔内受到各种节制而形成了不同的字音,这个节制的过程也就是"咬字"的过程。咬字准确是做到"字正腔圆"的必要条件,发音部位不正确或发音方法不得当都会使音节含混甚至错误。

口腔内对声音起节制作用的各个部位就是咬字器官。咬字器官包括双唇、舌。舌又可以分为舌尖、舌叶、舌面和舌根。吐字器官还有上、下齿,上、下齿龈,上腭。上腭包括硬腭和软腭以及下腭等。在咬字器官当中,唇和舌在形成字音的过程当中,动作是最积极的,它们起的作用也最大。我们的口腔分为上、下两大部分,下腭可以有控制地开合以改变口腔的容积,口腔的下部有能灵活运动的舌,舌和口腔上部可以形成各种阻碍。舌高点又使口腔分为前、后两个腔体,舌的形状的变化可以使口腔的形状也同时发生变化,口腔上部的软腭是能升能降的,我们用舌尖可以体会到它的升降,软腭上升可以阻塞鼻腔通道,软腭下降可以打开鼻腔通道,用于改变口咽部的形态。口腔的最前端是开闭展拓自如的上、下唇,这是声音的出口,口腔当中各咬字器官的活动,使口腔能够灵活地变换形状和容积形成不同的元音音色,而它们对呼出气流构成的各种阻碍就形成了不同的辅音,由此构成一个一个音节。咬字器官是一个协调动作的整体,各个部位互相关联,但是它们之间又是各有分工的，在吐字过程当中起着不同的作用。吐字清楚不清楚，除去先天因素之外，和后天的锻炼有着密切的关系，控制口腔的技巧就是控制辅音、元音的发音技巧，我们只有经过不懈的锻炼和规范才能够做到吐字清晰有力。

咬字器官能否互相配合需要掌握几个要领。第一个要领是打开口腔，打开口腔要有提起上腭的感觉，下腭要同时放松，上腭的提起和下腭的放松可以适当加大口腔容积，为字音的拉开立起创造条件，这个状态是通过提起颧肌、打开牙关、挺起软腭、放松下巴来实现的。提颧肌（从上唇到颧骨间的肌肉叫颧肌），不是做成微笑的状态，而是颧肌稍有紧张的感觉就可以。颧肌提起的时候，口腔的前部以及上腭的顶部有展宽的感觉，我们的鼻孔也会略微张大，同时，唇尤其是上唇会感觉到紧贴牙齿，使唇的运动有了依托，这样容易发力，对吐字的明亮清晰起到积极的作用。打开牙关，主要是指说话时主动抬起上腭，让上下臼齿间似有一指厚的海绵垫，两颊肌肉撑开，用力向外绷起，以便加大口腔的开度，丰富口腔共鸣。挺软腭（软腭是指上腭后部柔软的地方），抬起上腭后，可以加大口腔后部的空间，同时减小鼻腔出路的入口，避免声音过多灌入鼻腔而造成浓重的鼻音。放松下巴，也是为了打开口腔，因为要打开口腔，只有放松下腭才能做到，下腭紧张会使舌骨向后上方移动，牵动喉头上起，使声音通道变窄，造成发声紧张吃力，加重加快疲劳感。

第二个要领是集中力量。集中力量是集中声音的重要一环，其力量的集中主要表现在唇和舌上。唇的力量要集中到唇中央1/3处，舌的力量首先要集中在舌的前后中缝线上，如果力量分散，声音也就散了。双唇是发声的最后一道关口，唇的力量集中，双唇贴住上下齿，可以减少因为双唇松弛形成唇齿之间腔体的湍流，使声音干净、明亮、集中。在普通话所有音素中，除去辅音当中的双唇音 b、p、m 和唇齿音 f 以外，所有发音都和舌的运动有关，而在音节当中更是全部都有舌的积极活动，从这个角度来看，对舌的运动的控制是口腔控制当中最重要的一环。

三、共鸣控制

由于声带是语音发音的主要声源，因此有些人误认为，要使声音响亮，就一定要使声带紧张、用力，声带振动越强，声音就越响亮，于是，这些人说话时喉部发紧，脖子上青筋暴露，用力挤嗓子。实际上，控制喉部最好的方法是放松，发声时，两条声带不是紧密闭合，而是轻松靠拢。从感觉上来讲，喉部是放松的，在这种情况下，喉部肌肉能够灵活自如地运动，这样才能比较好地同从肺部呼出的气流协调配合，完成发音过程，发出悦耳的声音。喉部过度紧张，挤压出来的声音不仅不美，而且难以变化、难以控制，既不自然又不利于表达。长期如此，甚至会影响喉部的发音能力。

其实，声带振动发出的声音十分微弱，声音只有经过共鸣腔的共鸣后才能得到扩大和美化，形成不同的语音以及不同的声音色彩。人体发音的共鸣腔虽然是天生的，没有办法改变，但是，我们可以通过后天的训练调节共鸣，这是扩大发声效率、改善声音质量的重要环节。

声道是人类发声的共鸣器官，在喉以上有喉腔、咽腔、口腔和鼻腔，喉以下的胸腔也起着重要的共鸣作用。其中，口腔共鸣对于言语发声来说是至关重要的。没有口腔的活动就不可能产生有声语言，不能发挥口腔共鸣的作用，就不可能使字音圆润动听，喉腔、咽腔共鸣及鼻腔、胸腔共鸣也就无从发挥作用，所以，共鸣效应最主要的就是口腔共鸣，其他腔体的共鸣必须在口腔取得良好共鸣的基础上实现。

发音中的共鸣控制主要有以下几个要领：

(1)张大嘴说话。这样，口腔、咽腔、舌头放松，整个声道畅通无阻，就可以获得最大限度的共鸣。当然，张大嘴并不是任意扩大嘴，而是必须根据说话的需要加以控制。

(2)控制舌头。舌前部举得过高，口腔扁平，声音会过于单薄；过分下压舌根，声道向前延伸，声音会含混不清。控制好舌头的伸缩升降，可以改变口腔的形状，对共鸣产生重要影响。

(3)协调均衡。说话时，各发声器官和共鸣器官要有一定的强度和韧性。反射声波能力比较强的共鸣腔，才会产生良好的共鸣，而用棉花或者是泡沫塑料做成的琴箱就产生不了共鸣。但是，说话时肌肉也不能过于紧张，这样会使声音僵硬，缺乏弹性。

四、嗓音保护

嗓子是口语交际的工具，尤其对于导游员等从事嗓音工作的人来说，拥有一副好嗓子更是自己职业的“本钱”。

一副好的嗓子是科学地用声用出来的，而不是在一声不吭当中保护出来的。一方面，我们要努力、客观地认识、评价自己的声音特点；另一方面，要积极、科学、合理地使用自己的嗓子，认真分析，客观地认识自己的嗓音高低、强弱以及音色等方面的特点，掌握正确的用声方法，养成科学的用声习惯,避免长时间大音量用声。同时,还要注意气息的状态和吐字器官的动作对用声的影响。

保护嗓子,要养成良好的生活习惯。睡眠对嗓音的影响很大。睡眠充足了,嗓子就会舒服;睡眠不足,嗓子就会发紧。同时还要注意,嗓子一般来说醒得较晚,人们刚睡醒时,不能发过强、过高的声音。另外,不吸烟,少饮酒,少吃生冷、油腻、刺激性的食物,对保护嗓子也是至关重要的。一旦嗓子发炎,要尽早就医,不要自己乱吃药,更不能坚持发声,这样只会造成发声器官损伤。

保护嗓子还要注意保持良好的心态。嗓音的好坏、发声的负荷大小,与人的心态有着十分密切的关系。最佳发声的重要前提是要有最佳的心态。著名京剧表演艺术家梅兰芳先生有几句话科学地总结了保护嗓音的方法。梅先生是这样说的:精神畅快,心气平和;饮食有节,寒暖当心;起居宜时,劳逸均匀;练嗓保嗓,都贵有恒;由低升高,量力而行;五音饱满,唱出剧情。

第三章 普通话语音

第一节 普通话语音系统与汉语拼音方案

一、普通话语音系统

1. 普通话语音系统

普通话语音系统主要包括声母、韵母、声调以及音变等。音节是语音系统的自然单位，它由声母、韵母构成，每个音节都有声调贯穿始终。需要说明的是，并不是所有的音节都有声母，但是，音节不能缺少韵母和声调。

汉语的音节共有400多个。除个别情况外，一个汉字就是一个音节，如："中国人 zhōngguórén"写下来是三个汉字，读起来是三个语音单位。普通话语音的儿化韵如"鸡儿 jīr"，有两个汉字，但它只是一个音节，这是特殊的语音现象。

2. 声母、韵母、声调

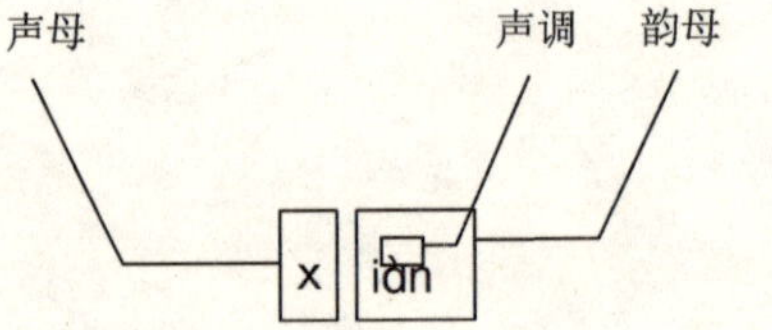

声母、韵母、声调是汉语音节的基本结构单位：

(1)声母。声母是指音节开头的辅音。例如，"买 mǎi"、"卖 mài"、"明 míng"、"媚 mèi"开头的辅音"m"就是声母。有的音节不以辅音开头，没有声母，叫做"零声母"音节，例如"鹅 é"、"矮 ǎi"开头就没有辅音，是零声母音节。

(2)韵母。韵母是指音节中声母后面的部分，它主要由元音构成（鼻韵母有鼻辅音"n"或"ng"作韵尾）。例如，"发达 fādá"的"a"，"机器 jīqì"的"i"，"电线 diànxiàn"的"ian"就是韵母。韵母是每个音节都不能缺少的成分，没有韵母，就没有音节。韵母里面分韵头、韵腹、韵尾。例如，“ian”中 i 是韵头，a 是韵腹，n 是韵尾。只有一个元音的韵母，这个元音就是韵腹，如 i、a。做韵头的元音只有 i、u、ü，如 ia、ua、üe。做韵尾的只有元音 i、o(u)和辅音 n、ng，例如，ai、ao、an、ang。

(3)声调。声调是音节的高低升降形式，它是由音高决定的。比如：“灰 huī”、“回 huí”、“悔 huǐ”、“慧 huì”四个音节的声母都是 h，韵母都是 ui，但是它们的声调不同，就成了不同的音节，因而代表不同的意义。可见，声调是构成音节非常重要的成分。一个音节没有标上声调就毫无意义，好像一个人没有生命一样。

普通话声母和韵母相拼构成的基本音节（包括零声母音节）有 400 多个，加上声调的区别有 1200 多个音节。这 1200 个音节的能量非常大，它构成我们日常用语里成千上万的词。

二、汉语拼音方案

1. 字母表

字母	名称	字母	名称
Aa	ㄚ	Nn	ㄋㄝ
Bb	ㄅㄝ	Oo	ㄛ
Cc	ㄘㄝ	Pp	ㄆㄝ
Dd	ㄉㄝ	Qq	ㄑㄧㄡ
Ee	ㄜ	Rr	ㄚㄦ
Ff	ㄝㄈ	Ss	ㄝㄙ
Gg	ㄍㄝ	Tt	ㄊㄝ
Hh	ㄏㄚ	Uu	ㄨ
Ii	ㄧ	Vv	ㄪㄝ
Jj	ㄐㄧㄝ	Ww	ㄨㄚ
Kk	ㄎㄝ	Xx	ㄒㄧ
Ll	ㄝㄌ	Yy	ㄧㄚ
Mm	ㄝㄇ	Zz	ㄗㄝ

v只用来拼写外来语、少数民族语言和方言。字母的手写体依照拉丁字母的一般书写习惯。

2. 声母表

b	p	m	f	d	t	n	l
ㄅ玻	ㄆ坡	ㄇ摸	ㄈ佛	ㄉ得	ㄊ特	ㄋ讷	ㄌ勒

g	k	h	j	q	x
ㄍ哥	ㄎ科	ㄏ喝	ㄐ基	ㄑ欺	ㄒ希

zh	ch	sh	r	z	c	s
ㄓ知	ㄔ蚩	ㄕ诗	ㄖ日	ㄗ资	ㄘ雌	ㄙ思

在给汉字注音的时候,为了使拼式简短,zh/ch/sh 可以省作 ẑ/ĉ/ŝ。

3. 韵母表

	i ㄧ 衣	u ㄨ 乌	ü ㄩ 迂
ɑ ㄚ 啊	iɑ ㄧㄚ 呀	uɑ ㄨㄚ 蛙	
o ㄛ 喔		uo ㄨㄛ 窝	
e ㄜ 鹅	ie ㄧㄝ 耶		üe ㄩㄝ 约
ɑi ㄞ 哀		uɑi ㄨㄞ 歪	
ei ㄟ 诶		uei ㄨㄟ 威	
ɑo ㄠ 熬	iɑo ㄧㄠ 腰		

续表

ou ㄡ 欧	iou ㄧㄡ 忧		
an ㄢ 安	ian ㄧㄢ 烟	uan ㄨㄢ 弯	üan ㄩㄢ 冤
en ㄣ 恩			
in ㄧㄣ 因	uen ㄨㄣ 温	ün ㄩㄣ 晕	
ang ㄤ 昂	iang ㄧㄤ 央	uang ㄨㄤ 汪	
eng ㄥ 亨的韵母	ing ㄧㄥ 英	ueng ㄨㄥ 翁	
ong ㄨㄥ 轰的韵母	iong ㄩㄥ 雍		

①"知、蚩、诗、日、资、雌、思"七个音节的韵母用 i,即:知、蚩、诗、日、资、雌、思等字拼作 zhi,chi,shi,ri,zi,ci,si。

②韵母儿写成 er,用做韵尾的时候写成 r。例如:"儿童"拼作 ertong,"花儿"拼作 huar。

③韵母ㄝ单用的时候写成 ê。

④i 行的韵母,前面没有声母的时候,写成:

yi 衣　ya 呀　ye 耶　yao 腰　you 忧

yan 烟　yin 因　yang 央　ying 英　yong 雍

u 行的韵母,前面没有声母的时候,写成:

wu 乌　wa 蛙　wo 窝　wai 歪　wei 威

wan 弯　wen 温　wang 汪　weng 翁

ü 行的韵母跟声母 j、q、x 拼的时候,写成:

ju 居　qu 区　xu 虚(ü 上两点也省略)

跟声母 l、n 拼的时候,仍然写成:

lü 吕　nü 女

⑤iou,uei,uen 前面加声母的时候,写成 iu,ui,un。例如 niu 牛,gui 归,lun 论。

⑥在给汉字注音的时候,为了使拼式简短,ng 可以省作 ŋ。

4. 声调符号

阴平	阳平	上声	去声
ˉ	ˊ	ˇ	ˋ

声调符号标在音节的主要母音上。轻声不标。例如：

妈 mā	麻 má	马 mǎ	骂 mà	吗 ma
阴平	阳平	上声	去声	轻声

5. 隔音符号

ɑ,o,e 开头的音节连接在其他音节后面的时候，如果音节的界限发生混淆，用隔音符号（'）隔开，例如 pi'ɑo（皮袄）。

汉语拼音字母与国际音标对照表

（一）声母表

拼音字母	国际音标	拼音字母	国际音标	拼音字母	国际音标
b	[b]	g	[k]	s	[s]
p	[b‘]	k	[k‘]	zh	[tʂ]
m	[m]	h	[x]	ch	[tʂ‘]
f	[f‘]	j	[tɕ]	sh	[ʂ‘]
d	[t]	q	[tɕ‘]	r	[ʐ]
t	[t‘]	x	[ɕ]	y	[j]
n	[n]	z	[ts]	w	[w]
l	[l]	c	[ts‘]	v	[v]

（二）单韵母表（以下韵母为单用或只跟在辅音后）

拼音字母	国际音标	拼音字母	国际音标	拼音字母	国际音标
ɑ	[A]	e	[ɤ]	u	[u]
o	[o]	i	[i]	ü	[y]

（三）复韵母表

拼音字母	国际音标	拼音字母	国际音标	拼音字母	国际音标
ai	[ai]	ing	[iŋ]	uai	[uai]
ei	[ei]	ia	[iA]	ui (uei)	[uei]
ao	[au]	iao	[iau]	uan	[uan]
ou	[ou]	ian	[iæn]	uang	[uaŋ]
an	[an]	iang	[iaŋ]	un (uen)	[uən]
en	[ən]	ie	[iɛ]	ueng	[uəŋ]
in	[in]	iong	[yŋ]	üe	[yɛ]
ang	[ɑŋ]	iou	[iou]	üan	[yæn]
eng	[əŋ]	ua	[uA]	ün	[yn]
ong	[uŋ]	uo	[uo]	ng	[ŋ]

注意事项：

① 汉语拼音有一些缩写形式，在转换时应特别引起注意，应恢复成完整形式。如：ui 是 uei 的缩写，un 是 uen 的缩写，ü 在 j、q、x 和 y 后写作 u。

② 儿化标记：ɹ 写在音节末尾、调值之前。

③ 元音严式音标记忆方法（只换其中对应的拼音字母）：

a 的同一音位有 5 种：用[a]：ai、an、ia；用[A]：跟在辅音后或者单独使用；用[ɑ]：ang、iang、uang、ao、iao、ua；用[æ]：ian 及 yan；用[ɐ]：儿化。

o 的特殊标法：[uŋ]：ong；[yŋ]：iong。

e 的同一音位有 4 种：用[ɤ]：跟在辅音后或者单独使用；用[e]：ei、ui；用[ɛ]：ie、üe；用[ə]：en、eng、un、ueng、er。

i 的同一音位有 3 种：用[ɿ]：跟在 z、c、s 后；用[ʅ]：跟在 zh、ch、sh、ri 后；用[i]：跟在其他辅音后。

第二节　声母

一、声母的发音

1. 什么是声母

一个音节开头部分的音叫声母，如：普通话 pǔtōnghuà 三个音节中，p、t、h 都是声母。声母由辅音充当。

普通话语音共有21个声母，声母的发音取决于发音时口腔里挡住气流的部位（称发音部位）和挡住气流的方法（称发音方法）的变化。

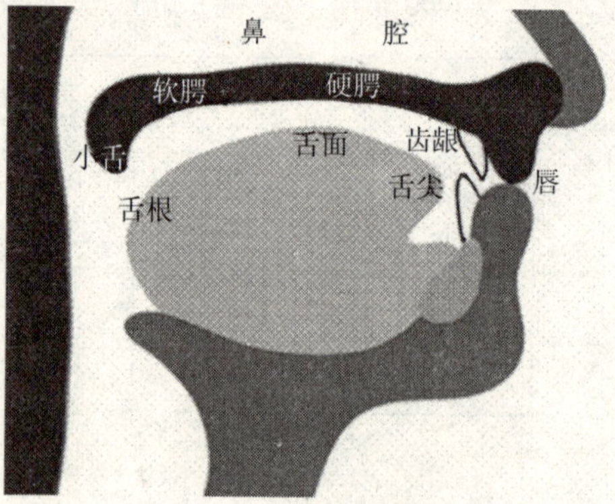

发音器官简图

2. 声母的分类

（1）按发音部位的不同，可将21个声母分为七类：

双唇音——b、p、m：由上唇和下唇构成阻碍而形成的音。

bǎobèi 宝贝　pípá 枇杷　měimiào 美妙

唇齿音——f：由下唇和上齿构成阻碍而形成的音。

fēnfù 吩咐

舌尖中音——d、t、n、l：由舌尖和上齿龈构成阻碍而形成的音。

dǎdiǎn 打点　tuántǐ 团体　niǎonuó 袅娜　línlí 淋漓

舌面后音（舌根音）——g、k、h：由舌根和软腭构成阻碍而形成的音

gǎigé 改革　kāngkǎi 慷慨　huānhū 欢呼

舌面前音(舌面音)——j、q、x:由舌面和硬腭构成阻碍而形成的音。

jīngjì 经济　qíqū 崎岖　xūxīn 虚心

舌尖后音(翘舌音)——zh、ch、sh、r:舌尖翘起和硬腭构成阻碍而形成的音。

zhǎnzhuǎn 辗转　chóuchú 踌躇

shèshī 设施　róuruǎn 柔软

舌尖前音(平舌音)——z、c、s:由舌尖和上齿背构成阻碍而形成的音。

zìzài 自在　cēncī 参差　sīsuǒ 思索

(2)按阻碍和消除阻碍的不同的发音方式,可以把声母分为塞音、擦音、塞擦音、鼻音和边音。

塞音——b、p、d、t、g、k:构成阻碍的两个部位完全闭塞。软腭上升,堵塞通向鼻腔的通路。气流经过口腔时冲破阻碍迸裂而出,爆发成声。其中,b、d、g 呼出的气流比较弱,是不送气音,p、t、k 呼出的气流强,是送气音。

b、p　bēnpǎo 奔跑　bàopò 爆破

d、t　dàitì 代替　dìtú 地图

g、k　gàikuò 概括　gōngkāi 公开

擦音——f、h、x、sh、r、s :构成阻碍的两个部位非常接近,留下窄缝。软腭上升,堵塞通向鼻腔的通路。气流经过口腔时从窄缝挤出,摩擦成声。其中 f、h、x、sh、s 不振动声带,是清音。r 振动声带,是浊音。

f　fēngfù 丰富　fēifǎ 非法

h　huānhū 欢呼　hūhǎn 呼喊

x　xíngxiàng 形象　xuéxí 学习

sh　shānshuǐ 山水　shàngshēng 上升

r　róuruǎn 柔软　róngrěn 容忍

s　sīsuǒ 思索　sùsòng 诉讼

塞擦音——j、q、zh、ch、z、c :构成阻碍的两个部位完全闭塞。软腭上升,堵塞通向鼻腔的通路。气流经过口腔先把阻塞部位冲开一条窄缝,从窄缝中挤出,摩擦成声。先破裂,后摩擦,结合成一个音。其中 j、zh、z 呼出的气流比较弱,是不送气音,q、ch、c 呼出的气流强,是送气音。

j、q　jiānqiáng 坚强　jīnqián 金钱

zh、ch　zhànchǎng 战场　zhēnchéng 真诚

z、c　zūncóng 遵从　cāozuò 操作

鼻音——m、n:口腔里构成阻碍的两个部位完全闭塞。软腭下垂,打开

通向鼻腔的通路。气流颤动声带，从鼻腔通过。鼻音都振动声带，是浊音。

m měimiào 美妙 miànmào 面貌

n nǎiniú 奶牛 néngnài 能耐

边音——l：舌尖与齿龈相接构成阻碍，舌头两边留有空隙。软腭上升，堵塞通向鼻腔的通路。气流经过口腔，颤动声带，从舌头的两边通过。边音是浊音。

l lìlǜ 利率 lúnliú 轮流

(3)按发音时声带是否颤动，可以把声母分为清音、浊音。

颤动声带的叫浊音，不颤动声带的叫清音。

浊音：普通话中共有4个浊辅音声母：m、n、l、r。气流呼出时，颤动声带，发出的音比较响亮。

清音：除4个浊辅音声母外，普通话中其余17个辅音声母全是清音，它们分别是：b、p、f、d、t、g、k、h、j、q、x、zh、ch、sh、z、c、s。发清音时，气流呼出，声门打开，声带不颤动，发出的音不响亮。

(4)按发音时呼出气流的强弱，可以把声母中的塞音和塞擦音分为送气音、不送气音。

送气音：普通话中共有6个送气音：p、t、k、c、ch、q，发音时呼出的气流强。

不送气音：普通话共有6个不送气音：b、d、g、z、zh、j，发音时呼出的气流弱。

普通话声母总表发音方法

发音方法／发音部位	塞音		塞擦音		擦音		鼻音	边音
	清音		清音		清音	浊音	浊音	浊音
	不送气	送气	不送气	送气				
双唇音	b	p					m	
唇齿音					f			
舌尖前音			z	c	s			
舌尖中音	d	t					n	l
舌尖后音			zh	ch	sh	r		
舌面音			j	q	x			
舌根音	g	k			h			

二、普通话声母的发音

把上面讲的声母的发音部位和发音方法结合起来，就可以说明普通话21声母是怎么发音的。

声母	发音类别				例字
	发音部位	气流强弱	声带振动	发音方式	
b	双唇	不送气	清音	塞音	罢、拜、报、辨别、标兵
p	双唇	送气	清音	塞音	怕、派、炮、批评、乒乓
m	双唇	/	浊音	鼻音	骂、迈、冒、美满、面目
f	唇齿	/	清音	擦音	法、飞、凤、方法、反复
d	舌尖中	不送气	清音	塞音	大、代、到、地点、当代
t	舌尖中	送气	清音	塞音	踏、太、套、团体、探讨
n	舌尖中	/	浊音	鼻音	纳、耐、闹、牛奶、农奴
l	舌尖中	/	浊音	边音	辣、赖、烙、联络、劳力
g	舌根	不送气	清音	塞音	尬、盖、告、骨干、国歌
k	舌根	送气	清音	塞音	喀、慨、靠、刻苦、宽阔
h	舌根	/	清音	擦音	哈、害、浩、欢呼、辉煌
j	舌面	不送气	清音	塞擦音	架、街、建、积极、经济
q	舌面	送气	清音	塞擦音	恰、窃、欠、请求、确切
x	舌面	/	清音	擦音	下、歇、县、学习、虚心
zh	舌尖后	不送气	清音	塞擦音	诈、债、照、主张、政治
ch	舌尖后	送气	清音	塞擦音	岔、拆、超、出产、查抄
sh	舌尖后	/	清音	擦音	事、晒、哨、声势、手术
r	舌尖后	/	浊音	擦音	日、热、绕、柔软、仍然
z	舌尖前	不送气	清音	塞擦音	杂、在、早、走卒、栽赃
c	舌尖前	送气	清音	塞擦音	擦、菜、草、层次、参差
s	舌尖前	/	清音	擦音	撒、塞、臊、思索、琐碎

三、零声母

普通话语音中，有些音节是韵母独立自成音节，发音时，音节开头有一点轻微摩擦，语音学里把这种成分称为零声母。有了零声母这个概念，我们就可以说，普通话里所有的音节都有声母了。

零声母共有两类，一类是 i、u、ü 和 i、u、ü 开头的韵母自成音节时前面的成分。《汉语拼音方案》规定：这类零声母用 y、w 作为书写形式，它们的作用主要是使音节界限清楚。

yi(i)yī 一	ya(ia)yā 压	you(iou)yōu 优
yao(iao)yāo 摇	yan(ian)yān 烟	yin(in)yīn 因
yang(iang)yāng 秧	ying(ing)yīng 英	ye(ie)yě 也
yong(iong)yōng 拥	wu(u)wū 屋	wa(ua)wā 挖
wo(uo)wǒ 我	wai(uai)wài 外	wei(uei)wēi 微
wan(uan)wān 弯	wen(uen)wēn 温	wang(uang)wāng 汪
weng(ueng)wēng 翁	yu(ü)yú 余	yue(üe)yuē 约
yuan(üan)yuán 元	yun(ün) yún 云	

另一类是 a、o、e 开头的韵母自成音节后前面的成分。《汉语拼音方案》没有用字母来表示这类零声母的书写形式，当它们与前面一个音节连写时，要用隔音符号(’)分隔。

a	ā 阿	ài 爱	āo 凹	ān 安	áng 昂
o	o 哦	ōu 欧	pèi’ǒu 配偶		
e	è 饿	ēn 恩	ér 儿	jī’è 饥饿	

四、声母发音难点以及唇舌力量练习

1. 声母发音难点

(1)双唇音 b、p、m 的练习：发声母 p 的音时，气流如果太强，会产生噪声，话筒里跟着会传出“噗噗”的声音。进行发声练习时，要注意收紧唇部，接触有力，控制小腹，使气流集中，将力量集中在双唇部，这样声音也就集中了。

(2)f 的练习：f 本身是擦音，发声时要注意节制气流，上齿和下唇自然接触，不要用上齿咬住下唇发音。如果发声时气流的成阻面积大，力量就会分散。

(3)n/l 的练习：发声母 n/l 的音时，舌尖要抵住上齿龈。如果舌尖抵不住上齿龈，一部分气流就会跑到口腔外，致使进入鼻腔的气流减少，鼻音色彩就会被冲淡。有个别人没舌尖或者伸不出舌尖，其发音的音准就会受到影响。平时练习时，除了做口部训练操外，还可以多练习音节表中 d、t、n、l 的发音，多说绕口令。

(4) g、k、h 的练习：声母 g、k、h 也叫舌面后音。发音时，要注意舌根和硬腭与软腭的交界处要接触。有些人为了让声音听起来宽厚，把这三个音发得太靠后，从而带动韵母和其他声母的发音都靠后，这样会使整个发音状态不正确，也容易产生喉音。

(5) j、q、x 的练习：发这 3 个音时，舌尖要抵住下齿背，抵住的部位既不能靠上也不能靠下。

2. 声母常见语音缺陷

(1) 舌尖后音的发音部位靠前，实际发音部位——舌尖接触或接近上齿龈。

(2) 发唇齿清擦音时，上齿作用不明显，双唇摩擦，与双唇清擦音接近。

(3) 舌面后擦音发音部位靠后，即发作喉门擦音。

(4) 舌面前音发音部位明显靠前，但还未纯粹读成舌尖前音，实际音色接近舌叶音。

(5) 把舌尖前音读成齿间音。

(6) 韵母 uo、u 的零声母读成唇齿浊擦音。

(7) 把重读音节中的不送气清塞音、清塞擦音读成不送气的浊塞音、塞擦音。

(8) 齐齿呼前面的声母 t 带腭化色彩。

(9) 发舌尖后音时，舌尖过于后卷，好像大舌头。

3. 读绕口令，兼顾呼吸训练

b、p　八百标兵奔北坡，北边炮兵并排跑，炮兵怕把标兵碰，标兵怕碰炮兵炮。

d、t　大兔子，大肚子，大肚子的大兔子，要咬大兔子的大肚子。

n、l　门口有四辆四轮大马车，你爱拉哪两辆就拉哪两辆。小罗要拉前两辆，小梁不要后两辆。小梁偏要抢小罗的前两辆，小罗只好拉小梁的后两辆。

h　华华有两朵黄花，红红有两朵红花。华华要红花，红红要黄花。华华送给红红一朵黄花，红红送给华华一朵红花。

j、q、x　七巷一个漆匠，西巷一个锡匠，七巷漆匠偷了西巷锡匠的锡，西巷锡匠偷了七巷漆匠的漆。

z、zh　隔着窗户撕字纸，一次撕下横字纸，一次撕下竖字纸，是字纸撕字纸，不是字纸，不要胡乱撕一地纸。

zh、ch、sh　大车拉小车，小车拉小石头，石头掉下来，砸了小脚指头。

r　夏日无日日亦热，冬日有日日亦寒，春日日出天渐暖，晒衣晒被晒褥单，秋日天高复云淡，遥看红日迫西山。

sh　石室诗士施史，嗜狮，誓食十狮，氏时时适市，氏视十狮，恃矢势，使是十狮逝世，氏拾是十狮尸，适石室，石室湿，氏使侍拭石室，石室拭，氏始试食十狮尸，食时，始识十狮尸实是十石狮尸，试释是事实。

z-c-s-j-x　司机买雌鸡，仔细看雌鸡，四只小雌鸡，叽叽好欢喜，司机笑嘻嘻。

五、七大方言语音介绍

现代汉语方言可以分为七大方言区：北方方言区，吴方言区，湘方言区，赣方言区，客家方言区，粤方言区，闽方言区。

北方方言　在语音方面的主要特点是没有浊塞音、浊塞擦音声母，古代汉语中的这些浊音声母都变成了清音；辅音韵尾很少，只有舌尖前鼻音韵尾和舌尖后鼻音韵尾两个辅音韵尾；声调有阴平、阳平、上声、去声四个，入声消失。

吴方言　在语音方面的突出特点是，有一整套浊音声母浊塞音和浊塞擦音；没有舌尖后音声母；韵尾较少，普通话前鼻音韵尾一律读做后鼻音韵尾，普通话复韵母的韵尾脱落变成单元音韵母；有七八个声调。

湘方言　主要的语音特点是，部分地区有比较完整的浊塞音、浊塞擦音和浊擦音声母；声母 h、f 不分；声母 n 和 l 混用；入声调没有塞音尾。

赣方言　最大的特点是没有其他方言那样突出的特点。从方言地图上看，赣方言处于北方方言、吴方言、闽方言、客家方言、湘方言的四面包围之中，这种地理位置是汉语所有方言中最为独特的，正因为如此，赣方言受其他方言的影响很大，四面的界线非常不明显。赣方言语音最突出的一个特点是古代的浊塞音和浊塞擦音声母全部变成了同一发音部位的送气清音，而不是像普通话那样平声送气，仄声不送气。

客家方言　主要的语音特点是，古代浊塞音和浊塞擦音声母大部分变成同部位的送气清音声母，这一点与赣方言一致；舌尖后音声母读作舌尖前音；g、k、h 和 z、c、s 可以同齐齿呼韵母相拼；没有撮口呼韵母；声调有六个。

粤方言 语音系统比较复杂，韵母多达 53 个，辅音韵尾非常丰富，除鼻音韵尾 m、n、ng 外，还有与之对应的入声塞韵尾 b、d、g，声调一般有八九个，是汉语诸方言中调类最多的方言。

闽方言 语音中保留了汉语上古音的一些特点，例如没有唇齿擦音 f，普通话中凡是念 f 声母的字，闽方言则念 b 或 p 声母；普通话中念 zh 和 ch 声母的部分字，闽方言念 d 或 t。

六、各大方言声母辨正

方言自我检查：有无声母系统性错误、有无较明显缺陷、有无不良发音习惯。

在辨正方言的时候，我们应该特别注意方言与普通话在声母、韵母和声调上的对应关系。

下面就普通话声母系统的特点，举例说明方言区的人学习普通话声母应该注意的地方，并介绍一些辨别记忆的方法。

（一）分辨舌尖前音 z、c、s 和舌尖后音 zh、ch、sh

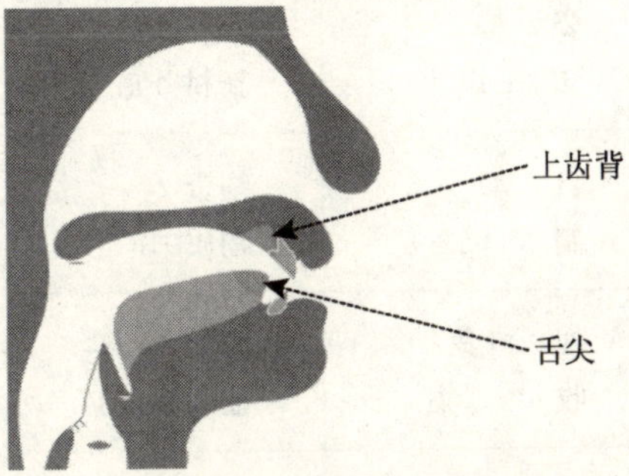

发 z、c、s 的音时，舌尖和上齿背构成阻碍

普通话的声母中有舌尖后音 zh、ch、sh 和舌尖前音 z、c、s 两套，这是许多方言区的人学习普通话的重点。吴方言、闽方言、粤方言、客家方言一般都没有舌尖后音，东北话和西南话也多没有这套音。这些地方的人学习普通话，常常把 zh、ch、sh 读成 z、c、s 。为了区分这两套读音，应注意两个问题：一个是发音部位不正，靠前或靠后都不自然；一个是舌头肌肉过于紧张，常伴有拢唇动作，要注意放松舌肌。

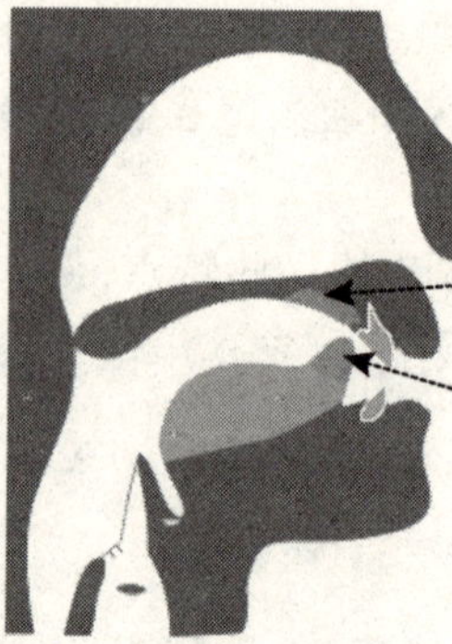

发 zh、ch、sh 的音时，舌尖翘起，和硬腭前部构成阻碍

1. zh、ch、sh 和 z、c、s 对比辨音练习

自 zì 愿 志 zhì 愿	鱼刺 cì 鱼翅 chì	私 sī 人 诗 shī 人	仿造 zào 仿照 zhào
粗 cū 布 初 chū 步	姿 zī 势 知 zhī 识	新春 chūn 新村 cūn	宗 zōng 旨 中 zhōng 止
资 zī 助 支 zhī 柱	自 zì 动 制 zhì 动	物资 zī 物质 zhì	糟 zāo 了 招 zhāo 了
近似 sì 近视 shì	搜 sōu 集 收 shōu 集	增 zēng 订 征 zhēng 订	从 cóng 来 重 chóng 来
支 zhī 援 资 zī 源	主 zhǔ 力 阻 zǔ 力	木柴 chái 木材 cái	商 shāng 业 桑 sāng 叶
申诉 sù 申述 shù	摘 zhāi 花 栽 zāi 花	午睡 shuì 五岁 suì	八成 chéng 八层 céng
树 shù 立 肃 sù 立	找 zhǎo 到 早 zǎo 到	乱吵 chǎo 乱草 cǎo	山 shān 顶 三 sān 顶

2. 读准舌尖后音 zh、ch、sh 和舌尖前音 z、c、s

振作 zhènzuò	正宗 zhèngzōng	赈灾 zhènzāi	职责 zhízé
沼泽 zhǎozé	制作 zhìzuò	杂志 zázhì	栽种 zāizhòng
增长 zēngzhǎng	资助 zīzhù	自制 zìzhì	自重 zìzhòng
差错 chācuò	陈醋 chéncù	成材 chéngcái	出操 chūcāo
除草 chúcǎo	贮藏 chǔcáng	财产 cáichǎn	采茶 cǎichá
残喘 cánchuǎn	操场 cāochǎng	磁场 cíchǎng	促成 cùchéng
上司 shàngsī	哨所 shàosuǒ	深思 shēnsī	生死 shēngsǐ
绳索 shéngsuǒ	石笋 shísǔn	散失 sànshī	扫射 sǎoshè
四声 sìshēng	宿舍 sùshè	随时 suíshí	所属 suǒshǔ

3. 下面介绍一些方法帮助辨别记忆。

(1)利用形声字偏旁类推。例如“獐”字,左边的“犬”表示与兽类有关,是形旁;右边的“章”表示读音,是声旁。由“章”这个声旁构成的汉字有漳、彰、嫜、璋、樟、蟑等许多。我们可以利用形声字的这一特点来辨别记忆一些属于同一声母或同一韵母的字。

(2)利用普通话声韵配合规律来分辨。例如 ua、uai、uang 这三个韵母只跟舌尖后音 zh、ch、sh 相拼,不跟舌前音 z、c、s 相拼。又如 ong 这个韵母,可以跟 s 相拼,而不能同 sh 相拼。所以,“抓、拽、庄”等字的声母肯定是舌尖后音,而不是舌尖前音。“松、耸、送”等字的声母只能是 s,不能是 sh。

普通话声母 z、c、s 不能和 i、ü 或以 i、ü 起头的韵母相拼,而 j、q、x 只能跟 i、ü 或以 i、ü 开头的韵母相拼,像“家、恰、瞎、捐、圈、轩”一类字的声母,一定是舌面音。方言区的人遇到自己方言语音中 z、c、s 同 i、ü 或 i、ü 起头的韵母相拼时,一律改为 j、q、x ,就和普通话一致了。

(3)记少不记多。普通话中 zh、ch、sh 声母字大大多于 z、c、s 声母字,我们可只记 z、c、s 声母字,zh、ch、sh 声母字也就记住了。例如,以 a、e、ou、en、eng、ang 为韵母的字里,舌尖前音很少,舌尖后音字较多。例如 ca,只有“擦、嚓、拆、礤”等几个字,而 cha 则有“叉、查、插、诧”等 30 多个字;又如 zen ,只有“怎、谮”两个字,而 zhen 却有“真、珍、镇”等 30 多个字;又如 sen,只代表一个汉字“森”,而 shen 却有“身、神、审、甚”等 30 多个字。记少不记多可以起到事半功倍的效果。

(二)分辨舌尖后音 zh、ch、sh 和舌面音 j、q、x 及尖音

粤方言、闽方言、湘方言及吴方言区会出现声母 zh、ch、sh 与 j、q、x 混用的情况,如把"知道"读成"机道","少数"读成"小数"等。

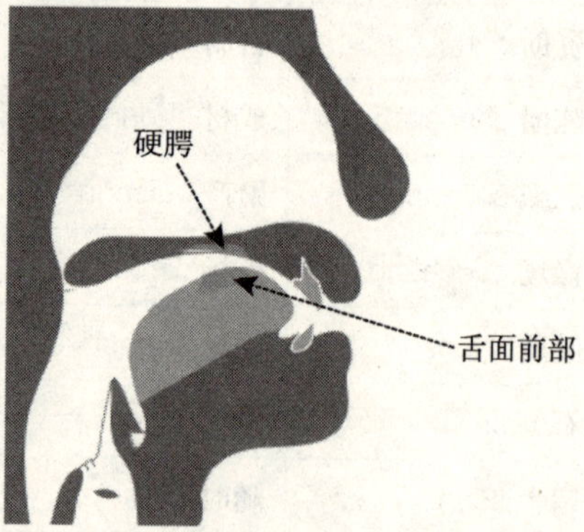

发 j、q、x 的音时,舌面前部与硬腭形成阻碍

北方方言、吴方言及湘方言区中的一些人,常常把 j、q、x 发成 z、c、s,把团音(声母 j、q、x 跟 i、ü 或以 i、ü 起头的韵母相拼)发成尖音(声母 z、c、s 跟 i、ü 或以 i、ü 起头的韵母相拼)。如把"九 jiǔ"读成"ziǔ",其实,普通话不分尖音、团音。声母 z、c、s 是不能和 i、ü 或 i、ü 起头的韵母相拼,而 j、q、x 则可以。产生这种错误的主要原因是舌面前音 j、q、x 是由舌面前部与硬腭形成阻碍而发声的,有些人在发音时,成阻、除阻的部位太靠近舌尖,发出的音带有"刺刺"的舌尖音的味道属于语音缺陷。

1. zh、ch、sh 和 j、q、x 对比辨音练习

墨迹 jì 墨汁 zhī	交际 jì 交织 zhī	密集 jí 密植 zhí	边际 jì 编制 zhì
就 jiù 业 昼 zhòu 夜	浅 qiǎn 明 阐 chǎn 明	砖墙 qiáng 专长 cháng	洗 xǐ 礼 失 shī 礼
详细 xì 翔实 shí	缺席 xí 确实 shí	获悉 xī 获释 shì	逍 xiāo 遥 烧 shāo 窑
修 xiū 饰 收 shōu 拾	电线 xiàn 电扇 shàn	艰辛 xīn 艰深 shēn	姓 xìng 名 盛 shèng 名

2. 读准下列各词

缉私 jīsī	积资 jízī	其次 qícì	袖子 xiùzi	下策 xiàcè	习字 xízì
戏词 xìcí	资金 zījīn	字迹 zìjī	字据 zìjù	自己 zìjǐ	自觉 zìjué
瓷器 cíqì	刺激 cìjī	思绪 sīxù	私交 sījiāo	私情 sīqíng	私心 sīxīn
司机 sījī	丝线 sīxiàn	四季 sìjì	剪除 jiǎnchú	精致 jīngzhì	趋势 qūshì
消失 xiāoshī	秩序 zhìxù	沉寂 chénjì	深浅 shēnqiǎn	审讯 shěnxùn	少将 shàojiàng
机器 jīqì	急切 jíqiè	军区 jūnqū	求救 qiújiù	迁就 qiānjiù	劝酒 quànjiǔ

（三）分辨舌尖后音 r 和边音 l

吴方言、江淮方言、闽方言和山东方言的部分地区，没有“r”声母，凡普通话“r”的声母的字，通常改读成[l]、[z]、[y]声母或“i”“ü”开头的零声母字。如福州话把“绒的”读成“聋的”，沈阳话将“人”读成了“yín”。

从发音部位看，“r”是舌尖后音，同“zh、ch、sh”发音部位一样，是由舌尖和硬腭前部构成阻碍而发的音。从发音方法看，“r”是浊擦音，发音时，舌尖上翘，抵硬腭前部留一小缝，让气流从小缝中摩擦而出，同时声带震动。为找到正确的感觉，可以先发“sh”音，然后振动声带，即是“r”音。

“r”和“l”的区别是发音部位不同，“r”的发音部位在硬腭，“l”的发音部位在齿龈；发音方法也不同，“r”发音除阻时，气流的通道很窄，限于舌尖和硬腭之间的一点点缝隙，摩擦很重；而“l”音除阻时，气流的通道在舌侧两边，很宽松，摩擦不十分明显。

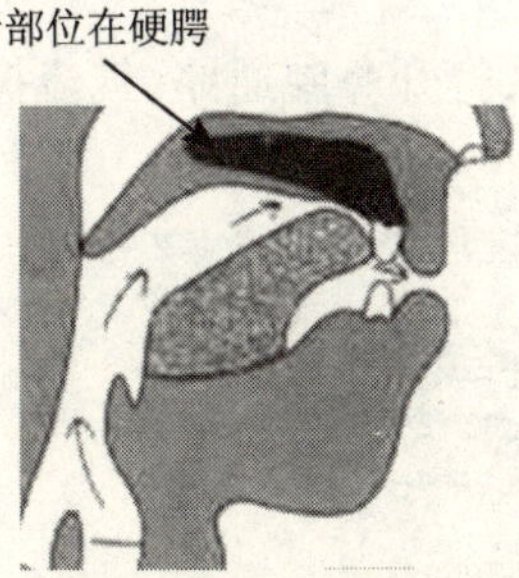

“r”发音示意图

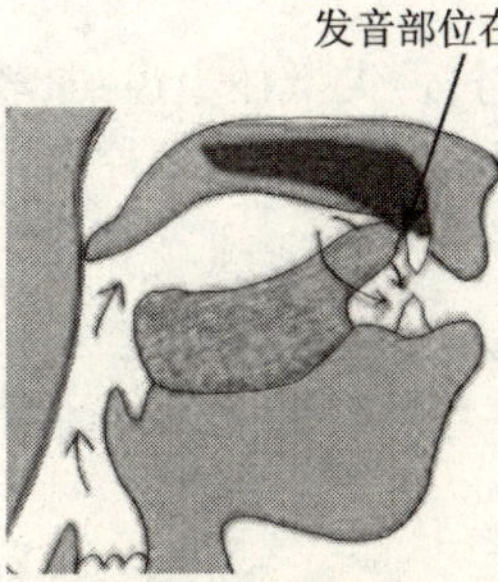

“l” 发音示意图

1. r、l 对比辨音练习

碧蓝 lán 必然 rán	娱乐 lè 余热 rè	阻拦 lán 阻燃 rán	囚牢 láo 求饶 ráo
卤 lǔ 质 乳 rǔ 汁	露 lòu 馅 肉 ròu 馅	近路 lù 进入 rù	流露 lù 流入 rù
衰落 luò 衰弱 ruò	脸 liǎn 色 染 rǎn 色	收录 lù 收入 rù	绒 róng 子 聋 lóng 子

2. 读准 r 和 l

锐利 ruìlì	日历 rìlì	扰乱 rǎoluàn	热烈 rèliè	认领 rènlǐng
容量 róngliàng	人力 rénlì	日落 rìluò	让路 rànglù	热浪 rèlàng
老人 lǎorén	烈日 lièrì	例如 lìrú	利刃 lìrèn	来人 láirén
利润 lìrùn	留任 liúrèn	炼乳 liànrǔ	列入 lièrù	礼让 lǐràng

（四）分辨鼻音 n 和边音 l

在汉字中，n 声母字比 l 声母字少得多。有的韵母，如 un，n 声母字一个也没有；有的韵母，如 ü、ei、u、ou、uan、ang、iang、in 等，n 声母的字也很少，而相应的 l 声母字却比较多。只要记住 n 声母这一边的字，l 声母的字也就记住了。

普通话中的 n 和 l 是对立的音位，分得很清楚，但是在很多方言区中 n 和 l 是不分的，对于那些 n、l 不分的方言区来说，学习起来比较困难一点，首先要读准 n 和 l，然后要知道哪些字的声母是 n，哪些字的声母是 l，这需要有个记忆过程。

n 发音时，舌尖抵住上齿龈，软腭下降，打开鼻腔通路，气流振动声带，从鼻腔通过。如：“能耐”、“泥泞”的声母。

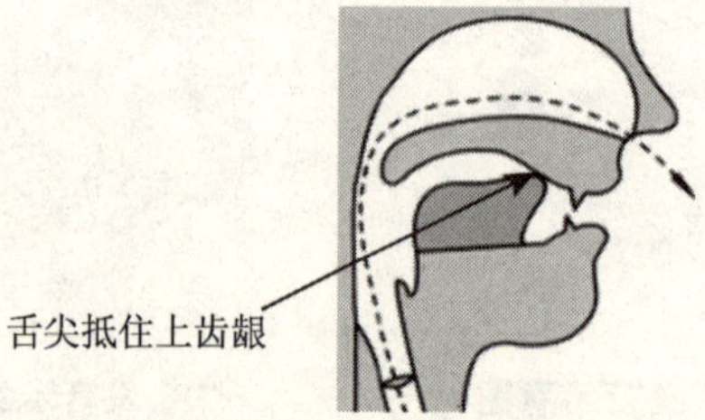

l 发音时,舌尖抵住上齿龈,软腭上升,堵塞鼻腔通路,气流振动声带,从舌头两边通过。如"玲珑"、"嘹亮"的声母。

由于 n 发音时,气流从鼻腔通过,所以发出的声音带有"鼻音",而 l 在发音,舌头向上卷,发音时,舌头伸平,不带有鼻音,即使用手捏住鼻子也能发音。

1. n、l 对比辨音练习

无赖 lài 无奈 nài	水牛 niú 水流 liú	男 nán 裤 蓝 lán 裤	旅 lǚ 客 女 nǚ 客
脑 nǎo 子 老 lǎo 子	连 lián 夜 年 nián 夜	留念 niàn 留恋 liàn	浓 nóng 重 隆 lóng 重
南 nán 部 蓝 lán 布	烂泥 ní 烂梨 lí	牛 niú 黄 硫 liú 磺	大娘 niáng 大梁 liáng

2. 读准 n 和 l

哪里 nǎlǐ	纳凉 nàliáng	奶酪 nǎilào	脑力 nǎolì	内涝 nèilào	能力 nénglì
来年 láinián	老农 lǎonóng	冷暖 lěngnuǎn	流脑 liúnǎo	留念 liúniàn	岭南 lǐngnán
牛奶 niúnǎi	恼怒 nǎonù	扭捏 niǔniē	能耐 néngnài	呢喃 nínán	男女 nánnǚ
履历 lǚlì	理论 lǐlùn	联络 liánluò	流露 liúlù	老练 lǎoliàn	拉力 lālì

(五)分辨唇齿音 f 和舌根音 h

湘、赣、客家、闽、粤等方言分不清声母 f 和 h,北方方言、江淮方言及西南方言也存在 f 和 h 混读的现象。在学习时首先注意 f 和 h 的发音,然后要清楚声母 f 和 h 相对应的字词。发"f"音时,下唇轻触上齿,让口腔内的气流从唇齿间通过,形成摩擦音;发"h"音时,口是张开的,气流不受阻碍,仅在通过声门时有轻微的摩擦。

普通话 f、h 声韵的配合规律辨别:

f 不跟 ai 相拼,方言中念 fai 的,普通话中都念 huai,如"怀、坏"等字。

f 与 o 相拼组成音节,只有相应的"佛"字。因此,方言中念 fo 的,普通话都念 huo,如"活、火、货"等字。

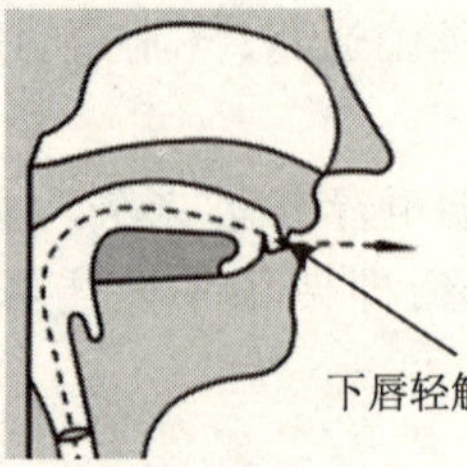

“f”发音示意图

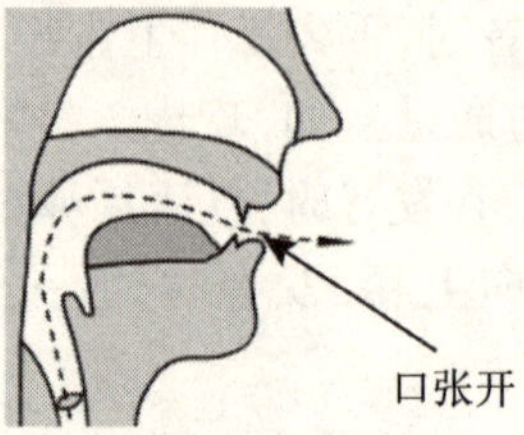

“h”发音示意图

1. f、h 对比辨音练习

舅父 fù—救护 hù	公费 fèi—工会 huì	附 fù 注—互 hù 助
仿佛 fǎngfú—恍惚 huǎnghū	防 fáng 虫—蝗 huáng 虫	斧 fǔ 头—虎 hǔ 头
飞 fēi 机—灰 huī 鸡	非凡 fēifán—辉煌 huīhuáng	奋 fèn 战—混 hùn 战
复 fù 员—互 hù 援	方 fāng 地—荒 huāng 地	防 fáng 止—黄 huáng 纸

2. 读准 f 和 h

发话 fāhuà	发慌 fāhuāng	反悔 fǎnhuǐ	繁华 fánhuá
丰厚 fēnghòu	复合 fùhé	混纺 hùnfǎng	后方 hòufāng
化肥 huàféi	洪峰 hóngfēng	画符 huàfú	花粉 huāfěn

（六）零声母辨正

普通话一部分读零声母的字，如“鹅、爱、欧、袄、安”等在有些方言中读成了声母的字，大致情况如下：

在读以 a、o、e 开头的零声母字时，常在前面加舌根鼻音 ng，如青岛人将“安”读成“ngan”，“欧”读成“ngou”，“恩”读成“ngen”。纠正时，只要去掉舌根鼻音 ng，直接发元音就行了。

普通话中合口呼的零声母字，有的方言读成了[v]（唇齿浊擦音）声母，如“万、闻、物、尾、问”等字，在吴方言中读成[v]声母。只要在发音时注意把双唇拢圆，不要让下唇和上齿接触，就可以改正了。

1. 零声母辨音练习：

爱 ài 心 耐 nài 心	海岸 àn 海难 nàn	大义 yì 大逆 nì	傲 ào 气 闹 nào 气
疑 yí 心 泥 ní 心	语 yǔ 序 女 nǚ 婿	文 wén 风 门 mén 风	余味 wèi 愚昧 mèi
每晚 wǎn 美满 mǎn	纹 wén 路 门 mén 路	万 wàn 丈 幔 màn 帐	五味 wèi 妩媚 mèi

2. 读准零声母字词

阿姨 āyí	挨饿 ái'è	昂扬 ángyáng	熬药 áoyào	偶尔 ǒu'ěr
扼要 èyào	压抑 yāyì	沿用 yányòng	演义 yǎnyì	扬言 yángyán
洋溢 yángyì	谣言 yáoyán	幽雅 yōuyǎ	友谊 yǒuyì	外围 wàiwéi
忘我 wàngwǒ	委婉 wěiwǎn	万般 wànbān	唯物 wéiwù	无谓 wúwèi

第三节　韵母

一、韵母的构成

韵母是指一个汉字音节中声母后面的成分。如普通话 pǔtōnghuà 三个音节中，u、ong、ua 都是韵母。韵母至少要有一个元音，也可以有几个元音，或元音之后再加辅音。由几个音素组成的韵母又可以细分为韵腹（主要元音）、韵头（介音）、韵尾（尾音），如官〔guan〕这个音节中，〔g〕是声母，〔uan〕是韵母。韵母〔uan〕中，〔a〕是韵腹，〔u〕是韵头，〔n〕是韵尾。

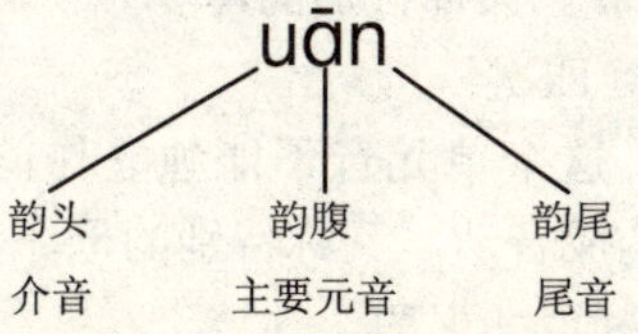

普通话语音共有39个韵母，按结构可以分为单韵母、复韵母、鼻韵母；按开头元音发音口形可分为开口呼韵母、齐齿呼韵母、合口呼韵母、撮口呼韵母，简称“四呼”韵母。

（一）韵母的发音

1. 单韵母

由一个元音构成的韵母叫单韵母，又叫单元音韵母。单元音韵母发音的特点是自始至终口形不变，舌位不移动。普通话中单元音韵母共有10个：ɑ、o、e、ê、i、u、ü、-i（前）、-i（后）、er。

ɑ　口大开，舌下降，嗓子用力，气流放出。

如：dàshà 大厦　fādá 发达

o　口半合，舌后部半升，嘴唇略圆，嗓子用力，气流放出。

如：mòmò 默默　pópo 婆婆

e　舌位后半高，口半闭，唇不圆。

如：hégé 合格　kèchē 客车

ê　口半开，舌前部半降，嗓子用力，气流放出。如“诶”。这个单元音一般不独立作韵母或成音节，它的作用是和 i、ü 结合成复韵母 ie、üe。

如：jiéyuē 节约　xuèyè 血液

i　上下齿相对，口略闭，嘴唇扁平，舌前部上升，嗓子用力，气流放出。

如：mílí 迷离　bǐlì 比例

u　合拢，嘴唇收缩最圆，舌后部上升，嗓子用力，气流放出。

如：túshū 图书　shùmù 树木

ü　舌前部上升，和 i 一样，但是口合拢，嘴唇收缩最圆。嗓子用力，气流放出。

如：qūyù 区域　jùjū 聚居

er　舌位央，发音时舌尖上卷，又称卷舌韵母。

如：érqiě 而且　ěrduo 耳朵

-i　舌尖前，不圆唇。这个单元音不能独立作韵母或成音节，只能和声母 z、c、s 构成音节。又称特别韵母。

如：zìsī 自私　sìcì 四次

-i　舌尖后，不圆唇。这个单元音不能独立作韵母或成音节，只能和声母 zh、ch、sh、r 构成音节。又称特别韵母。

如：zhīshi 知识　shīzhí 失职

《汉语拼音方案》规定单韵母 i 和两个特别韵母合用一个字母，它们在音节里出现的音节条件不同，单韵母 i 不会和 zh、ch、sh、r，z、c、s 构成音节；两个特别韵母只和 zh、ch、sh、r，z、c、s 构成音节，所以不会混淆。单独书写时，特别韵母写成-i，在它们后面分别用国际音标[-i]和[-l]注明，以资区别。

2. 复韵母

由两个或三个元音结合而成的韵母叫复韵母。普通话共有 13 个复韵母：ai、ei、ao、ou、ia、ie、ua、uo、üe、iao、iou、uai、uei。根据主要元音所处的位置，复韵母可分为前响复韵母、中响复韵母和后响复韵母。

前响复韵母 4 个，由两个元音结合而成。发音时由两个元音的舌位、口形向后一个元音的舌位、口形的方向滑动，中间有一个舌位的动程，实际上不到后一个元音的舌位，这个韵母就发完了，所以前一个元音响亮、清晰，后一个元音轻短、模糊。

ai 先发 ɑ 音，舌的位置稍靠前（舌尖抵下门牙背后），声音较长、较强，然后把舌向上移动，到能发接近 i 的音时停止。

如：kāicǎi 开采　hǎidài 海带

ei 先发 e 音，位置向前、略高，然后把舌向前向上移动，声音较长、较强，到能发接近 i 的音时停止。

如：pèibèi 配备　fēiděi 非得

ao 先发 ɑ 音，位置稍向后（舌略后缩），声音较长、较强，然后向上移动，到能发 o 音时停止（嘴唇更收敛些）。

如：cǎomào 草帽　bàogào 报告

ou 先发 o 音，但是嘴唇不太圆，声音较长、较强，然后把舌向上移动，到能发接近 u 的音时停止。

如：shōugòu 收购　chǒulòu 丑陋

后响复韵母 5 个，由两个元音结合而成。发音时由前一个元音的舌位、口形向后一个元音的舌位、口形滑动，前一个元音的发音轻短，后一个元音的发音响亮。

ia 先发较短的 i 音，然后把舌向下移动，发较长、较强的 ɑ 音。

如：jiāyè 家业　xiàliè 下列

ie 先发较短的 i 音，然后把舌向下移动，发较长、较强的 ê 音。

如：yéye 爷爷　jiéyè 结业

ua 先发较短的 u 音，然后把舌向下移动，发较长、较强的 ɑ 音。

如：huājiā 画家　jiāhuà 佳话

uo 先发较短的 u 音，然后把舌向下移动，发较长、较强的 o 音。

如：guòchuò 过错　cuōtuó 蹉跎

üe 先发较短的 ü 音，然后把舌向下移动，发较长、较强的 ê 音。

如：yuèyè 月夜　quèqiè 确切

中响复韵母 4 个，由三个元音结合而成，发音时舌位依次滑动，动程较长。前一个元音的发音轻短，中间一个元音的发音响亮清晰，最后一个元音发音短而模糊。其中，iou 和 uei 和声母构成音节后中间的元音几乎丢失，《汉语拼音方案》规定书写形式为 iu、ui。

iao 先发较短的 i 音，然后移动舌头发 ao 音。

如：liàoqiào 料峭　piāomiǎo 缥缈

iou(iu) 先发较短的 i 音，然后移动舌头，发 ou 音。

如：yōuxiù 优秀　yōujiǔ 悠久

uai 先发较短的 u 音，然后移动舌头，发 ai 音。

如：wàihuì 外汇　shuāituì 衰退

uei(-ui) 先发较短的 u 音，然后移动舌头，发 ei 音。

如：guīduì 归队　wěisuí 尾随

3. 鼻韵母

由一个或两个元音后面带上鼻辅音构成的韵母叫鼻韵母。

鼻韵母共有 16 个：an、ian、uan、üan、en、in、uen、ün、ang、iang、uang、eng、ing、ueng、ong、iong。

充当韵尾的鼻辅音有 n 和 ng 两个，鼻韵母以此分为两类。n 尾的鼻韵母 8 个，由一个或两个元音和 n 尾音结合而成，因为 n 发音部位是舌尖中音，所以这类鼻韵母也称前鼻韵母（俗称前鼻音）。其中，uen 和声母构成音节后，元音 e 的声音几乎丢失，《汉语拼音方案》规定书写形式为 un。

an 先发 a 音，舌的位置靠前，舌尖抵下门牙背后，然后把舌尖转向上，抵住上牙床，发纯粹鼻音 n。

如：tánpàn 谈判　lànmàn 烂漫

ian 先发较短的 i 音，然后移动舌头，发 an 音。但其中 a 音有变化，舌的位置下降不太低，发音接近 ê 音，口形半开。

如：xiānyàn 鲜艳　liánmián 连绵

uan 先发较短的 u 音，然后移动舌头，发 an 音。

如：guànchuān 贯穿　zhuānkuǎn 专款

üan 先发较短的 ü 音，然后把舌位降到次低前元音[ʊ]略后就开始升高，接续发鼻音 n。

如:yuánquān 圆圈 quánquán 全权

en 先发 e 音,舌的位置不在后,而在中央,然后把舌尖抵住上牙床,发纯粹鼻音 n。

如:gēnběn 根本 shēnfèn 身份

in 先发 i 音,然后把舌尖转向上,抵住门齿背后的上牙床,发纯粹鼻音 n。

如:xīnqín 辛勤 línjìn 邻近

uen(un) 先发较短的 u 音,然后移动舌头,发 en 音。

如:wēnshùn 温顺 hùndùn 混沌

ün 先发 ü 音,然后把舌头转向上,抵住门齿背后的上牙床,发纯粹鼻音 n。

如:jūnxùn 军训 jūnyún 均匀

ng 尾的鼻韵母 8 个,由一个或两个元音和 ng 尾音结合而成,因为 ng 发音部位是舌面后部(舌根部分),所以这类韵母也称后鼻韵母(俗称后鼻音)。其中,ueng 只有零声母音节,不和其他声母相拼,ong 一定要和声母相拼,没有零声母音节。

ang 先发 ɑ 音,舌的位置稍靠后,然后把舌根抵住软腭,发纯粹鼻音 ng。

如:fànglàng 放浪 bāngmáng 帮忙

iang 先发较短的 i 音,然后移动舌头,发 ɑng 音。

如:xiàngyáng 向阳 liàngxiàng 亮相

uang 先发较短的 u 音,然后移动舌头,发 ɑng 音。

如:zhuàngkuàng 状况 zhuānghuàng 装潢

eng 先发 e 音,舌的位置不在后而变得稍前些、低些,然后将舌根抵住软腭,发纯粹鼻音 ng。

如:fēngzhēng 风筝 fēngshèng 丰盛

ing 先发 i 音,然后将舌根抵住软腭,发纯粹鼻音 ng。

如:níngjìng 宁静 qīngtíng 蜻蜓

ueng ueng 先发较短的 u 音,然后移动舌头,发 eng 音。

如:lǎowēng 老翁

ong 先发 o 音,嘴唇稍稍收敛,然后将舌根抵住软腭,发纯粹鼻音 ng。

如:cóngróng 从容 chōngdòng 冲动

iong 先发较短的 i 音,然后移动舌头,发 ong 音。

如：xiōngyǒng 汹涌　jiǒngjiǒng 炯炯

（二）“四呼”韵母

四呼是由韵头、韵腹的特点所决定的。

普通话韵母总表

	开口呼	齐齿呼	合口呼	撮口呼
单韵母	-i	i	u	ü
	ɑ	iɑ	uɑ	
	o		uo	
	e			
	ê	ie		üe
	er			
复韵母	ɑi		uɑi	
	ei		uei	
	ɑo	iɑo		
	ou	iou		
鼻韵母	ɑn	iɑn	uɑn	üɑn
	en	in	uen	ün
	ɑng	iɑng	uɑng	
	eng	ing	ueng	
	ong	iong		

1. 开口呼韵母

发这类韵母的音时，口腔开度较大，所以叫开口呼韵母。凡是不以 i，u，ü 开头的韵母，统称为开口呼韵母。也就是没有韵头（介音），而韵腹又不是 i，u，ü 的韵母。它包括除 i，u，ü 以外的全部单韵母；用 ɑ，o，e 开头的全部复韵母、鼻韵母；还包括-i（前），-i（后）两个舌尖元音，如 ɑ，o，e，ê，-i（前），ɑi，ou，ɑn，eng 等。

2. 齐齿呼韵母

用 i 开头的韵母，发音时，上下齿几乎是对齐的，因此叫齐齿呼。如 i，iɑ，ie，iɑo，iou，iɑn，ing 等。包括单韵母 i 和用 i 作韵头或韵腹的全部复韵母、鼻韵母。

3. 合口呼韵母

用 u 开头的韵母，发音时双唇合拢，呈圆形，所以叫合口呼。如 u，ua，uo，uai，uei，uan，uang，ueng。包括单韵母 u 和用 u 作韵头的全部复韵母、鼻韵母。

4. 撮口呼韵母

用 ü 开头的韵母，发音时，双唇撮拢，呈圆形，所以叫撮口呼。如 ü，üe，üan，ün。

二、各大方言韵母辨正

普通话韵母与方言比较有以下特点：

(1)普通话有舌尖韵母[-i](前)、[-i](后)。汉语大部分方言都有[-i](前)，只有卷舌声母的方言才有[-i](后)。这两个韵母一般只能和同部位的声母配合，也有少数例外，如合肥话中的“比”和“米”。没有这两个韵母的方言主要集中在粤方言和闽方言。

(2)普通话有卷舌韵母[ɹ]。

(3)普通话四呼俱全，合口呼韵母多。汉语大部分方言都是四呼俱全，只有闽南方言、客家方言和西南官话云南、贵州一带没有撮口呼韵母。闽南方言和客家方言把撮口呼韵母分别归入齐齿呼韵母和合口呼韵母，西南一些方言则全部归入齐齿呼韵母。普通话里有一些合口呼韵母字在一些方言里不读合口，因此合口呼韵母就显得比较多。

(4)普通话复韵母多。大部分汉语方言都有比较丰富的复韵母，有的方言的复韵母比普通话还要多。复韵母少的方言主要集中在粤方言和吴方言。粤方言的后响复韵母比较少，例如，广州话就没有后响复韵母。吴方言则相反，前响复韵母很少，例如，苏州话就只有一个前响复韵母。

(5)普通话辅音韵尾只有[n]、[ŋ]。汉语辅音韵尾有塞音-p 和鼻音-n 两大类，普通话只有[n]、[ŋ]两个辅音韵尾。粤方言和闽南方言韵尾最丰富，一些方言中有[m]韵尾。

(一)单韵母辨正 e-o

北方有些方言会把韵母 o 念成 e，如“坡、破、摸”的韵母读成 e；西南有些方言会把韵母 e 念成 o，如“哥、和、颗、喝”的韵母读成 o。

普通话的韵母 o 只跟 b、p、m、f 拼合，而韵母 e 却相反，不能和这四个声母拼合(“什么”的“么”字除外)，所以大家记住 b、p、m、f 后面的韵母一定是 o 而不是 e。

1. 读准 e 和 o

脖 bó 子	老婆 po	蘑 mó 菇	鸟窝 wō	伯 bó 父
哥 gē 哥	天鹅 é	河 hé 水	毒蛇 shé	记者 zhě
叵测 pǒcè	波折 bōzhé	恶魔 èmó	刻薄 kèbó	河坡 hépō

2. 练读绕口令

哥哥弟弟坡前坐，坡上卧着一只鹅，坡下流着一条河，哥哥说：宽宽的河，弟弟说：肥肥的鹅。鹅要过河，河要渡鹅。不知是鹅过河，还是河渡鹅。

（二）单韵母辨正 i-ü

有些方言如闽方言、客家方音、西南有些方言及江淮有些方言会出现将 i 和 ü 都念成 i 的情况，如“鱼头”念成“姨头”。

1. i、ü 对比辨音练习

生育 yù—生意 yì	居 jū 住—记住 jì	聚 jù 会—忌 jì 讳	取 qǔ 名—起 qǐ 名
于 yú 是—仪 yí 式	名誉 yù—名义 yì	遇 yù 见—意 yì 见	舆 yú 论—议 yì 论
美育 yù—美意 yì	姓吕 lǚ—姓李 lǐ	雨 yǔ 具—以 yǐ 及	区 qū 域—歧 qí 义

2. 读准 i 和 ü

继续 jìxù	纪律 jìlǜ	谜语 míyǔ	体育 tǐyù	例句 lìjù
履历 lǚlì	语气 yǔqì	距离 jùlí	曲艺 qǔyì	具体 jùtǐ
比喻 bǐyù	与其 yǔqí	寄语 jìyǔ	一律 yīlǜ	预计 yùjì
羽翼 yǔyì	抑郁 yìyù	雨季 yǔjì	聚集 jùjí	急剧 jíjù

（三）韵母辨正 ie-üe

1. ie、üe 对比辨音练习

切 qiè 实—确 què 实	列 liè 表—略 lüè 表	猎 liè 取—掠 lüè 取
日夜 yè—日月 yuè	竹叶 yè—逐月 yuè	午夜 yè—五岳 yuè

2. 读准 ie 和 üe

谢绝 xièjué	决裂 juéliè	解决 jiějué	确切 quèqiè	越界 yuèjiè
节略 jiélüè	学业 xuéyè	学界 xuéjiè	劫掠 jiélüè	月夜 yuèyè
血液 xuèyè	喋血 diéxuè	节约 jiéyuē	协约 xiéyuē	学姐 xuéjiě

(四)韵母辨正 in-ün

1. in、ün 对比辨音练习

真金 jīn—真菌 jūn	平津 jīn—平均 jūn	晋 jìn 级—峻 jùn 急
餐巾 jīn—参军 jūn	攻心 xīn—功勋 xūn	金银 jīnyín—均匀 jūnyún

2. 读准 in 和 ün

军心 jūnxīn	进军 jìnjūn	寻衅 xúnxìn	音讯 yīnxùn	云锦 yúnjǐn
阴云 yīnyún	音韵 yīnyùn	新裙 xīnqún	熏心 xūnxīn	循进 xúnjìn

(五)韵母辨正 ian-in

1. ian、in 对比辨音练习

建 jiàn 军 进 jìn 军	简 jiǎn 章 紧 jǐn 张	连 lián 接 邻 lín 接	连 lián 夜 林 lín 业
鲜 xiān 血 心 xīn 血	偏 piān 音 拼 pīn 音	签 qiān 字 亲 qīn 自	棉 mián 芯 民 mín 心
仙 xiān 境 心 xīn 境	现 xiàn 任 信 xìn 任	盐 yān 粉 银 yín 粉	眼 yǎn 见 引 yǐn 见

2. 读准 ian 和 in

新鲜 xīnxiān	觐见 jìnjiàn	潜心 qiánxīn	铅印 qiānyìn	偏心 piānxīn
先进 xiānjìn	变频 biànpín	点心 diǎnxin	今天 jīntiān	年薪 niánxīn
鳞片 línpiàn	千斤 qiānjīn	连襟 liánjīn	勤俭 qínjiǎn	前进 qiánjìn

（六）韵母辨正 ian-üan

1. ian、üan 对比辨音练习

建 jiàn 议—倦 juàn 意	前 qián 线—权 quán 限	当前 qián—当权 quán
前 qián 程—全 quán 程	庄严 yán—庄园 yuán	方言 yán—方圆 yuán

2. 读准 ian 和 üan

捐钱 juānqián	捐献 juānxiàn	卷烟 juǎnyān	厌倦 yànjuàn	远见 yuǎnjiàn
线圈 xiànquān	泉眼 quányǎn	权限 quánxiàn	宣言 xuānyán	怨言 yuànyán
原盐 yuányán	减员 jiǎnyuán	演员 yǎnyuán	元件 yuánjiàn	全歼 quánjiān

（七）鼻韵尾辨正 n-ŋ

普通话里[n]与[ŋ]是成对出现的，如：

an-ang　ian-iang　uan-uang　en-eng　in-ing　uen-ueng

但在一些方言里却有不同的情形，如，南京话、长沙话将[ŋ]读成[n]；如，天堂—天坛、老程—老陈。湖北、四川也是有 en、in，没有 eng、ing。而西安、济南、太原等地则有[ŋ]没有[n]，[n]尾韵都读成鼻化元音。湖南也读成鼻化韵，如弹词—搪瓷、吩咐—丰富、陈旧—成就。

（八）鼻韵母辨正 an-ang

1. an、ang 对比辨音练习

扳 bān 手 帮 bāng 手	女篮 lán 女郎 láng	反 fǎn 问 访 fǎng 问	担 dān 心 当 dāng 心
唐 táng 宋 弹 tán 送	水干 gān 水缸 gāng	看 kān 家 康 kāng 佳	战 zhàn 防 账 zhàng 房
赏 shǎng 光 闪 shǎn 光	冉冉 rǎn 嚷嚷 rǎng	土壤 rǎng 涂染 rǎn	张 zhāng 贴 粘 zhān 贴

2. 读准 an 和 ang

担当 dāndāng	班长 bānzhǎng	繁忙 fánmáng	反抗 fǎnkàng	账单 zhàngdān
擅长 shàncháng	商贩 shāngfàn	当然 dāngrán	傍晚 bàngwǎn	方案 fāng'àn

3. 读准 ian 和 iang

演讲 yǎnjiǎng	现象 xiànxiàng	坚强 jiānqiáng	绵羊 miányáng	岩浆 yánjiāng
镶嵌 xiāngqiàn	香甜 xiāngtián	想念 xiǎngniàn	两面 liǎngmiàn	量变 liàngbiàn

4. 读准 uan 和 uang

观光 guānguāng	宽广 kuānguǎng	观望 guānwàng	万状 wànzhuàng	端庄 duānzhuāng
光环 guānghuán	狂欢 kuánghuān	双关 shuāngguān	王冠 wángguān	壮观 zhuàngguān

(九)鼻韵母辨正 en-eng

1. en、eng 对比辨音练习

陈 chén 旧 成 chéng 就	真 zhēn 气 蒸 zhēng 汽	整 zhěng 段 诊 zhěn 断
人参 shēn 人生 shēng	针 zhēn 眼 睁 zhēng 眼	成 chéng 风 晨 chén 风
深沉 shēnchén 生成 shēngchéng	上身 shēn 上升 shēng	同门 mén 同盟 méng
出生 shēng 出身 shēn	粉 fěn 刺 讽 fěng 刺	花盆 pén 花棚 péng
深耕 shēngēng 生根 shēnggēn	审 shěn 视 省 shěng 市	分 fēn 子 疯 fēng 子
分针 fēn zhēn 风筝 fēngzheng	瓜分 fēn 刮风 fēng	正 zhèng 中 震 zhèn 中

2. 读准 en 和 eng

真诚 zhēnchéng	本能 běnnéng	奔腾 bēnténg	神圣 shénshèng	人生 rénshēng
成本 chéngběn	承认 chéngrèn	风尘 fēngchén	证人 zhèngrén	登门 dēngmén

（十）鼻韵母辨正 in-ing

1. in、ing 对比辨音练习

红心 xīn 红星 xīng	人民 mín 人名 míng	信 xìn 服 幸 xìng 福	劲 jìn 头 镜 jìng 头
婴 yīng 儿 因 yīn 而	海滨 bīn 海兵 bīng	零 líng 时 临 lín 时	静 jìng 止 禁 jìn 止
谈情 qíng 弹琴 qín	印 yìn 象 映 yìng 象	冰 bīng 棺 宾 bīn 馆	频频 pín 平平 píng
亲近 qīnjìn 清静 qīngjìng	今 jīn 天 惊 jīng 天	竞 jìng 赛 禁 jìn 赛	金银 jīnyín 晶莹 jīngyíng

2. 读准 in 和 ing

心情 xīnqíng	品行 pǐnxíng	心灵 xīnlíng	民兵 mínbīng	金星 jīnxīng
灵敏 língmǐn	清音 qīngyīn	平民 píngmín	精心 jīngxīn	定亲 dìngqīn

第四节　声调

一、什么是声调

汉语每一个音节都一定有声调，声调是音节的音高变化。声母和韵母相同的音节如果声调不一样，它们所表示的词义就完全不同。如，把“山西”shānxī 说成 shǎnxī，就会误解为另一个省名“陕西”。

二、普通话调类和调值

调类是声调的种类。普通话语音共有四种调类，即阴平、阳平、上声、去声，习惯上称为第一声、第二声、第三声、第四声，也称四声。调值是声调高低升降的变化，也就是声调的实际读法，一般采用“五度标记法”。

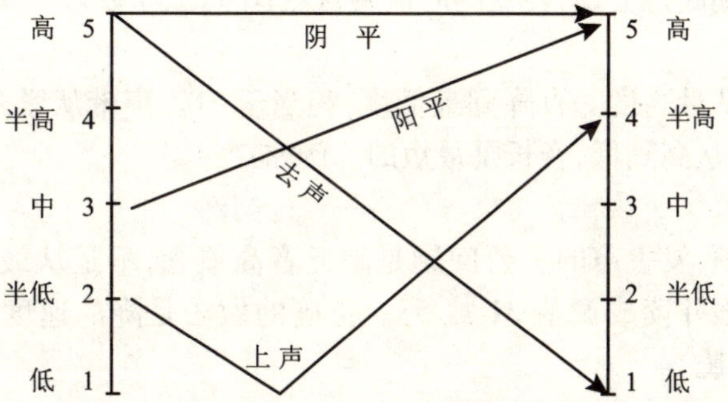

1. 阴平ˉ

读音高而平，相当于55。将声带绷到最紧，始终无明显变化，保持音高。例如：

青春光辉　春天花开　公司通知　新屋出租

注意事项：发阴平的音时应防止出现以下缺陷：一是不能达到调值55的高度；二是出现前后高低不一致的现象。即忽高忽低，音高度不稳定。发音要高而平稳。

2. 阳平ˊ

读音时由中度升到高度，相当于35。发音要干脆，声带从不松不紧开始，逐步绷紧，直到最紧，声音从不低不高到最高。例如：

人民银行　连年和平　农民犁田　圆形循环

注意事项：发阳平的音时容易出现的问题也有两个：一是升调突然拐弯；二是为避免“拐弯”而发音急促，从而影响到普通话应有的舒展语感。两个阳平字相连，不要将调值越读越高。

3. 上声ˇ

起音比阳平略低半低度，先往下降到最低度，再往上升到比阳平的收音略低的半高度，形成一个曲折的调型，相当于214。声带从略微有些紧张开始，立刻松弛下来，稍稍延长，然后迅速绷紧，但没有绷到最紧。例如：

彼此理解　理想美满　永远友好　管理很好

注意事项：降升调，调值214是普通话四个声调中最难学的。常见的发音缺陷有六：第一，调头太高（读314）；第二，调尾太高（读215）；第三，调尾太低（读212或213）；第四，整个声调偏高（几乎无曲势，读324）；第五，声调中断（读21-4）；第六，声调曲折生硬。

发音时，时值214要到位，要婉转，先下降再上扬，做到降得多、扬得少，一定要先降到底再上扬，转变的时候要自然，不可太生硬。

4. 去声ˋ

读音时从最高度一直降到最低度，相当于 51。声带从紧开始到完全松弛为止，声音从高到低，音长是最短的。例如：

下次注意　世界教育　报告胜利　创造利润

注意事项：发去声的主要问题是缺乏音高概念，不是从最高降到最低，而是加大音强并读成调值 31 或 53。正确的做法是降的速度要快，要降到底，发音要干脆。

声调符号要标在音节的主要元音上。按 ɑ、o、e、i、u、ü 的顺序，i 和 u 同时发声的韵母，调值需标在最后一个元音上，给 i 标调值应先去 i 上的点，再标调值。

第五节　音节

一、普通话音节结构

1. 音节结构

音节是听觉能感受到的最自然的语音单位，由一个或几个音素按一定规律组合而成。普通话里，除个别情况外，一个汉字就是一个音节。

2. 音节结构特点

（1）每个音节最少要由三个成分组成，即声母、韵母、声调。声母可以是零声母，韵母中可以没有韵头、韵尾，但必须有韵腹。例如："舞（ǔ）"由零声母、韵腹 u 和上声声调组成。

（2）一个音节最多可以由五个成分组成，例如："恋"（liàn），由声母 l、韵头 i、韵腹 ɑ、韵尾 n 和去声声调组成。

（3）音节中必须有元音因素，至少一个，最多有三个，而且连续排列，分别充当韵母的韵头、韵腹和韵尾。

（4）韵头只能由 i、u、ü 充当，韵尾由元音 i、o、u 或鼻辅音 n、ng 充当。各元音都能充当韵腹，如果韵母不止一个元音，由开口度较大、舌位较低、发音较响亮的元音充当韵腹。

（5）辅音音素只出现在音节的开头（作声母）或末尾（作韵尾），没有辅音连续排列的情况。

(6)单韵母[除舌尖韵母-i(前)、-i(后)外]、腹韵母和鼻韵母(除 eng、ong 外)都能自成音节,其声母是零声母。

(7)在进行语音结构分析时,有些已省写或改写的音节结构要恢复其原始形式,主要有:

① iu、ui、un 复原为 iou、uei、uen,如:流、辉、昏。

② ü 上两点已省写的撮口呼韵母复原时不要误判为合口呼韵母,如:举、学。

③ e 复原为 ê,这主要指 iê、üê,如:野、约。

④ y、w 开头的齐齿呼、合口呼、撮口呼零声母复原,如:阳、为、远。

⑤ z、c、s 和 zh、ch、sh、r 后的韵母 i,写作-i,为开口呼韵母,如:知、资。

二、普通话声韵调配合关系

普通话音节有完整的系统。构成普通话音节的 21 个辅音声母和 39 个韵母有机地拼合成 400 多个基本音节,加上 4 个声调的配合,则可组成 1200 多个音节。普通话声韵调的配合有一定的规律,其中,声母和韵母的拼合规律最为明显,主要表现在声母的发音部位和韵母的四呼关系上。

普通话声韵配合的主要规律:

(1)开口呼韵母:除了不与舌尖音 j、q、x 相拼外,能与其他各类声母相拼。

(2)齐齿呼韵母:不与唇齿音、舌根音、舌尖前音、舌尖后音相拼。

(3)合口呼韵母:不与舌面音 j、q、x 相拼,可以与其他各类声母相拼,但与双唇音和唇齿音相拼时,只限于单韵母 u。

(4)撮口呼韵母:只与舌尖中音 n、l 和舌面音 j、q、x 相拼,不与其他各类声母相拼。

上述四条规律中,凡属某类声母与某类韵母不能相拼的,概无例外;能相拼的,则并非指全部能相拼,也存在特殊情况。例如:一般来说,开口呼韵母能与舌面音以外的声母相拼,但其中的 ê、er 这两个韵母就不与任何辅音相拼,还有-i(前)、-i(后)这两个韵母分别不与舌尖前音、舌尖后音以外的辅音声母相拼。

声、韵母配合简表

声母 \ 四呼韵母		开口呼	齐齿呼	合口呼	撮口呼
双唇	b、p、m	+	+	(u)	/
唇齿	f	+	/	(u)	/
舌尖中	d、t	+	+	+	/
舌尖中 零声母	Φ n、l	+	+	+	+
舌根	g、k、h	+	/	+	/
舌尖后	zh、ch、sh、r	+	/	+	/
舌尖前	z、c、s	+	/	+	/
舌面	j、q、x	/	+	/	+

三、普通话音节的拼读

(一)拼音要领

拼音的要领是:“前音(声母)轻短后音(韵母)重,两音相连猛一碰。”

(1)前音轻短后音重:声母要用本音,拼读时尽量读得轻短;韵母读得重些、长些。

(2)两音相连猛一碰:拼合时速度要快,中间不要停顿,不要丢失韵头。

(二)拼音方法

普通话音节常用的拼音方法有四种:两拼法、三拼法、声介合拼法和整体认读法。

1. 两拼法

两拼法就是把音节分成声母和韵母两个部分进行拼音的方法,分为声韵两拼法和声母两拼法。

声韵两拼法把韵母当做一个整体,拿来跟声母相拼。如:h-ào(浩)。

声母两拼法先找准声母发音部位,摆好发音的架势,然后一口气念出韵母,拼成音节。如:拼读 bā(巴),先闭上双唇,憋住一口气,摆好发 b 音的姿势,然后一口念出 a,成为音节。

2. 三拼法

三拼法就是把带介音的音节分析成声、介、韵三个部件，拼音时连读成一个音节。这种方法只适用于有韵头的音节。如：q-i-áng→qiáng（强）。

3. 声介合拼法

就是先把声母和韵头合成一个拼音部件，再跟韵头的其余部分相拼的方法。适用于拼读有韵头的音节。如：gu-āng→guāng（光）。

4. 整体认读法

整体认读法，就是认读整体音节。整体认音节一般是指添加一个韵母后读音仍和声母一样的音节（yuan 比较特殊），也就是指不用拼读即直接认读的音节。

整体认读音节一共有 16 个，分别是：zhi 只、chi 吃、shi 狮、ri 日、zi 姿、ci 差、si 丝、yi 依、wu 屋、yu 鱼、ye 页、yue 曰、yuan 鸳、yin 荫、yun 云、ying 英。

（三）吐字归音

吐字归音是我国古典唱法中对吐字法的概括，它是根据汉字字音特点，提出在吐字过程中各环节的发音要领。语言学家从音节结构的角度分析字音的头、腹、尾，字头由声母和韵头（介音）构成，字腹就是韵腹（主要元音），字尾是韵尾（尾音）。字头、字腹、字尾的发音过程分成出字、立字、归音三个阶段。韵母有介音 i、u、ü 的，一般把介音与声母一起视作字头。

1. 字头出字

字头的出字关系到字音的清晰程度。要求发音部位准确，叼住弹出。叼住：指咬字要有一定力度，即成阻部位的肌肉要有一定紧张度，阻气有力；咬字的力量要集中在相应部位的纵中部，而不是满口用力。弹出：指声母的除阻阶段而言，也叫吐字阶段，发音要轻捷有力，像弹出弹丸，不粘不滞，不拖泥带水，不使拙劲。

零声母音节的出字也要有一定力度，才能使整个音节鲜明清晰：第一，i、u、ü 开始的，舌位适当提高，增加舌相应部位的紧张度，使之有适度的摩擦，即发成半元音[j]，[ɥ]，[w]，如：月、宛、烟；第二，开口呼的，相应增加元音有关舌位的肌肉紧张度，必要时可在音节前加喉塞音[ʔ]，如皮袄，西安。

唇舌不用力会让听者感觉到“浮”，出字无力，字音模糊；出字时用力过大或满口用力，又显得“拙”，容易影响语言的流畅和语气、节奏的自如运用。

2. 字腹立字

字腹的立字关系到字音的响亮与否。要求口腔一定要充分打开，韵腹发音拉开立起，圆润饱满，韵腹在一个音节中口腔开度最大，泛音共鸣最丰满，声音共鸣最响亮。字腹立不起来，就会显得扁、紧、小气，似是而非，模棱两可，影响语意。立字的功夫主要通过复合韵母音节的练习得到，练习时注意韵母舌位的移动和唇形的变化滑动速度要快而自然。整个音节发音过程中字腹占的时间最长，这样才能保证字音清晰、圆润和响亮。

i、u、ü、e 等元音口形较窄，发音时口腔拉开的程度一定要比生活言语的开度大些，口腔圆些，尤其要注意 in、ün 中 i、ü 的发音，如：拎、云 。

韵母是 ian、üan 的，因字腹前后的两个音口腔开度都很窄，而且舌位相距很近，容易把字腹带窄，拉不开，立不起来，甚至把 ian 发得近似于 in，如：先进、宣传、田间。

韵母 uei、uen 的主要元音是 e，在前拼声母时，虽然书写上省去了这个 e，但发音时却不能省，还是要有一定开度，如：瑞雪、黄昏、伦理。

3. 字尾归音

字尾的归音关系到字音的完整，并在一定程度上影响着语言风格。要求发音干净利落，到位弱收，不可拖泥带水，尤其是 i、u、n、ng 等做韵尾时，要注意口型的变化。多数人在吐字方面最容易犯的毛病就是不归音，造成半截字，听起来不完整，正所谓“收者什一，不收者什九”（明代，沈庞绥）。

归音主要规律：

(1) 鼻尾音 n、ng：字音结束时，尾音要归到应有的位置，否则会出现前后鼻音的混淆。n，舌尖要收到上齿龈，阻住口腔通道，鼻音一出即收；ng，舌根要收到软腭处，阻住口腔通道，鼻音一出即收。

(2) u 作字尾时，唇形要收圆，并有一定的舌位高度。

(3) o 作字尾时，归音的位置实际在 u 上，像鸟、小的归音要归到 u 的位置才好。

(4) i 作字尾时，则不能完全归到 i 的位置，而是在舌向 i 的位置抬起的过程中弱收，这种弱收叫做趋向鲜明，而不强调字尾的 i 的到位。遇到 ai、ei、uei 等韵尾是 i 的音节，归音时在舌前部向 i 的方向运动当中收住声音，如台、菜的字尾最后就不能归死，即不应该有咬死的 i 的尾音，不然，就会显得小气、生硬，不够洒脱大方。

(5) 秃尾音节，即只有韵腹没有韵尾的音节，如韵母为 a、e、i、u、ü、舌尖前特殊元音—i、舌尖后特殊元音—i 的音节，这些音节虽然没有韵尾同样也需要归音,即字音结束要有口腔收小及气息减弱的意识和实际动作,没有这样的归音习惯,会影响到这个语流的风格。

4. 吐字归音的总体感觉

字头叼住弹出,字腹拉开立起,字尾到位弱收,合起来恰好形成一个两头小中间大的枣核状。吐字归音涉及音节各部分口腔的开合度及所占的时值长短,发音过程是一个整体,是在口腔各部分不断滑动的过程中完成的,包含着无限数量的音素,不是从头跳到腹,再跳到尾,整个字音要有滑动感、整体感,声音像一条弹性的带子,下端从小腹拉出,垂直向上,至口咽,沿上腭中纵线前行,受口腔的节制形成字音。“言语声的链像一串明珠从口中流出”,气息下沉,喉部放松;不僵不挤,声音贯通;字音轻弹,如珠如流;气随情动,声随情走。

第六节 音变

一、轻声

轻声是普通话语音的重要特点之一。在说话时有些音节会失去原有的声调,变成一种轻短模糊的调子,这就是轻声。这种变化与音高、音长、音强、音色都有关系。凡是读轻声的音节都有它原有的声调,普通话语音四种声调的音节都可以因轻声而改变它们的调型。如:

活泼 huópo	泼水 pōshuǐ
机灵 jīling	灵魂 línghún
桌子 zhuōzi	子女 zǐnǚ
客气 kèqi	气管 qìguǎn

《汉语拼音方案》规定轻声音节不标声调。

轻声在语言里不只是语音问题,它与词汇、语法也有关系。有些词读不读轻声有区别词义和确定词性的作用。如:

兄弟 xiōngdi（指弟弟）	兄弟 xiōngdì（指哥哥和弟弟）
是非 shìfei（口舌、纠纷）	是非 shìfēi（正确和错误）
东西 dōngxi（物件）	东西 dōng-xī（指方向东和西）
大意 dàyi（疏忽）	大意 dàyì（主要意思）
对头 duìtou（仇敌、对手，名词）	对头 duìtóu（正确、合适，形容词）
利害 lìhai（剧烈、凶猛，形容词）	利害 lìhài（利益和损害，名词）

在普通话中，下列一些成分都应读成轻声：

分类		例词
语气词	吧、吗、呢、啊	走吧、去吗、怎么呢、不行啊
助词	的、得、着、了、过、们	我的、好得很、说着、跑了、做过、同学们
名词后缀	子、儿、头	桌子、石头、鸟儿
个别量词		一个
方位词	原调、轻声两可，但轻声语感更好	家里、墙上、地下、外边
趋向动词	原调、轻声两可，但轻声语感更好	回来、干起来、收下
重叠动词	末一个音节	看看、写写、读读

二、变调

1. 什么是音变

说话时不可能一个个音节按原有的声音发出来，因为在语流中，音节相连时相互之间会受到影响，产生一些语音的变化，这就是普通话语音的音变。常见的音变现象有音节的连音变化和声调的变化。

2. 音变的种类

(1) 上声的变调。上声是曲折的降升调型214，在实际语言里一般很少发出这样完整的曲折调型，它的变调是随着后面相连音节的声调决定的。

① 上声字在阴平、阳平、去声字前面变为 211，只降不升。如：

阴平前	法规 fǎguī	美观 měiguān
阳平前	法庭 fǎtíng	美德 měidé
去声前	法院 fǎyuàn	美妙 měimiào

② 上声字在上声字前面（两个上声相连）变为 35，只升不降。如：

上声相连	法典 fǎdiǎn	美好 měihǎo

上声字只有在单独成句或者处在句尾才会读出完整的降升调型。

（2）"一"的变调。"一"的基本调是阴平 yī，但在实际语言中它和其他声调的音节相连时，会产生变调，一共有三种变调现象。

①单念、在词句末尾和作序数时，读原调阴平 55。

说一不二	数一数二	一班	一楼	统一	万一

②后一个连续读音节是去声时，读阳平 35。

一致	一阵	一块	一切

③后一个连读音节是阴平、阳平、上声时，读去声 51。

看一看	试一试	等一等

④夹在尝试态（短时态）动词之间时，读轻声。

听一听	看一看

（3）"不"的变调。"不"的基本调是去声 bù，但在实际语言中它和同声调去声音节相连时，会产生变调。

①单念，在词句末尾，以及后一个连读音节是阴平、阳平、上声时，读原调去声 51。

不，我偏不	谁敢说个"不"字？	不巧

②后一个连读音节是去声时，读阳平35。

不但	不利	不会

③夹在动词或形容词之间、夹在动词与补语之间，读轻声。

了不起	吃不了	去不去

三、语气词"啊"的音变

语气词"啊"出现在句末或句中时，由于受到前面音节末尾音素的影响，其读音会发生变化。

"啊"的音变规律如下：

(1)前面的音素是 a、o(不包括 ao、iao)、e、i、ü、ê 时，"啊"读作 ya，同"呀"。

(2)前面的音素是 u(包括 ao、iao)时，"啊"读作 wa，同"哇"。

(3)前面的音素是-n 时，"啊"读作 na，同"哪"。

(4)前面的音素是-ng 时，"啊"读作 nga。

(5)前面的音素是 i(舌尖后元音)和 er 时，是儿化韵时，"啊"读作 ra；

(6)前面的音素是 i(舌尖前元音)时，"啊"读作 za。

"啊"的音变例说：

分类		例句
音变	出现位置	
ya(呀)	以 a、ia、ua、o、uo、e、ie、üe、i、ai、ei、uai、uei、ü 为韵母的音节后	好大的西瓜啊！ 这衣服这么破啊！ 日子过得真快啊！ 这孩子多活跃啊！
wa(哇)	以 u、ou、iou、ao、iao 为韵的音节后	真好笑啊！ 快走啊！ 他普通话说得真好啊！ 还这么小啊！

续表

分类		例句
音变	出现位置	
na(哪)	前鼻韵母的后面	这件事儿可不简单啊! 你可别多心啊! 怎么办啊! 发音真准啊!
nga	后鼻韵母的后面	真忙啊! 什么情况啊! 行不行啊? 不管用啊!
ra	在 zhi、chi、shi、ri、er 及儿化音节后	你真无知啊! 你怎么来这儿啊! 什么了不起的事啊! 这儿多好玩儿啊!
za	在 zi、ci、si 音节后	好大的字啊! 做事要三思啊! 这是第几次啊? 他就是老四啊!

四、儿化韵

儿化韵现象是北京语音的特点,它与普通话语音面貌关系密切。儿化韵中的“儿”不是一个独立的音节,他与前一个音节结合在一起成为一个音节,如果把“花儿”作为两个音节来读,即使连读得再快,也不可能使“花”的韵母儿化。儿化韵与词义、词性以及修辞都有关系。

1. 儿化的性质

儿化发音的基本规则取决于韵母的末尾音素是否便于卷舌。

便于卷舌,是指韵母的末尾音素是舌位较低或较后的元音(ɑ、o、e、ê、u)。儿化时原韵母不变,直接卷舌。如,花儿 huār、兔儿 tùr。

不便于卷舌,是指韵母的末尾音素是前、高元音(i 、ü),舌尖元音(-i),

或鼻韵尾(n、ng),末尾音素的舌位与卷舌动作发生冲突。

儿化韵的发音要领分别是:

发音要领	例词
丢掉韵尾 i、n、ng,主要元音卷舌	ai→ar 小孩儿　en→er 份儿钱
后鼻韵母丢掉韵尾 ng 后,主要元音同时鼻化	iang→iãr 娘儿俩(字母上的"～"表示元音鼻化)
主要元音是 i、ü 的(如 i、in、u、ün,ing),加 er	i→ier 玩意儿　in→ier 皮筋儿 ü→üer 闺女儿　ün→üer 短裙儿 ing→iẽr 电影儿
舌尖元音 -i(前、后)换成 er	ci→cer 没词儿　shi→sher 有事儿

2. 儿化的作用

儿化的作用	例词
确定词性	画(动词)——画儿(名词)　活(形容词)——活儿(名词) 盖(动词)——盖儿(名词)　尖(形容词)——尖儿(名词) 零碎(形容词)——零碎儿(名词)
区别词义	头(指脑袋)——头儿(指领头的人) 信(指信件)——信儿(指信息)
区分同音词词义	拉链儿(拉锁)——拉练(行军、野营、锻炼)
表示细小、轻微	小刀儿、药丸儿、一点儿、树枝儿、木棍儿、纸条儿
表示说话人的喜爱、亲切的感情	小孩儿、老头儿、小脸蛋儿、鲜花儿、油画儿、山歌儿 您慢慢儿走、说说贴心的话儿、有工夫来玩儿

有些习惯上儿化,如"旁边儿"、"圆圈儿"、"走道儿"、"带个信儿"等。"今儿"(今日)、"明儿"(明日)等是"日"字变来的;"这儿"(这里)、"那儿"(那里)等是"里"字变来的。

第七节 词调与语调

一、词的轻重格式发音训练

组成一段语流的各音节声音响亮程度并不完全相等:有的音节在语流中听起来声音比其他音节响亮,就是重音音节;有的音节听起来比较微弱,就是轻音音节;介于二者之间的是中音音节。

词的轻重格式是约定俗成的,不是规定的。

普通话双音节词听起来往往是后一音节的发音比较重;三音节词一般是中间音节较轻,前后两音节较重。除三音节词的中间音节明显变轻以外,各音节之间的轻重差别并不明显,改变重音位置对词义和语法结构也没有影响。例如,“工事”和“攻势”、“散步”和“散布”、“公鸡”和“攻击”是三组同音词,词义和语法结构都不相同,重音一般在后一音节,但也可以移到前一音节,这时语义和语法结构都没有变化,只不过有时表示语义重点是在前一音节而已。

类别	轻重格式	发音训练
双音节词	中重格式(占70%)	日食 冬至 天亮 花生 民主 心慌 性急
	重轻式(占17%)	事情 月亮 打算
	重中式(占5%)	经验 视觉 界限 记者
三音节词	中中重	播音员 收音机 天安门
	中重轻	枪杆子 老头子 胡萝卜 牛脾气
	中轻重	小不点 说得来 大不了 对不起
四音节词	中重中重	丰衣足食 耳濡目染 龙飞凤舞 花好月圆
	中轻中重	社会主义 高高兴兴 大大方方 奥林匹克
	重中中重	惨不忍睹 诸如此类 义不容辞

掌握词的轻重格式,才能把话说得清楚自然。

二、什么是语调？

为适应思想感情表达的需要，说话或朗读时，句子总是要有高低升降的变化，这种变化就形成了语调。

语调是有声语言所特有的，它是句子的语音标志，任何句子都带有一定的语调。语调是口语中表达各种语气的声音色彩。借助语调，有声语言才有极强的表现力。同样一个“我”字，采用不同的语调可以回答各种不同的问题：

语调	问题	回答方式
语调平稳，句尾稍抑	谁是班长？	我。
语调渐升，句尾稍扬	你的电话！	我？
语调降得既快又低	谁负得了这个责任？	我！
语调曲折	你来当班长！	我？！

同样一句话“他怎么来了？”采用不同的语调可以表现不同的语气。

语调	问题	要表达的语气
柔而扬	他怎么来了？	表示询问
柔而抑	他怎么来了？	表示疑问
刚而抑	他怎么来了？	表示责问
刚而扬	他怎么来了？	表示反问

可见，朗读中的语调是细致而复杂的，它可以表达各种丰富的感情。

三、四种基本的语调

语调是千变万化的，基本类型有以下四种：

基本语调	适用场合	例句
平调	平调的语调平稳，没有什么重读或强调的显著变化。一般的叙述、说明，以及表示迟疑、深思、冷淡、悼念、追忆等思想感情的句子，用这种语调。	1. 在我的家里，珍藏着一件白色的的确良衬衫。（《一件珍贵的衬衫》） 2. 在一个晴朗的下午，总部和党校的同志刚做完宿营准备工作，朱总司令来到了。（刘坚《草地晚餐》） 3. 愿母亲在地下安息！（朱德《回忆我的母亲》） 4. 我到现在终于没有见，大约孔乙己的确死了。（鲁迅《孔乙己》）
升调	升调的语调由低逐渐升高。常用于表示疑问、反诘、惊异、命令、呼唤、号召的句子。	1. “这儿到底出了什么事？”奥楚蔑洛夫挤进人群里去，问道，“你在这儿干什么？你究竟为什么举着那个手指头……谁在 嚷？”（契诃夫《变色龙》） 2. “共产主义是不可战胜的！”（杨沫《坚强的战士》） 3. ……这是胜利的预言家在叫喊：让暴风雨来得更猛烈些吧！（高尔基《海燕》） 4. 如今建国伊始，百废待举，不正是齐先生实现多年梦想，大有作为之时吗？（沙叶新《陈毅市长》）
降调	降调的语调由高逐渐降低，末了的字低而短。这种语调常用来表示肯定、祈使、允许和感叹的语气。	1. 十二年过去了，那小姑娘的爸爸一定早回来了。（冰心《小橘灯》） 2. 他从破衣袋里摸出四文大钱，放在我手里，见他满手是泥，原来他便用这手走来的。（鲁迅《孔乙己》） 3. 然后他待在那儿，头靠着墙壁，话也不说，只向我们做了一个手势：“散学了，你们走吧。”（都德《最后一课》）
曲调	语调曲折变化，对句子中某些音节，特别地加重、加高或延长，形成一种升降曲折的调子。这种语调常用来表示夸张、强调、反语等较为特殊的语气	1. “哈！这模样了！胡子这么长了！”一种尖利的怪声突然大叫起来。（鲁迅《故乡》） 2. “友邦人士”，从此可以不必“惊诧莫名”，只请放心来瓜分就是了。（鲁迅《友邦惊诧论》）

四、关于语调的几点说明

(1)朗读中的语调是一个涉及面很广的较为复杂的问题,上面分的这四种基本类型,只是一个大体分类,或者说是对语调的基本情况的一个大体描述。给语调分类绝不是硬要把丰富多彩的语调变化强行纳入一些简单的公式中。

(2)不要把这里说的语调类型同书面语中的陈述句、祈使句、疑问句、感叹句等句子类型完全等同起来。书面语中的句子的语气类型远不能概括口语中千变万化的语调。

(3)朗读中的语调在其表现中,始终是同断和连,快和慢,轻和重等联系在一起的。

(4)朗读是一种艺术,这种艺术性主要是通过语调加以体现的。朗读语言同生活语言的主要区别就在于语调。生活语言当然也有语调,但那种语调一般是没有多少起变化的,显得自然、从容。而朗读语言的语调则有明显的起伏变化,语调能使语意表达得更加顺畅、明晰、突出。朗读中一旦失去这种富于变化的较为明显的语调,它就无异于一般的生活语言了,实际上,朗读也就不存在了。

(5)朗读中的语调的表现又不同于艺术表演(如朗诵、话剧表演)中的语调的表现。表演语言的语调带有明显的夸张性、表演性。如果把这种夸张和表演性搬到朗读中来,使朗读时的语调奔突跳跃、大起大伏,就会使朗读显得既不自然也不真实。朗读中的语调介于生活语言和表演语言之间,没有语调的起伏变化固然不行,起伏变化过大同样也会失去朗读的特点。

第四章　普通话词汇

第一节　汉语方言与普通话词汇的差异概述

现代汉民族共同语就是现在的普通话，是全民族共同使用的通语。它在言语生活中具有统一性、权威性和规范性。而方言则由于受特殊的地理、历史、民风民俗等地域文化因素影响，具有强烈的地域性、纷繁的复杂性和鲜明的个体性。在推广普通话的社会大背景下，方言与共同语的差异便成为整个民族语言中最显著的差别。而在这种差别中，方言词汇与共同语词汇的差异显得尤为突出。在对方言词汇与共同语词汇的比较研究中一般分为地域性方言词汇与共同语词汇的比较、地点性方言词汇与共同语的比较，其中又以后者居多。地域性方言指某一特定的较大地区范围的方言；地方性方言指某一特定地点的方言。至今尚未形成某一大方言区词汇与共同语词汇的比较研究成为一门独立学科。

方言与共同语的词汇比较内容主要有五个方面：义同形不同，义同形有同有异，形同义不同，形同义有同有异，形同义同。这五个方面的差异性质其实都是从构词差异与意义差异进行探讨，并将构词差异和意义差异有机结合起来展开探讨的。由于受地域文化和民俗生活习惯的影响，汉语各方言在发展过程中形成了一定数量的独特词语。方言词汇和普通话词汇（普通话）之间的差异，是学习、推广普通话中值得高度重视的内容。

汉语方言词汇之间的差异五花八门，多彩多姿，形成了独具地方特色的民间语言。粗略归纳起来，可分为形同实异、实同形异两个方面。

一、形同实异

首先谈谈形同实异在汉语方言中有几种不同的表现：

（1）所指概念较大。例如“水”这个词，在普通话中，水就是江水、河水、雨水，泛指所有的水，而在客家方言中水还兼指“雨”，“下雨”客家方言就说

"落水"。"毛"在闽方言各支系中都用来兼指头发，福州、厦门、潮州以至台湾、海南等地的闽方言，都把头发叫做"头毛"。"鼻"在闽方言的一些地方用来兼指"鼻涕"和"鼻子"，如潮州话"流鼻"是"流鼻涕"，"伊个鼻比别人大"是"他的鼻子比别人大"。"吃"在普通话中使用的范围就不如许多方言大，如吴方言中就有"吃茶"、"吃酒"之说。如此等等，都显示出方言中某个词所指的概念是比较大的。

(2)所指概念较小。最典型的例子莫过于作为食品的"面"这个词。几乎所有南方方言，包括吴方言、闽方言、湘方言、客家方言、粤方言等，普遍将"面"用来指用面粉擀制成条状的"面条"，但在普通话和它的基础方言——北方方言中，"面"的词义范围明显要大得多，它用来泛指面粉和其他杂粮的制成品，如小米面、棒子面等，如果加上"儿"尾，说成"儿化"的"面儿"，又可用来指碾成粉末的东西，如"胡椒面儿"等。又如"打"这个词，在南方各方言中所能表示的词义范围就远不如北方方言和普通话大。"打人"、"打球"这样的用法各地比较普遍，但"打毛线"、"打鱼"、"打水"、"打灯笼"之类的用法，在南方方言中就不多见了。

(3)所指概念转化。有的是部分转化，仍可看出其联系，例如"月光"在闽、粤、客家等方言中都是指普通话所说的"月亮"，而不是指"月亮的光芒"；"古"在闽、粤、客家等方言中指的都是普通话中的"故事"，"讲古"就是"说故事"；"冤家"在闽方言各地普遍用作动词，指的是"吵架"；"地"在客家方言中用来指"坟墓"，"做地"就是"修建坟墓"；"细"在闽、粤、客家诸方言中用来指"小"，如粤方言形容人"个儿小"叫"细粒"，排行最小的也用"细"，有"细叔"、"细婶"，甚至还有"细老婆"(小老婆)的说法。有的词义转化以后已使人看不出跟词形的联系了。例如赣方言的"清汤"，指的是"馄饨"这一食物，相去实在太远了；又例如闽方言福州话说"对手"是"帮忙"的意思，如此等等，所指的概念很难跟词形联系起来理解。

二、实同形异

同样的事物，同样的概念，在不同方言中用不同的词形来表现，这种实同形异的现象很普遍。实同形异有各种不同的形式，主要表现在以下几个方面：

各地区的人们对于同一概念、同一事物的理解未必完全相同，各自根据不同的理解，用不同的方式创造方言词，也是形成形异实同的一个重要原因。

聊 天:广州话是“打牙较”,闽方言潮州话是“拍嘴鼓”,四川话是“摆龙门阵”等;

萤火虫:这一常见的昆虫,由于不同地区的人们以不同的方式进行描写,便有了“亮火虫”(成都)、“火金姑”(厦门)、“游火虫”(上海)、“火蓝虫”(梅县)、“蓝尾星”(福州)、“火夜姑”(潮州)等不同的叫法;

向日葵:各地也随着不同描写而出现“朝阳花”(济南、长沙)、“朝阳饼儿”(昆明)、“阳佛花”(温州)、转日莲(宿迁)等各种不同的名称。

方言地区的人们为一些事物、概念取名儿,不免还受到本地区独特的自然地理条件和风土习俗、心理取向等因素的影响。

例如:南方冰雪不分,形成了一些跟冰雪有关的具有特色的方言词,凡普通话用“冰”的词,粤方言一律代之以“雪”,例如“冰箱”叫“雪柜”,“冰棍”叫“雪条”,“冰激凌”叫“雪糕”,“冰镇”叫“雪藏”,“溜冰”叫“滑雪”,“溜冰鞋”叫“雪屐”等。

又如,由于风俗习惯或个人原因,各地方言或多或少存在一些忌讳语。粤、闽、客家诸方言因“伞”、“散”同音,忌“散”而把“伞”改用“遮”;粤方言因“舌”、“折”(亏本)同音,忌“折”而把“舌”改为“脷”(与“利”同音,加肉旁),“舌头”也就叫做“脷”了,湖北有的地方干脆把“猪舌头”叫“猪赚头”,这反映出各地人民避凶趋吉的心态。

有一些方言词跟“存古”和“外借”不无关系。

各种汉语方言,不同程度地保留了一些古汉语的词语,例如粤方言中管“走”叫“行”,管“喝”叫“饮”,管“叙谈”叫“斟斟”;闽方言管“眼睛”叫“目”,管“房屋”叫“厝”,管“筷子”叫“箸”,管“铁锅”叫“鼎”,管“绳子”叫“索”……

与“存古”同时,在汉语的发展过程中,普通话和各地方言又都有可能因和其他民族语言的接触而产生互相融合与互相借用的现象。由于借入的源头和借入的方式并不一致,无疑也扩大了汉语方言之间的词汇差异。南方方言和外族语言接触较多,借词也较多。

方言	借入的源头	例词
粤方言	英语	恤衫(衬衣)、菲林(胶卷)、的士(出租汽车)
闽方言	印尼马来语	洞葛(手杖)、雪文(肥皂)、道郎(帮忙)
东北方言	俄语	列巴(面包)、沙油子(工会)

值得注意的是,同样一个外来的语词,由于借入的方式不同,你用音译,我却用意译,各行其是,加上方言区人民的社会文化背景、心理因素等也掺杂到借词中来,这就使得外来词的词形受方言的影响而缺乏规范,增加了方言词汇间的差异性。例如改革开放以来一些进口商品的标名,南方方言和北方方言及普通话就有不少差别:普通话叫“夏普”(Sharp)的电器,粤方言叫“声宝”;普通话叫“佳能”(Canon)的照相机或复印机,粤方言叫“锦囊”;普通话叫“马自达”(Mazda)的汽车,粤方言叫“万事得”;“还有“索尼”(Sony)叫“新力”,“奔驰”(Benz)叫“平治”等,举不胜举。人名地名的音译也各行其是,很不一致,早年一个 Stalin 就有“史大林”、“斯大林”、“史太林”等不同译名,后来规范化成“斯大林”。现在,经常见诸报刊的外国各界名人,依然有不同译名的现象出现,英国的“梅杰”,有的地方译做“马卓安”。这类音译外来词的不规范,扩大了方言和普通话的词汇差异,是汉语规范化进程中不容忽视的一环。

词义相同,词形部分不同的情况有以下三种:

(1)语素颠倒。有的语词,语素相同,但由于构词方式稍有改变,结果致使词形颠倒,例如闽方言、粤方言、客家方言都有管普通话“客人”叫“人客”,管“秋千”叫“千秋”的;闽方言还把“热闹”叫“闹热”,把“拖鞋”叫“鞋拖”;粤方言又把“拥挤”叫“挤拥”。

(2)部分语素不同。如“酱油”,广州话叫“白油、豉油”,成都话叫“豆油”;“汽船”,广州话叫“电船”,潮州话叫“火船”;“手套”,广州话叫“手袜”等。普通话叫猪蹄的前蹄,广州话叫猪手。

(3)缺少词尾,换用词尾,增加词尾,增加词头。例如普通话说“裙子”、“鸭子”,南方闽、粤、客家等方言都只说“裙”、“鸭”;“鼻子”闽方言就叫“鼻”,没有了词尾,而吴方言叫“鼻头”,粤方言叫“鼻哥”,客家方言和赣方言叫“鼻公”。有趣的是,词尾“子”的使用范围,粤、闽、客诸方言比普通话小,吴方言、湘方言比普通话大,这也牵涉语法间的差异,相关内容将在后面讲述。

第二节　汉语普通话词汇规范

一、普通话词汇的组成

1. 基本词汇

汉语普通话词汇中最主要的部分是基本词汇,它和语法一起构成语言的基础。例如:有关自然界事物的是天、地、风、云、火、雷、电等;有关生活与生产资料的如米、灯、菜、布、刀、笔、车、电等。从整体看,基本词汇有下列特点:

(1)稳固性。基本词汇在千百年中为不同的社会服务,例如"一、二、牛、马、家、门、山、水、上、下、左、右、斗、高、低"等,这些在甲骨文里就有。说基本词汇有稳定性,并不是说基本词汇是一成不变的,事实上基本词汇也在发展变化。有些古代的单音节基本词发展到现在复音化了,成了多音节合成词,这是汉语词汇的一条内部发展规律,有些单音节的基本词被后起的合成词所代替。

(2)能产性。那些千百年来流传下来的基本词,是构成新词的基础,它们一般有很强的构词能力。例如,用"水"打头构成的词,在《现代汉语词典》中就有 160 多个。当然,基本词也有构词能力弱或几乎没有什么构词能力的,例如"你、我、谁、姓、没有"等。

(3)全民常用性。基本词汇的上述两个特点是以全民常用性为前提的。全民常用性是说它流行的地域广,使用频率高,为全民族所共同理解。基本词汇的使用,不受阶级、行业、地域、文化程度等方面的限制。

上述三个特点是就基本词汇的整体来说的,不是说,所有的基本词都具备这三个特点。就现代汉语来讲,尤其不能把这三个特点特别是能产生性当作辨识基本词和非基本词的唯一条件。

2. 汉语普通话一般词汇

基本词汇以外的词汇就是一般词汇。一般词汇的特点是没有基本词汇那样强的稳固性,但却有很大的灵活性。基本词汇与一般词汇是相互依存和渗透的。"革命"、"电子"这两个词,原来并不是基本词,现在已加入了基本词汇的行列。"君"、"神"原来是基本词,现在则是一般词。现代汉语一般词汇包含有古语词、方言词、外来词、行业语、隐语等。

(1)古语词。古语词包括一般所说的文言词和历史词。文言词所表示的事物和现象还存在于本民族的现实生活中,但由于为别的词所代替,一般口语中已不大使用了,例如"底蕴、磅礴、若干、如此、余、其、之、而、以、与、及、亦、甚、而已"等;历史词表示历史上的事物或现象,例如"宰相、丞相、尚书、太监、驸马、戟、钺"等。历史词同文言词不同,在一般交际中不使用,在叙述历史事物和现象时,才使用它们。有些历史词,在今天国际交往中还被经常使用,例如"皇帝、亲王、大臣、公主、酋长、陛下、殿下、公爵、男爵"等。古词语可使语言表达简洁匀称,富于庄重严肃的感情色彩,并可以表达幽默、讽刺等意义。文言词虽然有这些特点,但不能随便使用,用得太多,或用得不贴切,文章就会成为半文半白、不伦不类的东西,影响表达的效果。

(2)方言词(方源词)。普通话不断从各方言中吸取有用的成分来丰富自己,例如"名堂、把戏、垃圾、瘪三、二流子、搞、垮、拆烂污、别扭、尴尬、陌生、蹩脚"等,这些方言词都表达了某种特殊的意义,普通话里没有相当的词来表示,所以被吸收了进来。有些词是表示方言地区的特有事物的,如"橄榄、椰子、青稞、槟榔"等,这类词不宜被看作方言词。

(3)外来词。外来词也叫借词,指的是从外族语言里借来的词。例如"法兰西、巴尔干、镑、加仑、模特儿、摩托、马达、幽默、浪漫、取缔、景气"等。现代汉语吸收外来词,一般不是简单地照搬,而是要从语音、语法、语义甚至字形上进行一番改造,使它适应现代汉语结构系统,成为普通话词汇的成员。在语音上,要把外来词的音节结构改造成汉语的音节结构。在语法上,外来词进入汉语词汇后,原有的形态标志就一律被取消,例如英语的 tractor,有单数、复数的变化,汉语"拖拉机",就不分单数、复数了。外来词的意义受汉语词义的制约,往往会发生变化,如英语的 jacket 是指"短上衣、坎肩儿"之类,汉语吸收进来后成为"夹克",就专指"一种长短只到腰部,下口束紧的短外衣",因为汉语词汇中已经有了表达"坎肩"概念的词,这就使外来词的词义发生了变化。

外来词的类别

类别	描述
音译外来词	按照外语词的声音对译过来的,一般叫音译词。
音意兼译外来词	把一个外来词分成两半,一半音译,一半意译。
音译加意译外来词	整个词音译之后,外加一个表示义类的汉语语素。例如"卡车"的"卡"是 car(英语"货车")的音译,"车"是后加上去的。
字母外来词	直接用外文字母(简称)或与汉字组合而成的词。例如借用日语中的汉字词,但不读日语读音而读汉字音。如"景气、引渡、取缔、瓦斯、茶道、俳句"等。

(4)行业语。行业词语是各种行业应用的词语,或者叫"专有词语"。行

业词语受社会专业范围的限制，但不受地域的限制，同一行业的词语，不管在何处，意义都是一样的。行业词语也是丰富普通话词汇的源泉之一，例如“比重、水平、渗透、腐蚀、反应、麻痹、感染、消化、突击、进军、战役、战线、尖兵、攻坚战”等。

(5)隐语。隐语是个别社会集团或秘密组织中的一种只有内部人懂得的特殊用语。隐语，一般是赋予现有普通词语以特殊的含义的方法构成的，有的隐语是用字谜的方法创造的，如旧社会的商贩为了使局外人不知道行市，就创造隐语代替一般数字，如把“一”叫“平头”，“二”叫“空工”，“三”叫“横川”，“四”叫“侧目”，“五”叫“缺五”，“六”叫“断大”，“七”叫“皂底”，“八”叫“分头”，“九”叫“未丸”，“十”叫“田心”。有少数隐语失去了秘密性，而进入了全民的共同语里，如“洗手、挂花、挂彩、清一色”等。

二、普通话词汇的发展变化

1. 新词的产生

社会不断地发展，新事物不断地涌现，人们需要认识、指称这些新事物，就要给它命名，以满足交际的需要，于是产生了新词。另外，随着社会的发展，人们认识能力的提高，人们对已知的事物加深了认识，发现了前人所未知的新特点，为了记录和指称这些新认识，也要创造新词，如“电脑、手机、火箭、卫星、电视机、计算机、软件、遥感、质子、中子、电子、离子、凝聚力、力度、透明度”等。此外，在现代汉语中，由于词的双音化的发展趋势的要求，单音节词或多音节短语出在交际中取得了新的双音节形式，也为语言增加了新词。

新中国成立以来，社会各方面飞速发展，特别是改革开放以来，新词倍增。其中绝大多数是双音节，占新词总量的70%左右，也有不少的三音节词。

新词大多是复合式的。主要为偏正型、联合型和动宾型。此外，附加式的新词也明显地增多了，产生了一批新的词缀或准词缀，由它们构成了一系列的派生词。

2. 旧词逐渐消失和变化

随着社会的发展，一些标志旧事物、旧观念的词语，有的逐渐在语言中消失，有的逐渐缩小使用范围，例如，“丫环、童养媳、变工队、锄奸队、堡垒户、堡垒村”等。

但有的旧词词义增多了，这是由于人们利用旧词指称新事物、新认识的缘故。例如:“产前、产后”两个词,近年来就分别增加了“产品生产前、产出后”的意义。随着人们观念的变化和人际关系及体制的变化,一些一度退出人们日常交际过程的词语,又重新出现了,如“太太、小姐、夫人、先生、乡长、村长、当铺、红包”等。

3. 词义的演变

词义演变的途径有下列几种:

(1)词义的扩大。扩大旧词所概括的对象的范围。

(2)词义的缩小。缩小词所概括的对象的范围。

(3)词义的转移。表示甲类对象的词转用指称与之有关的乙类对象。

此外,还有词的感情色彩的转移,褒义转为贬义或贬义转为褒义,或转移为原义的反面,如称小孩子为“小鬼”表示亲昵,把不听话的孩子或娇生惯养、脾气很坏的孩子叫“小祖宗”。

4. 网络言语的出现

网络言语是互联网普及以后在网上流行的语言,常运用缩略、比喻、拟人、夸张等手法来遣词造句,一般简洁、生动,用来表现新事物、新感觉,被以年轻人为代表的上网人群广泛使用和传播,体现出令人瞩目的活力和潜力。例如:

东东——东西

灌水——在 BBS 上发表文章

顶——支持

浇花——登录 QQ 空间以增加点击率

沙发——在博客上第一个留言的人

美眉——漂亮女孩子

但是,同时,许多人士也已经开始注意到,网络言语不可避免地面临着不规范和低俗化倾向的问题。

网络言语的问题,引发了一场持久的论争,其中的一方认为网络言语是一种不成熟、不和谐,也不成功的言语现象,甚至演化为危机论,认为它会污染和影响普通话语言。虽然,一种新生事物诞生后必定要经历不断的改变和纠正,但是笔者认为,对于现今的网络言语现象,没有必要如此诚惶诚恐。

语言具有自我生长、更新的能力,同时,它也有自我清理和淘汰的功能。能够充分表达当时使用者含义和感情的词、能够适应语言学发展的言语形式,自然会被广泛使用,并逐渐被吸收到语言系统中,发挥其作用;不能够合适地表达语义的词、违背语言学发展规律的言语形式,自然不能够得到使用者的认同和接受,无法进入语言系统之中而被摒弃;曾经被使用但后来渐渐不能充分发挥表达作用的词、不能够随着社会与语言系统的前进而发展的语言形式,将渐渐退出人们的使用,最终会被语言系统清除。网络言语中的一些语言形式在现在的情况下能够表现一些以前从来没有的新生事物,填补了语言系统的空缺,有效而及时地表达了人们的时代感受;虽然其中的确含有一定的糟粕,那也无需如临大敌地根本没有作用地惊诧和绞杀,随着时间和实践的检验,这些词最终会失去存在的空间和意义,被语言系统清除。

三、普通话词汇的规范化

词汇规范化工作有两个方面,一是维护词语的既有规范,二是对普通话从方言词、古语词或其他语言新吸取进来的成分进行规范。维护词语的既有规范,简单说来,就是避免用错已有的词语或生造词语。它涉及词汇的各个方面,生造词语、词义误解误用、同义词选用不当、成语误用等都是词汇不规范的表现。

词汇规范的另一重点便是对从其他语言或语言变体中吸收的词语进行规范。在这方面应该考虑掌握以下三个主要原则:第一是必要性,就是说要考虑一个词在普通话词汇中有无存在的必要,在表达上是不是不可少的;第二是普遍性,即选择人们普遍使用的;第三是明确性,就是选用意义明确的、容易为人们理解和接受的。

1. 方言词的规范

在方言词的规范中,一定要注意到这样一个事实,那就是有些产生于或常用于某些方言地区的词,由于它具有某种特殊表现力或特殊表现范围,已经或将会成为普通话中某同义词群中的有用的一员。

那些标志着只在某个或某几个地区产生和存在的事物的词,例如东北的“革兀革拉、毡窝”,广东、广西的“剑麻、荔枝、芒果”,西北的“青稞、牦牛”等,不应看作“规范对象”,因为普通话中不必要再另外造个词来替代它们。

对方言词加以规范,并不是绝对反对使用未被普通话吸收的方言词。方言词用得好,既可以发挥它们独特的表达效果,又可以为丰富普通话词汇提供可以吸收的素材。但是要防止毫无必要地滥用方言词语,特别是那些流行地区狭窄、构词理据不明确、容易产生误解或歧义的词语。更不能被滥用。

2. 外来词的规范

(1)不要滥用外来词。

(2)统一外来词的汉字书写形式。采用通用形式,淘汰其他形式。例如用“托拉斯”不用“托拉思”,用“雨果”不用“嚣俄”,用“高尔基”不用“戈里基”,用“尼龙”不用“呢隆”。

(3)吸收外来词,应尽量采用意译方式。应尽量采用意译,因为意译更接受民族语言习惯,便于理解和记忆。如用“维生素”不用“维他命”,用“青霉素”不用“盘尼西林”,用“话筒”不用“麦克风”等。

3. 古语词的规范

规范古语词应该吸收那些有表现力或适应特殊场合需要的古语词,如“逝世、呼吁、秀才、状元”之类,必须反对吸收那些丧失了生命力的词。

第三节 普通话词汇与我国七大方言词汇的差异

一、普通话词汇与北方方言词汇的差异

北方方言的词汇和现代汉民族共同语普通话的词汇大同小异。北方方言中通行范围比较广的语词,大都已进入共同语,作为基本词汇,未能为共同语吸收的官话方言词,大都只流行于某一个官话方言片或方言小片,南北各地官话在词汇上的差异,比官话和其他各大方言之间的差异小。但官话方言通行范围如此辽阔,有的地方也有与众不同的方言词语。例如北京土话“二乎”意为“犹疑”,“咋呼”意为“嚣张”,“冲道”意为“敢做敢说”;天津话“广”意为“打”,“老公”意为“乌鸦”;西安话“瞎了”意为“浪费”“糟蹋”;山东聊城话“毁”意为“打”;河南洛阳话“连连儿”意为“赶快”。新乡话用“乱”表示“住”,用“红”表示“卖力气”;成都、昆明等地把“聊天”说成“摆龙门阵”,武汉、重庆等地把“倒霉”说成“背时”,把“可怜”说成“造孽”等,都各具一格。“太阳”一词在官话方言区有各种不同的称呼:沈阳、西安称“日头”;太原、呼和浩特称“阳婆”;合肥也称“ 日头”,但由于合肥人卷舌音较重,就读成了“热头”;成都、武汉、昆明称“太阳”;光是河北一省对“太阳”的称呼就有“老爷儿、爷爷儿、爷爷、日头、日头爷、日头影儿、阳婆儿、阳婆、前天爷、佛爷儿”等,可见词汇上的分歧,即使是在官话方言内部,仍然不容忽视。官话方言的词汇跟其他方言比较,还显示出以下一些特色:

(1)双音节词特别占优势。双音节词在汉语中是整个词汇里占比重最大的一部分,在官话方言中表现得尤为突出,如许多在官话方言中加“子”而成为双音节词的,在其他方言中往往是没有“子”的单音节词,如“稻子”在南方方言或叫“稻”(吴方言、闽方言),或叫“禾”(客家方言、湘方言、赣方言、粤方言);“谷子”在南方方言或叫“谷”(吴、湘、赣、客家、粤等方言),或叫“粟”(闽方言);“相片”一词官话方言区各地大都叫“相片”或“相片儿”,而南方各方言,除客、赣方言仍用双音节“相片”外,吴方言、粤方言、闽方言都是单音节词,或叫“照”(吴方言苏州话),或叫“相”(粤方言、闽方言)。

(2)古代语词保留得比较少。尽管每个汉语方言都继承了不少古代汉语的语词,但是相对而言,官话方言区各地方言保留古语词的现象比较少。例如“眼睛”一词,官话方言区各地大都说“眼睛”,而闽方言至今仍叫“目”,粤方言仍叫“眼”,保留了古代汉语对这一人体器官的名称。又如“站立”一词,除官话方言区及湘方言外,吴方言叫“立”,闽、粤、客家、赣等方言叫“企”,都沿用了古代汉语的说法。此外,还有一批极常见的生活用词,南方各方言保留了古代的说法,而官话方言则采用了跟现代汉语普通话一致的说法。如“看”是官话方言普遍通用的,而粤方言、闽方言(部分地区)却用古代的语词“睇”。

(3)外来借词比较少。和南方诸方言比较,官话方言中外来的借词比较少。南方闽、粤等地向来为出海门户,与外国接触多,方言中较易借入外语语词,如闽方言中借入不少印度尼西亚、马来语词,粤方言中借入不少英语语词。有时候同一个事物,官话方言与南方各方言却采用不同的词语来表达,显示出“舶来”词与“土产”词的差别。例如“水泥”一词,粤方言区有人叫“士敏土”,吴方言叫“水门汀”,都是英语 cement 的译音,闽方言叫“番家灰”、“红毛灰”之类,也显示出外来的色彩,而官话方言大多数和共同语一样用“水泥”(部分地方叫“洋灰”)则是地道的汉语语词。又如照相用的“胶卷”,官话方言各地都叫“胶卷”,而粤方言、闽方言、客家方言却都采用英语 film 的译音词“菲林”。

(4)语气词比较少,用法比较概括。和南方各方言比较,官话方言的语气词比较少,用法更加概括,分工不那么细。例如常见的语气词“呢、吗、啊”之类,官话方言跟共同语是一致的,而南方吴、粤等方言的语气词则丰富得多,这里不一一举例。

二、普通话词汇与吴方言词汇的差异

苏州话轻灵、温婉、清丽、柔和，一向被认为是最优美也是最重要的方言之一，又有人称为吴侬软语，它通行的地域一般包括江苏省长江以南镇江以东地区(不包括镇江)、南通市的小部分、浙江省的大部分地区及上海市。本文所讨论的吴方言主要是指苏南的苏、锡、常及其所辖市(县)所使用的方言，而苏州话可称得上是吴方言的典型代表。与普通话相比，吴方言的特征是很明显的。

在吴方言中，“头”是常用的名词后缀，如：低头、绢头、竹头、鼻头、夜头、大块头(胖子)等。“子”(有的地方读“则”)也是比较常用的名词后缀，如：台子、棋子、皮子(馄饨皮)、鞋子等。

吴方言的形容词重叠式也有其显著的特点，除了有“ABB”式外，还有“AAB”式。ABB 式，如：酸济济、甜咪咪、臭烘烘、胖笃笃、瘦拐拐等。AAB 式则是在单音节形容词前面加上重叠成分，重叠以后所表示的意义加重了，程度加深了。如：蜡蜡黄、冰冰冷、喷喷香、乓乓响、精精光、拍拍满、笔笔挺、眯眯小、绝绝平、粉粉碎等，普通话里没有这种重叠式。

吴方言与普通话词汇的差别，主要表现在相同的意义而词语不同上。举例如下：

吴方言　普通话	吴方言　普通话	吴方言　普通话
新官人——新郎	胡蜂——马蜂	馋吐——唾沫
油炸桧——油条	学堂——学校	田鸡——青蛙
长生果——花生	旧年——去年	百脚——蜈蚣

吴方言和普通话里有一些基本词语都是从古汉语来的，如“天、地、人”等，那是共同的，但古汉语里有些词普通话已经不再使用，而吴方言口语中却仍在使用，这表明吴方言较多地保留了古汉语的词语。此外，吴方言的语气助词不仅数量多，而且含义丰富。语气助词还可以连用，表示更复杂的意义。例如，你上街去买菜，问：“西红柿多少钱一斤?”苏州人回答：“六角哉。”无锡、常州人回答：“六角立。”用语气词“哉、立”，这就告诉你刚才可能卖七角或八角一斤，现在已降价卖六角一斤。语句很简单，含义很明确。

三、普通话词汇与湘方言词汇的差异

1. 湘方言词汇与普通话词汇主要差异简介

异形同义。湖南方言和普通话中有一部分词语词形不同，词义相同，即异形同义。比如，湖南许多地方把儿子叫成“崽”，把女婿叫“郎”，妻子叫“堂客”，脖子叫“劲根”，傻叫“宝”，肮脏叫“邋遢”，安排叫“调摆”，失误叫“失塌”，让步叫“放让”，背后叫“后背”，客人叫“人客”等等，这些方言词语，有的与普通话词语语素完全不同，有的有部分语素相同，还有的语素相同但列序不同。

异形同义的现象不仅在方言与普通话之间存在，在湖南各方言之间也存在，湖南各地对同一概念，说法也不尽相同，特别是有些地方的一些特殊词语，其他方言区的人听不懂。如“行贿”、“受贿”、在娄底话里是“送背水”、“得背水”；“大虾”、“八哥”、“布谷鸟”在娄底分别被称作“莫弹抻”、“别别唧”、“快插快长”；“吵架”、“丢失”、“毛笔”等词，在东安花桥土话里分别为“生烦头”、“跌呱”和“写杆”。此外，方言中的一些词语是用记音的方式写下来的，各地发音不同，根据音记下来的字也不同，比如“捞空”，也有写作“劳空”、“娄空”的，同一个词有几种书写形式。由此可见，湖南方言和普通话词语的对应关系，往往是多对一而不是简单的一对一的关系。

同形异义。词形相同，词义不同，即同形异义是方言与普通话词汇差异的另一种形式。比如，安乡话里的“姑娘”指已婚妇女；东安话里的“老母”，和湘乡话里的“老娘”均指妻子。又比如，在地道的益阳话里，“世界”指“农作物的收成”，“作家”指“种田的行家”，“家务”指“家庭财产”，“出息”指“出产的东西”，“英雄”指“老年的身体健旺”，它们与书写形式完全相同的普通话中的“世界”、“作家”、“家务”、“出息”和“英雄”的词义相去甚远。

进一步分析方言与普通话词汇同形异义可分为两种不同情况：

(1)词义完全不同，比如“雀”，普通话含义是“鸟类的一科”，而在浏阳话里是“机灵”、“聪明”的意思；“被面”一词在江永方言里指“被里儿”，和普通话所指称的事物正好相反，江永人称作“被心”的才是普通话所说的“被面”；“井水”、“水坑”在东安土话里分别指“泉水”和“水渠”，这和普通话意思完全不同。

(2)词义不完全相同，有时方言词语的外延大于普通话，有时外延又小于普通话。如“月光”，普通话指“月亮的光线”，而湖南许多方言不仅指“月亮的光线”，还指“月亮”本身；又如“豆腐”在湖南某些地方仅指豆腐脑儿，而在普通话里包括豆腐脑儿和豆腐块。还有一种情况是方言词义和普通话词义有交叉，比如“发狠”一词，普通话有①下决心，不顾一切；②恼怒、动气。湘方言里，“发狠”的义项有①下决心，不顾一切；②努力、刻苦。可见，二者有相同的义项，也有仅为各自所有的特殊义项。

2. 无对应词

无对应词是方言与普通话词汇差异的第三种形式，这一类又可分为两种情况：

（1）有一些方言词，在普通话里找不到可以对应的确切词语来对译，其中有一部分是名词，大多数是因为这些名词所表示的事物在北方没有。如：娄底话中的“推笼”、“推升”；长沙、益阳话中的“扮桶”、“蒲滚”、“垸子”等。还有一些方言词汇，如打旋斗、过白（娄底），景顿、罗呵（益阳），占禾、牛旋、牛柜（江永）等，也无法用普通话的词对译，只能大致解释其含义，这一类词主要是动词、形容词和副词。

（2）某些词语，有音无字，只在口语中存在。如：长沙话中表示绳子系紧的“系”，口语中念“tia”，就无法写出。又如双峰话里表示“掰”、“揭”意义的词，耒阳表示“拿”、“丑”意义的词，浏阳话中表示“揉”义的词都有音无字，本字有待考证，一般人写不出来。

四、普通话词汇与赣方言词汇的差异

（1）赣方言内部比较一致，和别的方言不同之处比较少，但也有特点。例如：公公（祖父）、婆婆（祖母 ）、姑爷（姑夫）、姑娘（姑妈）、日上（白天）、柱头（柱子）、拐子（瘸子）、拘礼（客气）、来记（忘记）、（缝衣）、旋磨风（旋风）、结壳（结疤）、甏（缸）、闪（傻）。

（2）在赣方言内部比较一致的语词里，有些词和南方诸方言不同而和普通话相同，例如：眼睛、舌头、坟、洗澡、啃、舔、鸡蛋、老鸦等；有些词和几种南方方言相同而和普通话相异 ，例如：旧年（去年）、落雨（下雨）、颈（脖）、屙（拉）、寻（找）、走（逃走）、讲古（讲故事）、莫（别）、我个（我的）、放到（放着）等；有些词和客家方言共有，例如：月光（月亮）、屋（房子）、当昼（中午）、衫袖（袖子）、鼻公（鼻子）、话事（说话）、转去（回去）、屋下（家）、爷（父亲）、老弟（弟弟）、跌（遗失）、几多（多少）、几久（多久）等；有些词和湘方言一样，例如：崽（儿子）、女（女儿）、郎（女婿）、脑壳（脑袋）、灰面（面粉）、洋泥（水泥）、小酒（醋）、划子（小船儿）、狗公（公狗）、狗婆（母狗）、天干（天旱）、心子（馅儿）、妹子（妹妹）、毛（没有）等；有些词和吴方言相同，例如：霍闪（打闪电)、姆妈(母亲)、手节头(手指头)、蛮好(很好)、团近(附近)等。赣方言和南方诸方言词汇的交叉与它的语言环境有密切的关系。赣方言通行地域较小,四周受到湘、吴、客家、闽诸方言的包围,赣江流域和鄱阳湖周围无天堑阻隔,历史上和邻近地区的交往也较多,因此词汇受到各方言的渗透。

五、普通话词汇与客家方言词汇的差异

客家话分布较广,每个地方的客家方言都有区别,在本书中我们仅以梅县话为例:

(1)古词语的沿用。日常口语中普遍使用的古词语有索(绳子)、禾(稻子)、乌(黑)、面(脸)、食(吃)、颈(脖子)、饥(饿)、朝(早晨)、昼(中午)、行(走)、沸(沸腾)等。

(2)方言词语的创新。由于方言区独特的自然环境、历史状况、风俗习惯、土特产以及不同的造词习惯形成了一大批方言词语,例如:雪枝(冰棍)、粄(一种用米粉制成的糕)、打醮(一种迷信活动)、擂茶(一种饮料)等。

(3)借用其他方言或外语词语。有些借自粤语,例如:啱(刚刚、合得来)、靓(漂亮、美好)、叻(聪明、能干)等;有些借自英语,例如:小血衫的小血("shirt",衬衣)、波 e(乒乓球)和波珠中的波("ball",球),唛("mark",商标、标志);在外国传入的物品名称上加"番"、"洋"、"红毛"、"荷兰"等,例如:番背(外国)、番片(国外)、番枧(肥皂)、洋遮(伞)、红毛泥(水泥)、荷兰豆(一种扁而薄,连豆荚一齐吃的豆类)等。

(4)词汇意义的差异。有些词语与普通话同义异形,例如:叫(哭)、面(脸)、日头(太阳)、火蛇(闪电)、心舅(媳妇)等;有些词语与原词有关联但词义不同,例如:古典(故事)、打靶(枪毙);有些词语与普通话词形相同,但意义范围不同,例如:"唇",普通话指人或某些动物口周围的肌肉,客家方言还兼指器物的口和边缘,如:锅唇、桌唇;"米",普通话一般指稻米和去掉壳或皮以后的种子,如糯米、花生米、高粱米,客家方言只指稻米等;有些词语与普通话词形相同而词义互相交叉,例如:"光"、"亮"、"明",在客家方言和普通话中都是同义词,都有相同的用法,如:火光、光芒、亮晶晶、亮相、明亮、明了,但客家方言用"光"的地方,普通话则往往用"亮"或"明",如月光(月亮)、灯太光(灯太亮),又如"细"和"小","夜"和"晚","日"和"天","破"和"烂"等词都有词义交叉和用法不同的区别。

(5)构词的差异。主要表现在词素次序、重叠式、附加式和单复音词等方面。有些并列式和偏正式合成词的词素次序与普通话不同,例如:紧要

(要紧)、闹热(热闹)、牛公(公牛)、人客(客人)。在词的重叠方式方面,单音名词、量词可重叠的范围比普通话大,重叠后有“每一”的意思,例如:碗碗(每一碗),枪枪(每一枪),铲铲(每一铲)。客家方言的单音动词和形容词一般都不能单独重叠,如需重叠,后面一定要加后缀-e,如“细细 e”(小小的),e 起弱化作用。台湾客家方言的单音形容词可以重叠。重叠后起加强作用,例如:(蓬乱的)、憨憨(很傻);台湾客家方言有一些形容词甚至可以用三叠的方式表示最高级,例如:光光光(非常亮),苦苦苦(非常苦),热热热(非常热)。客家方言有一种比较特殊的“XAA”重叠式,它的构词能力很强,每个中心词后的重叠嵌音均不同,而且一定要加后缀-e,表示程度加深,例如:红邹邹 e(红艳艳的)、肥不肥 e(胖墩墩的)。在附加式方面,客家方言常用的前缀有“亚”(或“阿”)、“老”,后缀有“e”、“头”、“公”、“嫲”、“牯”、“哥”、“兜”(等),中缀有“晡”,如:亚爸(爸爸)、阿姐(姐姐)、老妹(妹妹)、老公(丈夫);遮 e(伞);日晨头、下昼头、石头;鸡公、鸭公、手指公、脚趾公、虾公;亚陈嫲、亚娣嫲、亚三嫲、老张嫲;牛牯、羊牯;兜(我们)、佴兜(你们);今晡日(今天)、秋晡日(昨天)、夜晡头(晚上)等。在单音词和复音词的比例方面:客家方言的单音词比普通话多。普通话有些复音词在客家方言是单音词,例如:兴(高兴)、识(认识)、皮(皮肤)、桌(桌子)等。

六、普通话词汇与闽方言词汇的差异

1. 普通话词汇与闽北方言词汇的差异

闽北方言属于闽语,闽北语的别称是建州话、闽越语。

闽北方言本无文字,涉及最早关于闽北方言文字的书籍为一本叫《建州八音》的书,此本成于清朝乾隆年间,林端材所著,是一本关于闽北字韵的字典,收入了许多闽北的方言字,但此书仅收入了闽北方言中的汉语词成分,对有音无字的非汉语词汇部分未做收集、部分用训读汉字记载。后来有人借用注音字母与汉字夹杂书写的文字来记载闽北方言,就此创造了闽北语文字,这种文字叫“武夷字书”,简称作“夷字”。

建瓯、建阳、松溪、南平部分地区、顺昌、政和、武夷山等地,以建瓯话为代表,内部各语互成方言,主要分为东西两片,东片闽北语以建阳话为代表,西片闽北语以建瓯话为代表,建瓯古时为建安郡、建州、建宁府所在地,为闽北政治文化中心,方言为闽北通用,由古汉语发展而来,保留了古汉语中众多的语音特点和古汉语词汇、构词方法。如:闽北讲“脸”为“面”(音:ming),“锅”为“鼎”(音:diang),“筷子”为“箸”(音:东片闽北语读 dou,西片闽北语读 dü)，“右手”称为“正手”，“左手”称为“反手”。

因闽北地处史上百越分布带，因而方言中还融入了百越语言，有一些类似于百越语言的构词方法，如闽北语将“客人”讲成“人客”，“母鸡”讲成“鸡母（鸡牳）”，“台风”讲成“风台（风台）”，“纸钱”讲成“钱纸”，“痨病”讲成“病痨”，“萤火虫”讲成“火萤虫”。部分闽北语有部分词汇有词却无字可写，如：动词“lá”，所对应的汉语意思有两种，一是“舔”，二是“涂”，表示的是一种贴近的来回动作。《武夷山志》中有载“武夷山方言属于汉语方言，与侗壮语系的百越语言有关”。

由于近代以来人口来源复杂、变动大，闽北方言的内部差异也比较严重，代表点的权威性也显得不够，加上南平官话方言岛在区内的长期影响，闽北地区早有推广普通话的传统。中华人民共和国成立后，随着经济的繁荣和文化的普及，推广普通话的进程更快。如今从城镇到农村，普通话已可以通行。

2. 普通话词汇与闽南方言词汇的差异

闽南方言在词汇方面有以下特点：

(1)保存了许多古汉语的词语。这些词语在普通话和汉语的其他方言中，有的没有，有的不用，有的少用，而在闽南方言的口语中却是基本词。

岫〔siu〕：“山有穴曰岫”。闽南方言指禽、兽、鸟、虫的巢穴。例如：鸡岫，狗岫，鸟岫，蚁岫。

不相见貌：闽南方言指躲藏不见人。

踅：闽南方言指盘旋、绕。

有些词语的古义闽南方言仍然沿用着，而普通话或其他汉语方言已经转义了，

走：闽南方言仍保留着古义“跑”。

丈夫：闽南方言仍保留着古义男子汉，男性的意义。

(2)直接吸收一些外来词。闽南方言有一些直接从外族或外国语言中吸收来的外来词。这些词，在普通话中没有，在其他汉语具有一批方言特有词。这些词与普通话的词形、词义都不相同。

囝儿子：伊有两个囝儿子(他有两个儿子)。

兜家：来去阮兜家(到我家里来)。

龟：一种龟形的米制食品，如秫米龟。

除此以外，闽南方言还有一些有特色的词语，如“同形异义词”(大家—婆婆、冤家—吵架、手指—戒指、风车—汽车等)、“逆序词”(风台—台风、气

力—力气、康健—健康、头前—前头等)。

七、普通话词汇与粤方言词汇的差异

粤语,是唯一一种发源于广东地区的汉语方言,也是在广东省占有主流地位的方言,故称广东话。谈到粤语的发源地,学术界的专家大多认为是发源于广东省的封开县(古代广信,现属广东省肇庆市所管辖的一个县)。在学术上,广东话不等同于广东方言。广东话指的是发源于夏朝的汉族语言,也就是粤语。不过,粤语的使用者有很多都是从北方或者邻近的福建等地搬迁过来的,到了广东后,有很多人都能接受本土的方言——粤语。粤语作为汉语的一种方言,它的词汇自然和普通话有很大的共同性。据估计,粤语与普通话相同的词汇接近70%,内容为政治、经济、文化等领域的词汇一致性更高,至少有90%。

与普通话不一致的那部分词汇其来源较多,构成也比较复杂,这也形成了粤语的特点。按其来源,可将这些词汇分成以下几类:

1. 古词

粤语较早地脱离汉语母体,而且远离中原地区,没有跟上汉语的变化,许多在现代普通话里已经不再使用的词汇,在粤语中仍然很常用。如:

畀(给):畀支笔佢(给他一支笔)

黐(粘):呢的饼好黐手(这些饼很粘)

啲(吸):啲一啖气(吸一口气)

佢(古作"渠"):佢喺边个(他是谁)

2. 古越语底层词

古越语是古代生活在岭南地区的南越(通"粤")民族所操的语言,中原人迁到岭南,语言不免受其影响而且古越族大部分被逐渐同化,他们在放弃本族语而使用汉语时不自觉地带来了古越语的词汇。这些词汇在今天古越族后代的壮侗等小道民族的语言里可以找到印证。现举例如下:

呢(这):呢本书喺边个架(这本书是谁的)。

执(拾):执起本书(把书拾起来)。

3. 方言词的创新

粤语方言词绝大部分是属于自己创新的。随着新事物、新观念的产生,词汇也需要不断发展创新。由于广东地区与中原地区相隔遥远,独自发展必然带来分歧,这就产生了粤语与普通话部分词汇的差异。如:

猪红(猪血):广东人忌讳说"血",改称"红"。

撞板(碰钉子):不听老人言,撞板在眼前(不听长辈话,免不了要碰钉子)。

4. 外来词

广东的外来词主要来自英语。广东是最早被迫设立通商口岸的地区之一,邻近的香港又曾被英国割占,随着外国新事物的传入,英语词汇与也就大量进入粤语中,一部分被普通话吸收,一部分被粤语单独吸收了。如:

巴士(公共汽车,bus)　波(球,ball)　镭射(激光,laser)

飞(票,fare)　曲奇(一种黄油小饼,cookie)

粤语构词法与普通话大体上是一致的,普通话有的构词法,粤语基本都有,但粤语也有自己独特的构词形式,归纳其特点如下:

粤语较多地保留了古汉语的单音词。如:

眼(眼睛)　台(桌子)　嘴(嘴巴)　耳(耳朵)　女(女儿)

仔(儿子)　木(木头)　石(石头)　骨(骨头)　衫(衣服)

鞋(鞋子)　袜(袜子)　纽(纽扣)　龟(乌龟)　蚁(蚂蚁)

鹰(老鹰)　橙(橙子)　禾(稻谷)

这些词绝大部分是名词,在普通话中通过添加同义词素或加子、头、儿等后缀构成双音词。

偏正式结构一般是前面修饰后面,但粤语中也存在一种后面修饰前面的构词方式。如:

鸡乸(母鸡)　狗公(公狗)　人客(客人)

菜干(干菜)　黄瓜酸(酸黄瓜)

第五章　普通话语法

第一节　语法概说

一、什么是语法

语法是词、短语、句子等语言单位的结构规律。语素怎样组合成各种结构的词,词怎样组合成各种短语,短语或词怎样形成各种句子,这些小单位用什么手段、方式组成种种大单位,其中都存在着一定的规律。

例如,在普通话里,副词可以和动词、形容词搭配,一般不能和名词、副词搭配。

试比较:很喜欢　＊很心情
　　　　很突然　＊很忽然

"喜欢"是动词,"突然"是形容词,副词"很"可以和它们搭配构成短语"很喜欢、很突然"。而"心情"是名词,"忽然"是副词,都不能和"很"构成短语,尽管"忽然"和"突然"是同义词,都表示时间短。词语不仅很讲究搭配,而且也很讲究排列。如"很"和动词"喜欢"、形容词"突然"搭配,其排列顺序是副词在前,动词、形容词在后,顺序不能颠倒。

词和词排列搭配的种种规则,都是语言的结构规则,都是语法规则。我们说话只有遵循语法规则,才能让别人理解,否则就会使人不知所云。

跟语音、词汇相比,语法具有更明显的抽象性、稳固性和民族性。

(1)抽象性。任何一条语法规则都是从许多个别的、具体的语言事实中抽象出来的,每一条语法规则都涉及一类的语言实例。比如,"把"字句"甲把乙怎么样",就是从千千万万个"把"字句中抽象出来的,它不仅包括了"你把她请来","小莉把桌子擦干净了",而且包括所有已经造出和将要造出的"把"字句。抽象性在语法中表现为哲学上的一般对个别的概括性。运用句子的时候,我们看到的总是个别的,研究句子的时候我们要从个别中看到一般，如从一个个具体“把”字句中看到整个“把”字句的结构规则。抽象性是语法的哲学属性。

（2）稳固性。任何事物都在不断的发展变化之中，语法也不例外。语法的稳固性主要是相对一种语言内部语音、词汇、语法变化的程度来说的。在历史发展的长河中，容易发生变化的是语音和词汇，语法变化较小。比较古代汉语语法和现代汉语语法，我们会看到，古今汉语语法相同的很多。例如主语在谓语之前，修饰语在中心语之前，古今都是如此。这就是语法具有稳固性的缘故。但是语法的稳固性并不限制语法的演变，例如古汉语中疑问代词作宾语时，宾语提前，如“吾谁欺？欺天乎？”、“尔何知？”等，在现代汉语中这种用法已经不存在了。

（3）民族性。每种语言都有明显的民族特点，不仅表现在语音和词汇上，同时也表现在语法上。不同语言的语法有共性也有个性，个性是特点之所在。例如印欧语用词形变化（形态）表示词的句法功能，语序就比较自由；而汉语里的词没有表示句法功能的形态，词在句子里充当什么成分，主要靠语序和虚词来表示。同是重语序的语言，其表达形式也可能不同，汉语说“两本书”，傣语说成“书两本”；汉语说“我写字”，藏语说成“我字写”。词的组合手段，各种语言也有差异。现代汉语的“两本书”是名词和数词组合，其间要用相应的量词。而英语的“two books”没有加量词这条规则，但数词在前、名词在后这个语序，两种语言又是共同的。

二、语法单位

普通话语法单位可以分为四级：语素、词、短语、句子。

1. 语素

语素是语言中最小的音义结合体。语素是构词的备用单位。语素可以和别的语素组合成合成词，也可以单独成词。

能够独立成词的语素叫成词语素，例如“人、水、走、跑、远、重、你、不、又”等；不能单独成词的语素叫不成词语素，例如“民、语、伟、丰、奋、羽”等，不成词语素必须跟别的语素组合才能成词。不成词语素又可分为两类：有一类不成词语素同别的语素组合成词时，位置是固定的，而且意义虚化，只表示一些附加的意义，例如“阿（阿哥、阿爸）、老（老虎、老师）、子（桌子、盘子）、家（作家、画家）、儿（花儿、鱼儿）”等，这一类语素称为定位语素；另一类不成词语素虽然不能独立成词，但与别的语素构成词时位置不固定，意义也比较实在，这一类语素称为不定位语素。

2. 词

词是最小的能够独立运用的语言单位，是构成短语和句子的备用单位。一部分词加上句调可以单独成句。

3. 短语

短语是语义上和语法上都能搭配的、没有句调的一组词，是造句的备用单位。大多数短语加上句调就可以成为句子。

4. 句子

句子是具有一个句调、能够表达一个相对完整的意思的交际单位。

词、短语和句子是不同级的语法单位。词、短语，包括主谓短语，都是语言的静态单位、备用单位。当一个词或一个短语没有带上语调构成句子之前，它只是语言的备用单位，是造句的材料，不能表达一个完整的意思，不能完成交际任务。当一个词或一个短语带上一定的语调构成句子之后，它就成为语言的使用单位，能够完成一次简单的交际任务了。词典里“飞机”这个词，只表示一个概念：飞行的工具，由机身、机翼、发动机等构成，种类很多，广泛应用在交通、运输、军事、农业、探矿、测量等方面。这时，它没有交际功能，是静态的备用单位。但如果一个人走在路上，听见空中的引擎声，抬头喊一声“飞机！”这时，“飞机”就不再仅仅表示一个概念，而是向周围的人发出了一个信息，完成了一次交际任务，变成了一个使用单位的句子。

第二节　词

一、词的构成

词都是由一个或几个语素构成的。构词语素分两种：一种叫词根，指的是成词语素和不定位不成词语素；一种叫词缀，指的是意义不实在的定位不成词语素。

由一个语素构成的词，叫做单纯词；由两个或两个以上语素构成的词，叫做合成词。

单纯词以单音节为主，例如马、天、走、说等，也有多音节的，例如鸳鸯、仿佛、忐忑、葡萄、咖啡、巧克力、歇斯底里等。多音节的单纯词无论音节多少，单个的音节都不表示意义，只有几个音节组合起来才能表示意义。

合成词有三种构词方式：复合式、附加式、重叠式。

1. 复合式

复合式是由词根和词根组成的合成词。从词根和词根之间的关系看，主要有五种类型：

(1)联合型。联合型复合词由两个意义相同、相近、相关或相反的词根并列组成，又叫并列式。例如：城市、艰难、制造、语言、智慧、脱离、斗争、得失、禽兽、开关、尺寸等。有的联合型复合词只有一个词根的意义起作用，另一个词根的意义完全消失，例如：忘记、动静、质量、窗户等。

(2)偏正型。偏正型复合词是由前一词根修饰、限制后一词根形成的词。例如：书包、绿豆、汉语、导师、长跑、狂欢、腾飞、雪亮、笔直等。前后语素之间有修饰与被修饰的关系，起修饰作用的前语素是偏语素，被修饰的后语素是正语素。

(3)补充型。补充型复合词是由后一词根补充、说明前一词根形成的词。例如：提高、说服、立正、压缩、推广、改进、车辆、纸张、信件、船只、花朵等。

(4)动宾型。动宾型复合词是由前一表示动作、行为的词根支配后一表示关涉事物的词根形成的词，又叫支配式。例如：担心、管家、观光、理事、投资、挂钩、达标、冒险、接力等。前一语素表示动作行为，后一语素表示动作行为所支配的对象。

(5)主谓型。主谓型复合词的前一词根表示被陈述的对象，后一词根是陈述前一词根的，又叫陈述式。例如：地震、肩负、霜降、日食、肉麻、心酸、耳鸣、胆怯、民主、年轻等。前后两个语素是陈述与被陈述的关系。

2. 附加式

附加式合成词是由词根和词缀组合成的词。词缀在词根前的叫前缀，词缀在词根后的后缀。词缀在前的如：老虎、老乡，第一、第十，阿姨、阿毛，初一、初八等。词缀在后的如：桌子、瓶子，石头、木头，鸟儿、花儿，作者、读者，唯物主义者，硬性、弹性、原则性，绿化、美化、大众化等。

3. 重叠式

重叠式合成词是由两个相同的词根重叠构成的词。例如：星星、哥哥、姐姐、仅仅、刚刚、偏偏等。

二、词类

词类是词的语法性质的分类。分类的依据是词的语法功能、形态和意义，主要是语法功能。词的语法功能指的是词与词的组合能力，主要表现在以下三个方面：第一，词在语句里充当句法成分的能力；第二，实词与另一类实词的组合能力;第三,虚词依附实词和短语的能力。

普通话中的词首先可以分成实词和虚词。能够单独充当句法成分,有词汇意义、语法意义的词是实词;不能充当句法成分,只有语法意义的词就是虚词。实词再细分为名词、动词、形容词、区别词、数词、量词、副词、代词以及特殊实词拟声词、叹词。虚词再细分为介词、连词、助词、语气词。

(一)实词

1. 名词

名词表示人或事物的名称,包括表示时间、处所、方位的词在内。

类别	例词
普通名词	朋友、学生、同志、牛、羊、飞机、原子
专有名词	李白、黄河、泰山、新疆、联合国
集合名词	人民、群众、书籍、物品、船只、树木
抽象名词	道德、思想、文化、政治、欲望、苦头
时间名词	秋天、早晨、明年、现在、昨天
处所名词	中国、北京、亚洲、里屋
方位名词	前、后、左、右、以上、之下、南边

名词经常作主语和宾语,多数能作定语和带定语,不能作补语;名词前面一般能够加上表示物量的数量短语,一般不能加副词;不能用重叠式表示某种共同的语法意义;表人的名词后面可以加助词“们”表示群体。

2. 动词

动词表示动作、行为、心理活动或存在、变化、消失等。

类别	例词
动作行为动词	走、跳、看、听、表演、保卫、学习
心理活动动词	喜欢、怕、恨、希望、羡慕、厌恶
表示存在、变化、消失的动词	有、存在、发生、发展、生长、死亡、消失
判断动词	是
能愿动词	能、会、愿意、敢、应该、要
趋向动词	来、去、进、出、上、下、上来、下去、起来

动词常作谓语或谓语中心语,多数能带宾语;前面能够加副词"不",除表心理活动的动词和能愿动词外多数不能加程度副词;后面可以带"着、了、过"等表示动态;有些动词可以重叠,表示短暂、轻微,单音节动词重叠是 AA 式,如"看看、想想",双音节动词重叠是 ABAB 式,如"了解了解、学习学习"。

3. 形容词

形容词表示性质、状态等。

类别	例词
性质形容词	好、坏、远、近、坚强、优秀、聪明、开朗
状态形容词	雪白、曲折、笔直、水灵灵、红彤彤、沉甸甸

形容词常作谓语或谓语中心语和定语,多数能够直接修饰名词,少数性质形容词可以直接修饰动词,作状语,通常要重叠或者加"地"才能作状语;大都能受程度副词修饰;不能带宾语;有些形容词可以重叠,单音节形容词重叠是 AA 式,如"早早、慢慢",双音节性质形容词重叠式是 AABB 式,如"清清楚楚、痛痛快快",双音节状态形容词重叠是 ABAB 式,如"雪白雪白、通红通红"。

4. 区别词

区别词表示事物的属性,有分类的作用。属性往往有对立的性质,因此区别词往往是成对或成组的。例如:男、女,雄、雌,单、双,西式、中式,大型、中型、小型、微型等。

区别词能直接修饰名词作定语;不能作主语、谓语、宾语,带"的"组成"的"字短语后可以作主语、宾语;不能前加"不",否定时前加"非"。

5. 数词

数词表示数目和次序,分基数词和序数词。基数词表示数目的多少,如:一、二、两、三、四、十、百、千、万、亿等。序数词表示次序前后,一般是基数词前加"第"或"初"组成,如:第一、第十、初五。

数词不能单独作句法成分,通常要跟量词组合成数量短语才能作句法成分;数量短语通常作定语或补语、状语;有些数词有固定的用法,例如倍数只能用来表示数目的增加,不能表示数目的减少,分数既可以表示数目的增加,也可以表示数目的减少。

6. 量词

量词表示计算单位,可以分成物量词和动量词两大类。物量词,表示人和事物的单位,与数词合成数量短语,常作定语;动量词,表示动作行为的单位，与数词组成数量短语，常作补语。

类别		例词
物量词	度量衡量词	厘米、吨、升
	个体量词	个、件、条
	集体量词	双、群、批
	不定量词	些、点
	临时借用的量词	借自名词的量词：桶、盒、头
		借自动词的量词：挑（一挑水）、捆（一捆柴）
动量词		次、趟、顿、番、遍、回、遭

量词总是出现在数词的后边，同数词一起组成数量短语，作定语、状语或补语等。单音量词大都可以重叠，重叠后能单独充当定语、状语、主语、谓语，不能作补语。由数词和量词组成的数量短语也可以重叠，组成“一A一A”式或“一AA”，例如“一群（一）群（的人）”、“一个（一）个（地数）”、“一次（一）次（都这样过去）”等。这种数量短语重叠后作定语表示数量多，作状语则表示按次序进行，作主语表示“每一”。量词可以单独作句法成分，如“拿本书给我”、“这本书给你”中，“本”是“一本”的省略。

什么名词使用什么量词，在普通话和方言里各有自己的习惯，有的相同，有的不相同，方言区的人学习普通话要留心量词的用法。

7. 副词

副词常限制、修饰动词、形容词性词语，表示程度、范围、时间等意义。

类别	例词
表示程度	很、最、极、太、非常、十分、更加、稍微、略微、几乎、过于、尤其
表示范围	都、共、总共、统统、只、仅、单、光、一概、一齐、一律
表示时间、频率	已经、曾经、刚刚、正、将要、马上、终于、常常、往往
表示处所	处处、四处、随处
表示肯定、否定	必须、必定、的确、不、没有、未、别、莫
表示情态、方式	猛然、肆意、特意、忽然、公然、连忙、赶紧、悄悄、单独
表示语气	难道、究竟、也许、偏偏、索性、简直、何必、未免、莫非、反正

副词都能作状语,作状语时,单音双音副词都可以放在谓语中心语之前、主语之后,有些双音副词还可放到主语之前,如"幸亏他来了"。副词一般不能单说,只有"不、没有、有点儿、当然、马上、何必、刚好、的确"等在省略句中可以单说。

8. 代词

代词有代替、指示作用。按照不同的作用,代词可以分成三小类:

类别	例词
人称代词	我、你、他、咱们、自己、他、它、自己、别人、大家、人家
疑问代词	谁、哪、哪儿、多会儿、几、什么、怎样、怎么样
指示代词	这、那、这儿、那里、那会儿、这些、那样、这么样、那么

代词跟它所指代的语言单位的语法功能大致相当。代词还有虚指用法。例如"你一言,我一语"、"你看我,我看你",这里的"你"和"我"都不指特定的人。"看看这,摸摸那"、"问这问那",这里的"这"和"那"也不是定指。"什么也难不倒我们"、"哪儿都能去",这里的"什么"是"任何困难、任何敌人、任何问题"的意思,"哪儿"是"任何地方"的意思。

9. 拟声词

拟声词是模拟声音的词,例如"啪、叮当、哗啦、唧唧喳喳、轰隆隆、噼里啪啦、叽里咕噜"等。拟声词可以作状语、定语、谓语、补语、独立语等,也可以单独成句。

10. 叹词

叹词是表示感叹和呼唤、应答的词,例如"唉、啊、哼、哦、哎哟、喂、嗯"等。叹词的独立性很强,常用作感叹语,也可以单独成句,它一般不与实词发生结构关系。

(二)虚词

虚词的共同特点有三,一是依附实词或语句,表示语法意义;二是不能单独成句,不能单独作为句法成分;三是不能重叠。这些都与虚词无词汇意义有关。

1. 介词

介词起标记作用,依附在实词或短语(主要是名词性词语)前面共同构成介词短语,整体主要修饰、补充谓词性词语,表明动作、性状的时间、处所、方式、原因、目的、施事、受事、对象等。

类别	例词
表示时间、处所、方向	从、自从、自、打、到、往、在、由、向、于、至、趁、当、沿着、顺着
表示方式、方法、依据、工具、比较	按、按照、遵照、依照、靠、本着、用、通过、根据、据、拿、比
表示原因、目的	因、因为、由于、为、为了
表示施事、受事	被、给、让、叫、归、由、把
表示关涉的对象	对、对于、关于、跟、和、给、替、向、同、除了

介词不能单独作句法成分，总要构成介词短语作状语，少数还可以构成介词短语作补语。

2. 连词

连词起连接作用，连接词、短语、分句和句子等，表示并列、选择、递进、转折、条件、因果等关系。

类别	例词
连接词、短语的连词	和、跟、同、与、及、或
连接词语或分句的连词	而、而且、并、并且、或者
连接复句中的分句的连词	不但、不仅、虽然、但是、然而、如果、与其、因为

3. 助词

助词的作用是附着在实词、短语或句子上面表示结构关系或动态等语法意义。普通话中的助词主要有结构助词和动态助词。

(1)结构助词。主要表示附加成分和中心语之间的结构关系。普通话里的结构助词“de”，在书面上写成三个字：在定语后面用“的”，在状语后面用“地”，在补语前面用“得”。有时还会沿用古汉语的结构助词“之”，一般在双音节定语修饰单音节中心语时用，如“职工之家”、“改革之路”等。

(2)动态助词。动态指动作或性状在变化过程中的情况，是处在哪一点或哪一段上。动态助词反映的是一种动态，不是表示事件发生的时间。普通话动态助词主要有“着、了、过”。

着　用在动词、形容词后面，表示动作在进行或状态在持续，即有时表示动作开始后、终结前的进行情况，有时表示动作完成后的存在形态，如“他大声说着话”、“屋里亮着灯”；“了”用在动词、形容词后面，表示动作或性状的实现，即已经成为事实，如“他到了北京”；“过”用在动词、形容词后面，表示曾经发生这样的动作或者曾经具有这样的性状，如“他到过北京”、“这儿前几天冷过一阵”。

看　普通话助词“看”念轻声，是尝试态，用在动词或动词短语后面表示尝试。动词常用重叠式或后面带动量、时量补语。如“试试看”、“叫一声看”。

的　可以插在动宾短语中间，表示过去发生的事情，如“我昨天回的家”、“你在哪儿念的中学”。

来着　用在句末，一般表示不久前发生过的事情，例如“昨天你干什么来着”。

除此之外，普通话中的助词还有“似的”、“所”、“给”、“连”、“们”等。

似的　附着在名词性、动词性、形容词性词语后面，表示比喻。如“花园似的城市”、“石头似的坐在那儿”。

所　附着在动词前面，组成名词性短语。如“所见所闻”、“所读的书”。

给　用在动词前面，表示加强语气。如“书包叫雨给淋湿了”、“钥匙给弄丢了”。

连　用在名词性、动词性、形容词性词语前表示强调，隐含“甚而至于”的意思。如“连三岁小孩都懂”、“这事儿我连想都没想过”。

们　一般用在指人的普通名词后面，表示群体的意义。如“同志们”、“弟弟妹妹们”。“们”只是表示群体而不计量，因此，用了“们”前面就不能再用数量词了，如不说“三位同学们”。有时也会在指物的名词后面加“们”，如“蟋蟀们”、“燕子们”、“木莲们”，这可以看做修辞上的拟人用法。

4. 语气词

语气词常用在句尾表示种种语气，也可以用在句中表示停顿。

普通话的基本语气词只有六个：的、了、呢、吧、吗、啊。其他的大多是由于与前一音节连读产生音变的结果，例如“啦”是“了啊”连读的合音，“哪”是“啊”受前一音节最后一个音素[n]影响产生了音变。

的　表示情况确实如此。例如：我们不会忘记你们的。

了　表示已经实现。例如：树叶绿了。有时“了”在祈使句中起成句煞尾的作用，例如：别说了。

呢　指明事实不容置疑，例如：我还去亲自看过呢；或表示疑问，例如：

人呢？有时略带夸张语气，例如：他还真不错呢。

吧　表示猜度或商量。例如：天该放晴了吧？走吧。

吗　表示疑问。例如：你到过北京吗？

啊　增加感情色彩。例如：多好哇（啊）！真好看哪（啊）！

语气词附着性强，只能附着在句子或别的词语后面，起一定的语法作用。在口语交际中，语气词常常跟语调一起共同表达语气，所以一部分语气词可以表达多种语气。

第三节　短语

短语是意义上和语法上能搭配而没有句调的一组词，所以又叫词组。它是大于词而又不成句的语法单位。汉语组成短语的语法手段是语序和虚词。直接组合的，主要靠语序，语序不同，语法意义往往也不一样，例如“意志坚强”和“坚强意志”。非直接组合的，靠虚词，例如“老师和同学”和“老师的同学”。

从不同的角度进行分析，可以把短语分成不同的类别。最重要的是两种分类：一种是短语的结构类，主要是看它的内部结构类型；另一种是功能类，凭它在更大语言单位中充当句法成分的能力来确定它的类别。

一、短语的结构类型

1. 主谓短语

由主语和谓语两部分组成。主语在前、谓语在后，用语序和词类表明其间的陈述关系而不用虚词表示，例如：

名＋动：老李开车　　菊花盛开

名＋形：头脑清醒　　身材高大

名＋名：今天星期四　　明天元旦

名＋主谓：产品样式多　　他心地善良

2. 动宾短语

由动词和宾语两部分组成。动词在前、宾语在后，动宾之间的支配、关涉关系用语序而不用虚词表示。例如：

看书　　来人　　告诉他　　坐汽车　　吃快餐　　回老家

写字　　想家　　赞成这样做　　知道你来　　喜欢打篮球

3. 偏正短语

由修饰语和中心语两部分组成，修饰语在前，描写或限制后面的中心语，其间关系是修饰关系。可以分为两种：

(1)定中短语。由定语和中心语组成，其间有修饰关系，有时用“的”表示。例如：

我的书　北京人　今天的事情　荷塘月色

自由的人民　野生动物　一条河流

(2)状中短语。由状语和谓词性中心语组成，其间有修饰关系，有时用“地”表示。如：

马上离开　今天回来　屋里坐　这么写　往前走

悄悄地离开　非常远　三米高

4. 中补短语

由中心语和补语两个成分组成，补语附加在中心语后头，其间是补充关系。有的补语之前有“得”。例如：

碰伤　跑得快　走一趟　丢到九霄云外　美极了

5. 联合短语

由语法地位平等的两个或几个部分组成，其间是联合关系，可细分为并列、递进、选择等关系。一般是同一词性的词语相连。例如：

我和你　河流山川　听取并讨论　老人与海　勤劳勇敢　一个或两个

北京　上海　天津

以上五种短语跟句子和词的基本结构相同，是基本短语结构类型。

6. 连谓短语

由不止一个谓词性成分连用，谓词性成分之间没有语音停顿，没有上述五种结构关系，也不用任何关联词语。例如：

坐车回家　上街买菜　听着心烦　看了很高兴　接过自行车骑上跑了

7. 兼语短语

由前一个动词的宾语兼做后一动词或形容词的主语，形成一个宾语兼主语的兼语。有兼语的短语叫兼语短语。例如：

请他进来　派他去北京　有人不赞成　称他为神童　使他相信

8. 同位短语

由两部分组成，前后两部分的词语不同但所指相同，语法地位一样，共作一个成分。例如：

他们俩　广东音乐《雨打芭蕉》　我们大家

中国的首都北京　你们几位　游泳这种运动

9. 方位短语

由方位词直接附在名词性或动词性词语后面组成，主要表示处所、范围或时间，具有名词性。例如：

名词＋方位词：院子里　大树下　村子东头

数词＋方位词：三十以上　三十左右

动词/主谓＋方位词：解放以前　开学以后　他来到这里以后

10. 量词短语

由数词或指示代词加上量词组成。例如：

指示代词＋量词：这批　那封

数词＋量词：三个　一斤

11. 介词短语

由介词附着在名词等词语前面组成。例如：

在从前　往天津　被小王　把东西　在改革中　在操场上

从心里　为身体健康　关于小王进修

12. 助词短语

(1)"的"字短语。由助词"的"附着在实词或短语后面组成，指称人或事物，属于名词性短语，能作主语、宾语。例如：

你的　他的　木头的　钢铁的　吃的　玩的　工作的

写字的　干活的　大的　红的　粗壮的　他写的　我要的

大家正在讨论的

(2)比况短语。由比况助词"一样、一般、似的"附加在其他词语的后边组成，表示比喻，有时也表示推测。例如：

疯了似的　死一般的　瓢泼般的　木头一样　很高兴似的

(3)"所"字短语。由"所"字加在及物动词前面组成，指称动作所支配或关涉的对象，是名词性短语。例如：

所得　所见　所关心　所领导　所知道　所理解

二、短语的功能类型

短语有两个方面的功能：一方面是做句法成分，所有短语都能充当一个更大的短语里的组成成分；另一方面，是成句，大部分短语加上句调就能独立成句。

短语的功能类型是由它跟别的词语组合时能充当什么句法成分，相当于哪类词决定的。常用作主语、宾语，功能相当于名词的叫做名词性短语；能作谓语，功能相当于谓词的叫做谓词性短语，通常以动词、形容词为中心。主谓短语常作谓语，归谓词性短语。

1. 名词性短语

类别	例词
名词性联合短语	过去、现在和将来　他和我　笔墨纸砚
定中偏正短语	他的书　南方的气候　爱国主义思想
同位短语	李斌老师　首都北京　伟大的文学家、革命家、思想家鲁迅先生
方位短语	桌子上　三年前　回家以后　天亮之前
物量词短语	一个　三件
“的”字短语	拉车的　钢铁铸成的　无穷无尽的　在校表现优秀的
“所”字短语	所见　所闻　所想到的　所不知道的

2. 谓词性短语

类别	例词
谓词性联合短语	牵挂和思念　单纯质朴　讨论并通过
状中偏正短语	马上回来　一步一步地走　为人民服务　非常漂亮　三米长
动宾短语	想家　发展经济　上馆子　帮助她　接受批评　喜欢清静
中补短语	打死　来得及时　读三遍　美丽极了　好得很
主谓短语	阳光灿烂　粮食丰收　社会稳定　今天星期六　我是学生
连谓短语	去看他　回家吃饭　听到这个消息很吃惊
兼语短语	请朋友帮忙　有人不高兴　派他去侦察敌情　让你叫他来
比况短语	暴风雨一样　木头似的　触电一般

三、多义短语

短语和词一样，也有单义和多义之分。单义短语指只有一种意义的短语。多义短语指不止一个意义的短语。形成多义短语的根本原因是语言结构有限而语义无穷，直接原因是这些短语的结构关系和语义关系存在不确定性。

1. 结构关系不确定的多义短语

"学习文件"，既可看成动宾短语，也可以看成偏正短语中的定中结构。"写好"，既可看成中补短语，也可以看成主谓短语。类似的还有"研究计划"、"出口商品"、"进口机电产品"等。

一些比较复杂的短语，还会因为直接成分不确定和结构层次不确定引起多义现象。例如"学习雷锋的故事"、"两个工厂的职工"、"你和他的同学"、"拿了五块钱出来"等。

2. 语义关系不确定的多义短语

普通话主语和宾语都是既可以由施事充当又可以由受事充当，这就可能使主语、宾语和动词之间的语义关系产生不确定性，从而形成多义短语。例如"鸡不吃了"中，主语"鸡"既可理解为谓语"不吃了"的施事主语，也可以理解为受事主语，于是这个短语就既可以表示"不吃鸡了"，也可以表示"鸡不吃食了"。同样，"他谁都认识"，既可以表示"他认识许多人"，也可以表示"许多人认识他"。类似的还有"反对的是李主任"、"对小王的批评"等。

有时，以上两种原因交织，也会形成结构关系和语义关系都不确定的多义短语。例如"咬死了猎人的狗"，既可以理解为动宾短语，表示狗被咬死了，也可以理解为定中短语，表示猎人被咬死了。

多义短语的情况相当复杂，但在实际口语交际中，不少多义短语因为有停顿和重音的不同，可以化解多义，有些在上下文等语境中也可以消除多义，由多义变为单义。一般说来，由结构关系不确定而导致的多义短语可以通过停顿和重音来化解多义。例如，当人们说到"两个工厂的职工"的时候，如果在"两个"后边有较明显的停顿或延长，或者在"职工"前边有较明显的停顿，都能使这个短语不再具有多义性。又如"拿了五块钱出来"，说话的时候把"出来"念轻声，意思相当于"拿出五块钱来"，是动宾短语；如果"出来"的"出"不念轻声，整个短语就是连谓短语了。"我想起来了"也是如此。

由语义关系不确定导致的多义短语一般要通过上下文等语境因素才能消除多义。例如"鸡不吃了"前面有"我要走了"，或者后面"你把鸡食拿走吧"，这个短语就不再有多义了。"反对的是李主任"前面如果有"他不反对你"，或"我不反对"等，这个短语的多义也都可以消除。语境也包括说话时的时空环境，如果地上躺着一条鲜血淋漓的狗，人们议论"咬死了猎人的狗"

应该不会有多义的。

有时候,语境不能消除多义,就容易使人产生误解,误入歧途,因此多义也称"歧义"。在这种情况下,我们可以调整语序或适当增加词语使意义明确。如"他谁都认识"如果说成"谁都认识他"或"谁他都认识",就不会有歧义了。

第四节 句子

句子是语言的基本运用单位。在交际过程中,词和短语只能表示一个简单或复杂的概念,句子才可以表达一个完整的意义。词和短语都可以成为句子,但词和短语都不是句子。一个句子不但具有一定的结构成分和结构方式,还必须有特定的语调。

一、句法成分

句法成分是短语和句子结构的组成成分。短语和句子都是由较小的语言单位逐层组装起来的,按照不同的结构类型中的结构关系可以定出不同的句法成分。句法成分往往是两两相对的,是同现的、互相依存的。汉语的基本句法成分有主语、谓语、动语、宾语、定语、状语、补语等七种。

1. 主语、谓语

多数完整的单句都是由主语和谓语两个成分组成。主语是谓语陈述的对象,谓语陈述主语,两者之间有陈述关系。

主语可分为名词性主语和谓词性主语。名词性主语由名词性词语充当,包括名词、数词、名词性代词和名词性短语,多表示人或事物,在句首能回答"谁"或者"什么"等问题。

太阳‖从东方升起。(名词)

科学的春天‖到来了。(偏正短语)

母亲和宏儿‖都睡着了。(联合短语)

他‖松了一口气。(代词)

六‖是二的三倍。(数词)

个个‖是英雄。(量词重叠)

双竖线表示左边是主语,右边是谓语。

主语也可以由谓词性词语充当,谓词性词语包括动词、形容词、谓词性代词、谓词性短语。这种句子是以动作、性状、或事情作陈述对象。例如：

去‖是正确的。（动词）

辱骂和恐吓‖绝不是战斗。（联合短语）

写得清楚‖不等于写得好。（中补短语）

向群众宣传‖是对的。（偏正短语）

我们讨论讨论‖好不好？（主谓短语）

俭朴‖是一种美德。（形容词）

聪明伶俐‖是他的天性。（联合短语）

就主语所表示的人、事物和谓语所表示的动作之间的语义关系来说，主语可概括为施事、受事、当事三种。

施事主语表示发出动作、行为的主体，主谓的语义结构及关系是“施事者+动作”的关系。例如：

小王‖已经吃完饭了。

鸟儿‖把窝搭在繁花嫩叶之中。

演员的表情‖抓住了每个观众的视线。

主语是施事的句子叫施事主语句，也就是主动句。

受事主语表示承受动作、行为的客体，也就是动作、行为所涉及的对象。主谓的语义关系是“受动者+动作”。例如：

信‖写完了。

饭‖吃过了。

他‖被人推醒了。

主语是受事的句子叫受事主语句，也就是被动句。

当事主语表示非施事、非受事的人或物。例如：

他们‖跑丢了一只猫。

这件事‖不能怪他。

东方‖升起了红太阳。

谓语对主语进行叙述、描写或判断，能回答主语“做什么”、“怎么样”或“是什么”等问题。谓语通常由谓词性词语充当，包括动词性词语、形容词性词语和主谓短语。有时也可以由名词性词语充当。

就谓语对主语的作用看，谓语可分为三大类：

一类着重于叙述，叙述主语所做的一件事情或与主语有关的一件事情，这类谓语通常由动词性词语充当。例如：

大家‖选他当代表。

大会‖研究了一系列现实问题。

一类着重于描写，即描写主语的性质状态等，这类谓语通常由形容词性词语（包括形容词性的主谓短语）充当。例如：

他的学问‖比我好。

小王‖性格开朗。

一类着重于判断说明，即说明主语的类属或情况。例如：

鲁迅‖是绍兴人。

冬至‖是北半球一年中白天最短的一天。

2. 动语、宾语

动语和宾语是共现共存的两个成分，谓语里如果有宾语，就会有动语。动语在前，表示动作行为，是支配、关涉后面宾语的成分。宾语表示人、物或事情，是动作所支配、关涉的对象。

宾语的构成材料跟主语相似，也分名词性宾语和谓词性宾语两种。名词性宾语很常见。谓词性词语则有一定的条件，只能出现在能带谓词性宾语的动词后边。例如：

有些人主张进攻。

谁说女子不如男子？

他受到了热烈欢迎。

从宾语和动语的语义关系看，可以把宾语粗略地分成三种：受事宾语、施事宾语、当事宾语。

受事宾语表示动作、行为直接支配关涉的人或事物，包括动作的承受者（如“打篮球”）、动作的对象（如“告诉你”）、动作所产生的结果（如“取得成绩”）。

施事宾语表示动作、行为的发出者、主动者，可以是人或自然界的事物。例如“来了一位客人”、“出太阳了”、“天上飘着白云”等。

当事宾语表示施事受事以外的宾语。

动语由动词性词语构成。根据动词带宾语的情况，可以把动词分成及物动词和不及物动词。能带受事宾语的动词叫及物动词（如“做、给、看”）；不能带受事宾语的叫不及物动词（如“休息、游行、来”）。及物动词又可分为三种：只能带名词性宾语的叫名宾动词，如敲、摇、打扫、修理、采购等；只能带谓词性宾语的叫谓宾动词，如打算、认为、进行、予以、开始、意味着等；名宾、谓宾都能带的动词叫名谓宾动词，如看见、表明、得到、保证、担心、赞成等。

3. 定语

定语是名词性短语里中心语前面的修饰语。实词和短语大都可以做定语,例如:(男)同学、(他)哥哥、(一片)绿洲、(神奇的)土地、(戴眼镜的)先生。

根据定语和中心语的关系可以把定语大致分为描写性定语和限制性定语两类。描写性定语多由形容词性成分充当,主要是描绘人或事物的性质、状态,突出其某一特性,如"青春年华"、"绿油油的庄稼"等。限制性定语多由名词性词语、动词性词语和区别词充当,主要是给事物分类或划定范围,如"冬天的济南"、"穿着红上衣的女孩"、"野生动物"等。

定中短语整体加上定语就可形成多层定语,例如:"红玫瑰"是一个定中短语,如果给这个定中短语再加上一个定语"带刺的"就成了又一个定中短语,其中"带刺的"和"红"是不同层次的两个定语,如再加定语"一枝"成了"一枝带刺的红玫瑰"就又多了一层定语。多层定语的次序总是按逻辑关系来排列,跟中心语关系越密切的定语就越靠近中心语。

从离中心语最远的词语算起,多层定语的一般次序是:

(1)表领属关系的词语(表示"谁的?")

(2)表时间、处所的词语(表示"什么时候? 什么地方?")

(3)指示代词或量词短语(表示"多少?")

(4)动词性词语和主谓短语(表示"怎样的?")

(5)形容词性词语(表示"什么样的?")

(6)表示质料、属性或范围的名词、动词(表示"什么?")

例如:(我们学校的)(一位)(有三十多年教学经验的)(优秀)(语文)教师当选了。

4. 状语

状语是谓词性短语里中心语前面的修饰语。状语一般由副词、时间名词、能愿动词、形容词充当,介词短语、量词短语等也可以做状语。例如:[已经]过去、[大度地]说、咱们[北京]见、他[这么]说过、我[多次]去过北京、他[表情复杂地]看着我。

状语可粗分为限制性和描写性两类。限制性状语主要用来表示时间、处所、程度、否定、方式、手段、目的、范围、对象、数量、语气等;描写性状语主要是修饰谓词性成分的。

状语一般放在主语后面,一些表示时间、处所、范围、情态、条件、关涉对象的状语有时也可以出现在主语前面,特别是由"关于"组成的介词短语作状语,只能出现在句首。放在句首的状语叫句首状语。例如:

[昨天]我们去了郊外。

[在价格方面],他们也格外关照。

[关于目前的形势],我们已经作了详细的分析。

那些可以有两种位置的状语,放在句首时常常有特别的作用,或者是强调状语,或者是照顾上下文连接,或者状语较长,放在句首使句子更紧凑。

状中短语整体加上状语,就会形成多层状语。例如:

许多代表[昨天][在休息室里][都][热情地][同他]交谈。

多层状语的排列次序取决于谓语内部的逻辑关系和表意需要,位置不太固定,有时候位置不同,意思就不一样,例如:"都不去"和"不都去","不很好"和"很不好"意思都相差很大。多重状语的一般次序:

(1)表示时间的名词(指明何时)

(2)表示处所的介词短语(指明何地)

(3)表示范围的副词(指明什么范围)

(4)表示情态的形容词(指明怎样)

(5)表示对象的介词短语(指明同谁)

5. 补语

补语是动词、形容词性短语里中心语后面的补充成分。如"写〈错〉了"、"好〈极〉了"。

补语可以由谓词性词语、数量短语和介词短语充当。谓词性词语充当补语有的要用"得"字,有的直接加在中心语之后。数量短语和介词短语充当补语都是和中心语直接组合的。

补语与中心语的语义关系有以下几种:

类别	例子
结果补语	哭〈肿〉了眼睛　打〈完〉球　叫〈醒〉我
程度补语	痛快〈极〉了　乐〈坏〉了　高兴得〈跳起来〉
状态补语	听得〈津津有味〉　想得〈太简单〉　感动得〈热泪盈眶〉
趋向补语	走〈过去〉　掏〈出〉九文大钱　拿〈来〉一支笔
数量补语	走〈一趟〉　看〈几眼〉　住了〈三天〉
时间处所补语	这事发生〈在 1949 年〉　送〈到学校大门口〉
可能补语	吃〈不得〉　这事耽搁〈不得〉　进〈得去〉

补语和宾语都在动词后面，两个成分同时出现时，就有个排列顺序的问题。补语和宾语的位置关系有三种情况：

类别	用法	例子
先补后宾	补语在宾语前，这是最常见的顺序	猜得〈到〉你们的心思 走〈出来〉一位大妈 回〈一趟〉家
先宾后补	补语在宾语后，一般只有数量补语和趋向补语有这种用法	等了你〈三个小时〉 回学校〈一趟〉 拿支铅笔〈来〉 回屋里〈去〉
宾在中间	宾语在两个趋向补语中间	拿〈出〉书〈来〉 读〈起〉书〈来〉

6. 独立语

句子中有些词语跟它前后的词语没有结构关系，不互为句法成分，位置一般比较灵活，可以出现在句首、句中或句末，这就是独立语。从表意作用看，独立语有下列四种：

（1）插入语。插入语的作用是使句子严密化，补足句意，包括说话者对话语的态度，或引起听话者的注意。插入语在句子中的具体作用有以下几种：

作用	示例	例子
表示肯定或强调的口气，表明说话者那种不容置疑的态度	毫无疑问、不可否认、不用说、十分明显……	毫无疑问，我们应当批评各种各样的错误思想。
表示对情况的推测和估计，对所说事情的真实性不作完全的肯定，留有重新考虑的余地，口气比较委婉	看来、看样子、说不定、我想、充其量、往少里说……	我看樱花，往少里说，也有几十次了。

续表

作用	示例	例子
表示消息来源	听说、据说、据报道……	据说，最美的城市在山与湖之间。
为了引起对方注意，或希望对方接受自己的见解，又不愿意用强调的语气	请看、你想想、你瞧、你说……	事情明摆着，你看，我们还能不管？
表示对句意的附带说明	严格地说、一般地说、不瞒你说、说句笑话、说实在的……	这种埋头做事、不动脑筋的人，简直是——说得不客气一点——跟木头人一样。
表示总括性意义，点明下文是对上文归总而来的结论	总之、总而言之、总的说来、一句话	姐姐叫他用功点，他照样偷懒……总之，家里人的耐心劝告，他都当做耳边风。

(2)称呼语。称呼语用来称呼对方，引起注意。例如：这道题是不是这么做，老师？

(3)感叹语。感叹语表示感情的呼声，如惊讶、感慨、喜怒哀乐等感情和应答等。例如：好，就这么定了！

(4)拟声语。拟声语模拟事物的声音，给人以真实感，用来增强表达效果。例如：呜——呜——火车鸣着汽笛从远处开来。

二、句类

根据句子的语气分出的类别是句子的语气类，也叫句类。普通话句类有陈述句、疑问句、祈使句、感叹句四种。

1. 陈述句

叙述或说明事实的具有陈述语调的句子叫陈述句。陈述句在语气上属平直调或者缓降调，有时带语气词“了、的、呢、罢了、嘛、啊”等。陈述句是思维最一般的表现形式，也是使用最广泛的一种句子。如：

我的侄女昨天下午从乡下来了。

他不会去的。

收获不小呢。

陈述句一般表示说话人对客观事物的衡量，所以陈述句有肯定形式和否定形式的分别。同一事物或意思虽然可以用肯定句表示，也可以用否定句表示，但两者语意的轻重、强弱有别。例如“这个同学成绩好”和“这个同学成绩不坏”两句的基本意思相同，可是肯定的说法语意强些，否定的说法语意弱些。

有时候肯定的形式可以用“双重否定”来表示。双重否定的陈述句常在一句话里用两个互相呼应的否定词，如“不……不”、“没有……不”、“非……不”等。双重否定的句子跟相应的单纯肯定的句子意思并不完全一样。如“他不会不同情我的”和“他会同情我的”意思虽然差不多，但双重否定句比较委婉些。又如“他不能不去”的意思不是“他能去”，而是“他必须去”。再如“我非把这本书念完不可”意思和“我要把这本书念完”的意思差不多，但语气更坚决、确定。口语中“非得……”、“非要……”跟“非……不可”相同，也是双重否定。

2. 疑问句

表示提问，具有疑问语调的句子叫疑问句。有疑而问的叫询问句，无疑而问的叫反问句。在语气上，疑问句一般有一个缓升的语调。

疑问句根据表示疑问的手段不同可以分成四类：是非问、特指问、选择问、正反问。

是非问的结构像陈述句，只是要用疑问语调或兼用语气词“吗”“吧”等，不能用“呢”。回答是非问句，只能对整个命题作肯定或否定。例如：

这事你知道吗？

你明天能来吧？

今天十五了？

特指问用疑问代词（如“谁、什么、怎样”）来表明疑问点，说话者希望对方就疑问点作出答复。例如：

谁同意了？

明天我们什么时候出发啊？

这句话怎么理解呢？

口语中有些疑问句虽然没有疑问代词，但实质上同样规定了回答的内容，也属于特指问。例如：

我的书包呢？（我的书包在哪儿？）

没见到他呢？（要是没见到他，该怎么办？）

选择问用复句的结构提出不止一种看法供对方选择,用“是……还是”连接分句。例如:

打篮球呢,还是打排球?

今天星期三,还是星期四?

是光我一个人呢,还是还有别人?

正反问由谓语的肯定形式和否定形式并列构成。例如:

你看这简单不简单?

你是工人不是工人?

你去过北京,是不是?

在口语中正反问更多用一些简化的形式,一般省去后一个谓词。例如,以上三个正反问相当于:

你看这简单不?

你是工人不是?

你去过北京,是不?

反问句是无疑而问,不要求回答。反问句的反问口气相当于否定口气,因此,否定格式的反问句是肯定的意思,肯定格式的反问句是否定的意思。例如:

这样的话谁不会说?(这样的话谁都会说。)

事情就出在你们村里,你会不知道?(你应该是知道的)

这么小的孩子就懂得礼貌,你说可爱不可爱?(真可爱)

3.祈使句

要求对方做或不要做某事的句子叫祈使句。它可以分为两大类:一类是命令、禁止,一类是请求、劝阻。这两类句子都用降调,但语气词等的运用上略有不同。

表示命令、禁止的祈使句一般带有强制性,口气强硬、坚决。这种句子经常不用主语,结构简短,语调急降而且很短促,一般不用语气词。例如:

立正!

不许动!

不得随地吐痰。

表示请求、劝阻的祈使句包括请求、敦促、建议、劝阻等。也用降语调,但往往比较平缓。表请求时,多用肯定句,常用语气词“吧”或“啊”,用“吧”带有商量的口气,用“啊”略带敦促的意味。表示劝阻时,多用否定句,常用“甭”、“不要”、“别”等词语和语气词“了”、“啊”。例如:

还是你来读吧。

走啊，天快黑了。

请您谈谈吧。

甭提了！

别太大声，啊！

4. 感叹句

带有浓厚的感情的句子叫感叹句，它表示快乐、惊讶、悲哀、愤怒、厌恶、恐惧等浓厚的感情。感叹句一般用降语调。

有的感叹句由叹词构成。例如：

哈哈！（终于找到了！）——表喜悦

哦！（我想起来了！）——表醒悟

咦！（怎么不见了？）——表诧异

呸！（胡说！）——表鄙视

有时是用一个名词或名词性短语跟“啊”结合起来表示感叹。例如：

天哪！

我的妈呀！

上帝啊！

有的感叹句是不带祈使意味的口号、祝词。例如：

祝您旅途愉快！

中华人民共和国万岁！

更多的感叹句中有“多、多么、好、真”等副词或“这么、那么、这样、那样”等代词修饰形容词，句尾有语气词。例如：

多么宏伟的蓝图啊！

你真了不起啊！

哪有这么不讲理的事！

三、句型

句型是句子的结构类，是根据句子的结构特点分出的句子类型。根据句子的结构，首先可以把句子分成单句和复句，这里主要介绍单句的句型。

单句可以分为非主谓句和主谓句。

分不出主语和谓语的单句叫非主谓句，它由主谓短语以外的短语或单个词加上句调形成。非主谓句有名词性的和非名词性的。

名词性的如：

小王！（表示呼唤、称呼）

多么壮丽的山河啊！（表示赞叹）

动词性的如：

出太阳了。

禁止吸烟！

形容词性的如：

好极了！

太妙了！

此外，叹词、拟声词也可以构成非主谓句。

非主谓句不同于省略句，省略句是由于语境的帮助因而省略了某些成分。例如祈使句就经常省略主语，这个主语是确定的，如果要补上就可以准确地说出来，听话的人也总是加上这些特定的主语去理解。而非主谓句中没有主语则不需补出，或无法补出，因为它本身就是完整的。

由主语、谓语两个成分构成的单句叫主谓句。从谓语的构成看，主谓句可以分成动词谓语句、形容词谓语句、名词谓语句和主谓谓语句四种。四种句型中，动词谓语句在日常交际中占很大比重，是汉语交际中最常见的句型。

下面介绍主谓句中的几种句式。

1."把"字句和"被"字句

"把"字句指谓语动词前头用介词"把"引出受事，对受事加以处置的一种主动句，又叫处置句。"被"字句指在谓语动词前，用介词"被（给、叫、让）"引出施事或单用"被"的被动句。例如：

一般主动句：风吹跑了树叶。

"把"字句：风把树叶吹跑了。

"被"字句：树叶被风吹跑了。

并不是任何主动句都可以变换成"把"字句和"被"字句，它们有自己构成和应用的条件：

（1）动词一般都是有处置性的，即动词所表示的动作对受事施加影响，使它产生某种结果，发生某种变化，或处于某种状态。而且动词前后总有别的成分，一般不能单独出现，尤其不能出现单音节动词。

（2）句中的受事，即"把"的宾语或"被"字句的主语必须是既定的、已知的人或事物，有时前面会带上"这、那"一类的修饰语。例如"把书拿来"、"把那支笔带来"，"书被他弄破了"、"那支笔被弄丢了"这里的"书"和"笔"

是确定的某些书、某些笔。

(3)“把”字短语或“被”字短语与动词之间不能加能愿动词以及表否定、时间的副词。这些词只能置于“把”字或“被”字之前。例如不能说“他把青春愿意献给家乡”、“我把作业没有做完”、“他被困难没有吓倒”、“这件事被人已经传出去了”等。

“把”字句把受事提到动词前,有强调动作结果的作用。用“被”字句则有强调受事的作用。

在特定的上下文里,为了使前后分句的主语保持一致,为了使叙述重点突出,语意连贯,也应考虑选择主动句还是被动句。

2. 双宾句

谓语中心之后先后出现指人和指事物两种宾语的句子叫双宾句。例如“给我一本书”,动词“给”带了“我”和“一本书”两个宾语。两个宾语前一个叫近宾语,意义上一般指人;后一个宾语叫远宾语,一般指物或事情。

双宾语的动词要有“给出”、“取进”、“询问”、“称说”等意义,大都表示“谁给谁什么”等意思。近宾语一般指人,回答“谁”的问题,靠近动词,中间没有间歇,常由简短的代词、名词充当;远宾语一般指事物,回答“什么”的问题,远离动词,前头可以有语音间歇,一般比较复杂,可以由词、短语、复句等形式充当。

3. 变式句

句子中各个成分处于通常的位置上的是常式句,为了强调、突出等语用目的而颠倒原有语序的是变式句,也叫倒装句。颠倒了的成分可以恢复原位而句意基本不变,句法成分不变。常见的变式句有主谓倒置,定语、状语和中心语倒置。

主语在前,谓语在后,这是一般的语序。有时也会颠倒过来,谓语前置,这种现象多见于疑问句、祈使句和感叹句。例如:

怎么了,你?

出来吧,你们!

写得多好啊,这篇文章!

这种变式往往是为了强调谓语,或者是说话急促而先把重点说出,然后追加主语。这类句子当中谓语和主语之间有个明显的停顿,主语一般读轻声。

修饰语一般用在中心语前边,有时,也会放到中心语之后。例如:

我们曾经抵制过那些坏作品,色情的和暴力描写的。

学生们都跑来了,从操场上,从教室里,从学校的每个角落。

后置的定语、状语大都是联合短语。这往往是为了突出它,有时是为了调整句序,使语句显得简洁,有时为了强调状语,也会把它放后,如“十二点了都”、“下班了,已经”。

4. 省略句

口语交际中,只要不至于误解,往往会省略一些不言自明的成分。如果离开了这个语境,意思就不清楚,必须填补一定的词语才行,而且只有一种添补可能,这就是省略。省略多因对话、上下文、避重复、表祈使而省。例如:

问:他去哪儿了? 答:(他)回家了。

问:谁敲门? 答:我(敲门)。

问:儿子吃过饭了吗? 答:(他)吃过(饭)了。

四、复句

复句是由两个或两个以上意义相关、结构上互不作句子成分的分句组成。分句是结构上类似的单句而没有完整句调的语法单位。复句中的各个分句之间一般有停顿。如:海棠花才落,杏花又开了;河不深,可是水太冷;明天不下雨,我们上西山去。这三个复句各包含两个分句。同一复句里的分句,说的是有关系的事。一个复句只有一个句终语调,不同于连续的几个单句。

复句各分句的主语可以相同,也可以不同。主语相同时一般可以省略一个主语。例如“亲眼去看,你就知道那里的海滩有多美。”但是为了强调或突出主语,也可以不省略。例如“时间就是生命,时间就是速度,时间就是力量。”

复句中分句之间的关系有时用关联词语来表示,叫关联法;有时不用或不能用关联词语表示,叫意合法。日常口语中多用意合法,较庄重的口语(如辩论、演讲等)和书面语中多用关联法。

根据分句间的意义关系划分,复句可以分为联合复句和偏正复句两大类。

(一)联合复句

联合复句内各分句意义上平等,无主从之分。又分为并列、顺承、解说、选择、递进五小类:

1. 并列复句

两个或两个以上的分句分别陈述有关联的几种事物，或者几件事情，或一件事情的几个方面，分句之间是平行相对的并列关系。常用关联词语是：既……又……，还，也，同样，不是……而是……，是……不是……，同时，一方面……一方面……，有时……有时……，有的……有的……。例如：

它既不需要谁来施肥，也不需要谁来灌溉。

我们不是要空话，而是要行动。

从门到窗子是七步，从窗子到门也是七步。

2. 顺承复句

前后分句按时间、空间或逻辑事理上的顺序说出连续的动作或相关的情况，分句之间有先后相承的关系。常用关联词语有：就，便，才，又，于是，然后，接着，首先（起初）……然后……，继而。例如：

他们俩手拉着手，穿过树林，翻过山坡，回到草房。

起初他们问我个人的情况，然后又问到有关革命形势的一些问题。

吃过了饭，老秦跟小福去场里打谷子。

3. 解说复句

分句间有解释说明、总分的关系。解说关系一般不用关联词。例如：

我们的祖先在历史的黎明时便幻想出一个神话式的人物，叫大禹。

调查有两种方法：一种是走马观花，一种是下马观花。

对自己，“学而不厌”，对人家，“诲人不倦”，我们应取这种态度。

4. 选择复句

两个或两个以上的分句，分别说出两件或几件事，并且表示从中选择一件或几件，分句之间就构成选择关系。可以分成两类：一类是说话者在几件事中没有选定，叫“未定选择”；一类是说话者在几件事中已经选定，叫“已定选择”。

未定选择的关联词主要有：或者……或者……，不是……就是……，要么……要么……，或许……或许……，可能……可能……，也许……也许……。例如：

武松这一去，或者把老虎打死，或者被老虎吃掉，别无选择。

已定选择的关联词主要有：与其……不如……，宁可……也不……。例如：

我们宁可挨批评，也不能昧着良心去宰客啊！

5. 递进复句

后面分句的意思比前面分句的意思进了一层,分句之间是层进关系。常用的关联词有:不但(不仅、不只、不光)……而且(还、也、又)……,尚且……何况(更不用说、还)……,况且。例如:

这种桥不但形式优美,而且结构坚固。

桥的设计完全合乎原理,施工技术更是巧妙绝伦。

他这样胆小的人尚且不怕,我还怕吗?

(二)偏正复句

偏正复句各分句间意义有主有从,正句即主句,是句子的正意所在;偏句是从句,意义从属于主句。偏正复句又分为转折、条件、假设、因果、目的五小类。

1. 转折复句

后一分句的意思不是顺着前一个分句的意思说下去,而是作了一个转折,说出同前一分句相反、相对或部分相反的意思来。分句之间构成转折关系。常用关联词有:虽然(虽、尽管)……但是(但、可是、却、而、还是)……,但是,但,然而,只是,不过,倒,竟然。转折关系还可分为"重转"、"轻转"、"弱转"三类。例如:

虽然我一见便知是闰土,但又不是我记忆上的闰土了。(重转,成对使用关联词)

他年纪小,可胆量不小。(弱转,单用关联词)

矛盾是普遍存在的,不过由于事物的性质不同,矛盾的性质也就不同。(弱转,用承上关联词)

2. 条件复句

条件复句是指前一个分句提出一个条件,后一个分句说明这个条件一旦实现所产生的结果。条件复句分为有条件的复句和无条件的复句两类,有条件的复句又分充分条件复句和必要条件复句两类。充分条件常用关联词语有:只要(只需、一旦)……就(都、便、总)……,就,便。例如:

只要专注于某一项事业,就一定会做出使自己也感到吃惊的成绩来。

必要条件复句常用关联词语有:只有(除非、唯有)……才(否则、不)……。例如:

只有具备了"明知山有虎,偏向虎山行"的胆识,才能昂首阔步于成功的大道之上。

无条件复句关联词语要成对使用,主要有:无论(不管、不论、任凭)……

都(总、也)……。例如：

无论你什么时候到站，都有人热情接待。

3. 假设复句

假设复句是指前一个分句提出假设，后一个分句表示假设实现后所产生的结果。假设关系分一致关系和相背关系。表示一致关系的关联词语有：如果(假如、倘若、若、要是、要、若要、假若、如若)……就(那么、那、便、那就)……，则，那么。例如：

谁如果要鉴赏我国的园林，苏州园林就不该错过。

表示相背关系的关联词语有：即使(就是、就算、纵然、哪怕、即便、纵使)……也(还、还是)……，再……也……。例如：

宝石哪怕混在垃圾堆里，也仍然晶莹夺目。

4. 因果复句

因果复句是指一个分句说明原因，另一个分句说出结果。因果复句可分为说明因果关系的复句和推论因果关系的复句。

在说明因果关系的复句里，一个分句说明原因，另一分句说明由这个原因产生的结果，因和果是客观事实。常用关联词有：因为(因)……所以(便)……，由于……因而……，因此，故此，故而，之所以……是因为……。例如：

因为今天进城要办的事很多，所以天刚亮他就出门了。

推论因果关系的复句里，一个分句提出一个依据或前提，另一分句由此推出结论，结论是主观判定的，不一定是事实。常用关联词有：既然(既是)……就(那就、便、又何必)……，可见。例如：

既然产品又好又适用，就一定畅销。

5. 目的复句

目的复句是指一个分句表示行为，另一个分句表示行为的目的。常用关联词语有：为了，以便，以，用以，好，为的是，以免，免得，省得。例如：

晚上大家好好休息，明天我们好爬山。

这段时间校卫要好好检查校园设施，以免出现安全事故。

第六章 口语交际概说

第一节 口语交际是对语言的具体运用

任何一种语言的语音系统、词汇系统、语法系统，都是从使用这种语言的全体社会成员的言语交际即口语交际中抽象、概括出来的，是大家约定俗成的、通用的语汇材料和语法规则，能够听清、理解的语音形式和语义内容。

在进行交际时，无论对语言材料的选择还是口语形式的组织，都得采用全民族语言中通用的材料和组合规则。这就是说：要运用某一种语言进行交际，首先就得学会这种语言的语音及其书写形式，掌握它的语汇（首先是常用词）和语法规则，否则就无法进行交际。生活中因方言不通、错别字连篇、用词不当、语法上出毛病而影响交际的笑话，常被一些语言读物引作病例加以剖析，使人从"不应该那么写"、"那么说"的方面，明白原来"应该怎么写"、"怎么说"。

正因为口语交际是对语言的具体运用，因而单靠掌握全民语言的抽象规律还是不够的。现实生活中的口语交际是千变万化的，个人的口语表达更是千姿百态，因此要想成功地运用某种语言进行交际，除了掌握这种语言本身的一般知识外，还得具备语言知识以外的有关知识，这也就是学了某种语言的语音、词汇、语法知识不一定能说好话、写好文章的缘故。语言学是一门很有价值的科学，但语言学家说话不如外交家、演说家，写作不如文学家和优秀新闻记者，这种现象一点也不奇怪，其中不仅有说写的实际锻炼问题，还需要语言知识以外的有关知识的帮助。

1972 年 9 月，田中角荣作为战后第一位日本政府首脑来到中国，为改善中日关系同中国政府首脑举行正式会谈。周恩来总理在人民大会堂为他主持了招待宴会。继总理祝酒词后，田中欣然起身致辞答谢，气氛一直是诚恳友好的。可是当田中提起中日战争问题时却用了一个不当的措辞。他说："过去几十年间，日中关系经历了不幸的过程，期间我国给中国国民添了很大的麻烦，我对此再次表示深切的反省之意。”立场坚定、反应敏捷而又讲究外交辞令的总理一听到这里立即反问：“您对日本给中国造成的损失怎么理解？”田中这才明白“麻烦”一词用得不妥，意识到它在汉语中的语义太轻了，连忙解释说：“给您添了麻烦这句话，包含的内容并不是那么简单。我是诚心诚意地如实地表达了赔罪的心情，这是不加修饰很自然地发自日本人内心的声音……我认为，前来赔罪是理所当然的。”田中并没有撒谎，他致辞的态度是诚恳的，也不是没有掌握他所用的语言（日语），而是不了解他这一措辞在使用汉语的中国人听起来却是对日本过去侵略罪行的一种轻描淡写，毫无赔罪的诚意，结果给自己的讲话也添了“麻烦”。

口语交际，光注意到语言本身的含义还不行，还得考虑它在特定时空条件下在对方心理上引起的反应。美国总统尼克松回忆1972年访问我国的经历时，就把周恩来总理和江青跟他的见面作了一个比较：周总理和他见面时言简意赅地说，“您从太平洋彼岸伸出手来，和我握手。我们已经25年没有联系了。”可江青见面第一句话就是：“你为什么从前不来中国？”单从这两句话特定语境中产生的交际效果来看，前者使对方感到形象、机智、高雅、态度友好；后者却使对方感到很蠢，“缺乏幽默感”，“表现出她那种令人不悦的、好战的态度。”这两种截然相反的交际效果，单从现代汉语本身的语音、词汇、语法知识及句子的含义上分析原因，是不得要领的，只有联系口语交际的对象、场合及社会历史背景、地理环境等因素来分析谁的话语最适切，才能切中要害。

相传汉武帝晚年时很希望自己长生不老。一天，他对侍臣们说：“相书上说，一个人鼻子下面的人中越长，命就越长；人中长一寸，能活百岁，不知是真是假？”东方朔听了，知道皇上又在做长生不老梦，不禁哑然失笑。皇上见他有讥讽之意，面有不悦之色，喝道：“你怎么敢取笑我？”东方朔脱下帽子，恭恭敬敬地回答：“我怎么敢笑话皇上呢？我是在笑彭祖的脸太难看了。”汉武帝问：“你为什么笑彭祖呢？”东方朔说：“据说彭祖活了八百岁，如果真像皇上刚才说的，他的人中就有八寸长。那么，他的脸不是有丈把长吗？”汉武帝听了，也哈哈大笑起来。东方朔面对自尊自大的汉武帝，他没有直截了当地提出自己的不同看法，而是用嘲笑彭祖的办法来讽刺汉武帝的荒唐。如果他不看对象，不顾场合地直言不讳，则很可能惹怒汉武帝，招致杀身之祸。

可见，在口语交际中，对语言进行具体运用时，除了要懂得语言本身的知识外，还得掌握与交际有关的“百科知识”。正因为这样，人们进行口语交际或书面交际,其知识面越宽,联想越丰富并善于随机应变,就越能应付自如,越能达到预期的交际目的。

第二节　几种常用的口语交际方式

一、交谈

(一)交谈的作用

交谈是人们日常交往的基本方式之一。美国著名的语言心理学家多罗西·萨尔诺夫曾说道:“说话艺术最重要的应用,就是与人交谈。”从广泛意义上来讲,交谈是人们交流思想、沟通感情、建立联系、消除隔阂、协调关系、促进合作的一个重要渠道。随着人类社会的高度发展,交谈已成为政治、外交、科学、教育、商贸、公关等各个领域中重要的、不可缺少的一项语言活动。

(二)交谈的原则

幽默、风趣、得体的语言可以调动谈话者的热情,使周围的气氛热烈起来。但需要注意的是,当一个人要用语言来表达自己的意图,让别人接受你的观点时,应该根据谈话对象的身份、地位、心意以及所处的场合选择合适的措辞。

1.交谈要讲究场合

不同时间、不同地点,也许人们的社会地位等因素都发生了改变,所以语言也要适当地随之变动。

明代开国皇帝朱元璋,出身贫寒,少年时候就放牛,给有钱人家打工,甚至还为了果腹而出家为僧。但朱元璋胸有大志,风云际会,终于成就一番霸业。

朱元璋当了皇帝以后,有一天,一位儿时的穷伙伴进京来求见他。朱元璋很想见见旧日的老朋友,可又怕他讲出什么不中听的话来。犹豫再三,还是让传了进来。

那人一进大殿,即大礼下拜,高呼万岁,说:“我主万岁!当年微臣随驾芦州府,打破罐州城。汤元帅在逃,拿住豆将军,红孩子当兵,多亏菜将军。”

朱元璋听他说得动听含蓄,心里非常喜欢,回想起当年大家饥寒交迫时有福同享、有难同当的情形,心情很激动,立即重重封赏了这个老朋友。

消息传出,另一个当年一块放牛的伙伴也找上门来,见到朱元璋,他高兴得忘乎所以，生怕皇帝忘了自己，指手画脚地在金殿上说道：

“我主万岁！你不记得了吗？那时候咱俩都给人家放牛，有一次我们在芦苇荡里，把偷来的豆子放在瓦罐里煮着吃，还没等煮熟，大家就抢着吃，把罐子都打破了，撒下一地的豆子，汤都泼在泥地里，你只顾从地里抓豆子吃，结果把红草根卡在喉咙里，还是我出的主意，叫你吞下一把青菜，才把那红草根带下肚子里。”

当着文武百官的面，朱元璋又气又恼，哭笑不得，喝令左右：“哪里来的疯子，来人，把他轰出去。”

同样的内容不同人用不同方式说出来，情况就会有所不同。第二个人不但没有得到封赏，反而被哄了出去，原因就是他没有掌握好说话的场合。今日的朱元璋已不是昔日一起游戏、讨饭的小叫花子，而是堂堂一国之君，当着众多大臣的面直接揭皇帝的短，不是冒险还能是什么呢？

2. 交谈要看对象

交谈要看对象，是说要根据对方的年龄、性别、文化程度、身份、职务、心情等来选用语言。

3. 交谈要看对方的文化程度

人口普查员填写人员登记表，问一个没有文化的老太太：“你有配偶吗？”老太太说：“你是问我有没有买藕吗？”结果闹了个笑话。

一个大学生毕业分配到一家工厂，起初很得领导赏识，但好景不长，不到一个月，车间主任就对他越来越冷淡了。大学生讲话爱用术语。什么“程序化”、“控制论”、“结构定向”等。而车间主任是中专毕业生，最讨厌别人在他面前咬文嚼字、卖弄学识。这位大学生无形之中触到了领导的“自卑神经”，使自己处于不利位置。

4. 交谈要看对方的身份职务

一般来说，在不是十分严肃庄重的场合，身份较高的人对身份较低的人说话越随和、越风趣越好，而身份较低的人对身份较高的人说话则不宜太过随便。

5. 交谈要看对方的性格和心境

性格外向的人善于言谈，乐于交往；性格内向的人多半“沉默寡言”。同性格开朗的人谈话，可以侃侃而谈；同性格内向的人谈话，就应注意分寸，小心用词。一次，孔子的学生仲由问：“听到了，就去干吗？”孔子说：“不能。”又一次，另一个学生冉求又问：“听到了，就去干吗？”孔子说：“干吧！”公西华在旁听了疑惑，就问孔子：“两个人的问题相同，而你的答案却相反。我有点儿糊涂，所以来请教。”孔子说：“求也退，故进之；由也兼人，故退之。”意思是说，冉求平时做事好退缩，所以我给他壮胆；仲由好胜，胆大勇为，所以我劝阻他。所以，说话也要看对方的性格和心理状态。

不同的人在不同的情况下有不同的心态，表达者应善于洞察对方的心理。

有一次，某大学几个即将毕业的研究生到某机关去联系毕业分配的事，接待他们的老局长解释说，机关的许多部门编制有限，个别的可以考虑接受，几个人都来就不好安排，因为名额很少。听了这番话，一位女研究生感叹：“有些老家伙早该退休了，老是赖着不走……”这么一说，老局长的脸色变得很难看。老局长年近六十，应归属女研究生说的“老家伙”之列，他也在为离休的事情发愁，听到此话，心情会如何想必不用猜就知道了。这就是没有注意到对方心理状态而导致说错话的典型例子。所以，在与别人谈话时，一定要注意场合与分寸，切不可在错误的时间、错误的地点说了错误的话，如果那样往往会事与愿违。

（三）交谈的语言技巧

1. 善于提出话题

善于提出话题，是使交谈顺利进行并取得良好效果的保证。

与人初次见面，为使彼此融洽相处、自由交谈，可以问对方出生地、曾就读的学校、生活上的兴趣爱好、近期所从事的工作等。若是同行，可以谈业务上的问题，同事可以聊聊单位的情况，老同学可以回忆同窗共读的情景，等等。从共同点寻找话题，会使大家产生亲切感，越谈越投机。美国前总统里根访问上海复旦大学，在与大学生座谈时，由于双方在地位、语言等方面的差别，使座谈会一开始便出现了双方不知从何谈起的局面。这时，里根使用了寻找共同点的方法。他说：“其实，我和你们学校有着密切的联系，谢希德校长同我的夫人南希是美国史密斯学院的校友，照此看来，我和各位自然也就是朋友了！”话音刚落，全场响起热烈的掌声，座谈气氛自然融洽起来。

提出话题可以开门见山。交谈一开始，就直截了当地从正面提出要询问的问题、探讨的重点，很快进入实质的对话。采用这种方式的前提是与对方有良好的互相信任的关系，或者会话内容是对方愿意谈的。提出话题也可以是迂回入题。开始暂时避开正题，先谈一些对方感兴趣的事情，边谈边分析对方的反应和心理，适时巧妙地引出正题。战国时著名的“触龙说赵太后”的故事，可以说是迂回入题的一个范例。

2. 讲究方法，知人善谈

你喜欢这样的谈话吗？对方侃侃而谈，你却丝毫不感兴趣、昏昏欲睡。你一定会说："不喜欢！"所以你要记住：己所不欲，勿施于人。选择对方感兴趣的话题是永远正确的方法。同时，你要尽可能地了解和判断对方的职业、年龄、爱好等，因为不同的人会有不同的兴趣和爱好。交谈中，积极主动地谈论对方感兴趣的话题，既是对他人的关心和尊重，也常常会使对方感到遇到了知音，而对你产生良好的印象。再者，多听别人谈论他自己感兴趣的话题，有助于了解对方，为今后的交往打下良好的基础。

3. 多听少说，注意避讳

一个真正的谈话高手往往不是一个能说会道的人，而是一个善于倾听的人。"听七分，说三分。""善说使你获得听众，善听使你获得朋友。"

在社交场上，我们每个人都希望能得到别人的尊重，而耐心地倾听表现出你对对方的话题感兴趣，是对他人极大的尊重。在很多重要的场合，许多人为了引起别人的重视，往往急于表达自己的意见、阐明自己的观点，甚至常常打断对方的话题。但我们发现，引起人们注意的却是那些轻易不肯开口的人，一旦他们开口更会引起人们的注意。因为，人们往往认为他们的观点一定是经过了深思熟虑的，而不是信口开河的，事实也是如此。人们在认真听取别人的发言时，把大量的时间用来比较、斟酌他人的观点，留给自己充分的时间进行归纳、推理，一旦开口，往往显得条理分明、言简意赅。所以说，会说的人想着说，不会说的人抢着说。说话是一门艺术，倾听则是更高超的艺术。

示例：

杨澜面对易中天的谈话，一开场便与嘉宾迅速建立一种自然、轻松的谈话氛围，下面摘录一段《杨澜访谈录》采访易中天开场的一段访谈：

杨：不知道是应该称呼您易教授呢，还是……

易：我不太喜欢这种称呼。

杨：那叫什么呢？老易？（笑）老易也不太好呀。易老师吧？

易：易先生吧。

杨：好，那就易先生吧。

易：教授都是官场上他们那么叫。

杨：教授怎么是官场的呢，教授是学术的呀？

易：他们老把你这个头衔当成一个官衔来对待。

杨：平心而论我没有。

易：它本来应该是个学衔，后来又成为一种职称。

杨：那就叫先生吧，既是一种现代的称谓，还含有老师的意思。易先生您好，非常感谢您接受《杨澜访谈录》的采访。

杨澜，一个资深主持，以极具亲和力的主持风格备受大众的喜爱。杨澜的主持功底很深，所以显得非常自然，与嘉宾沟通亲切到位，语言风趣幽默，提问既有水平又有深度。易中天，现任厦门大学人文学院教授。他长期从事文学、美学、历史学等多学科和跨学科研究，央视《百家讲坛》“开坛论道”的学者，两人的交谈堪称是智者的谈话。

二、介绍

介绍是一种用途广泛、实用性强的口头表达方式。在广泛的社会交往能听到各种各样的介绍。例如，广播、电视中的广告是介绍，旅游时导游的解说是介绍，产品的使用说明也是介绍……从日常生活到文化科技领域，从自然界到人类社会，从过去到未来，从微观到宏观，可以说，每个人都离不开“介绍”

（一）人物介绍

恰当、准确地介绍有助于在人与人之间架起沟通的桥梁，使交往双方迅速了解彼此，为进一步交往打下良好的基础。

1. 社交场合中的自我介绍

鉴于需要进行自我介绍的时机多有不同，因而进行自我介绍时的表达方法便有所不同。自我介绍的内容，指的是自我介绍时所表述的主体部分，即在自我介绍时表述的具体形式。

依照自我介绍时表述的内容的不同，自我介绍可以分为下述五种形式：

应酬式。应酬式的自我介绍，适用于某些公共场合和一般性的社交场合，如旅行途中、宴会厅里、舞场之上、通电话时。它的对象，主要是进行一般接触的交往对象。对介绍者而言，对方属于泛泛之交，或者彼此早已熟悉，进行自我介绍只不过是为了确认身份而已，故此种自我介绍内容要少而精。应酬式的自我介绍内容最为简洁，往往只包括姓名一项即可。

工作式。工作式的自我介绍，主要适用于工作之中。它是以工作为自我介绍的中心，因工作而交际，因工作而交友。有时，它也叫公务式的自我介绍。工作式的自我介绍的内容，应当包括本人姓名、供职的单位及部门、担负的职务或从事的具体工作等三项。工作式自我介绍内容的三要素通常缺一不可：第一项，姓名，应当一口报出，不可有姓无名，或有名无姓。第二项，供职的单位及部门，有可能最好全部报出，具体工作部门有时也可以暂不报出。第三项，担负的职务或从事的具体工作，有职务最好报出职务，职务较低或者无职务，则可报出目前所从事的具体工作。

交流式。交流式的自我介绍，主要适用于社交活动中，它是一种刻意寻求与交往对象进一步交流与沟通，希望对方认识自己、了解自己、与自己建立联系的自我介绍。有时，它也叫社交式自我介绍或沟通式自我介绍。交流式自我介绍的内容，大体包括介绍者的姓名、工作、籍贯、学历、兴趣以及与交往对象的某些熟人的关系，等等。它们不一定非要面面俱到，而应依照具体情况而定。

礼仪式。礼仪式的自我介绍，适用于讲座、报告、演出、庆典、仪式等一些正规而隆重的场合。它是一种意在表示对交往对象友好、敬意的自我介绍。礼仪式的自我介绍的内容，亦包含姓名、单位、职务等项，但是还应多加入一些适宜的谦辞、敬语，以示自己礼待交往对象。

问答式。问答式的自我介绍，一般适用于应试、应聘和公务交往。在普通性交际应酬场合，它也时有所见。问答式的自我介绍的内容，讲究问什么答什么，有问必答。

自我介绍的基本要求是内容客观、真实、语言简洁、明白，态度落落大方。在求职面试或竞选活动等场合，对自我介绍的要求就更高了。在内容上，除了介绍一般情况外，还要涉及兴趣爱好、性格特点、专业特长等，力求介绍得全面、充分又突出重点、富有个性；在形式上，力求活泼、新颖、语言流畅、生动、还要风趣、诙谐，为自己塑造一个坦诚、自信、机敏、洒脱，受人欢迎的美好形象。

我姓朱，撇未朱，单名枫，枫树的枫。唐代诗人杜牧名句“停车坐爱枫林晚，霜叶红于二月花”，咏的就是我的名字。这名字似乎有些女性化，但我的性格绝对男性，只是多了一份温柔。我是×××学校的三年级学生，所学专业是宾馆管理。我的兴趣爱好比较广泛，音乐、戏曲、电影、小说、旅游、书法、足球、围棋都喜欢，但都不着迷，只是使我的精神得到调剂，业余生活不感枯燥而已。我爱交朋友，原则是坦诚相待，当然志趣相同更好。我的处世原则是“以不伤害他人为前提，求得尽可能的个人自由”。《红楼梦》里一位老先生说:“自在不成才，成才不自在。”我不信。这位老先生反对自在，但书中未见他成才。我在遵纪守法的前提下追求尽可能的自在，同时，我也相信我会成才。我乐意帮助弱者，看到别人有难处，不管是否认识，我都乐意伸出援助之手。这样做，我会感觉很好，是一份享受。我喜欢英语和电脑，常常去泡英语角，或者把自己关在机房里，以此为乐。目前不敢说精通英语，但将来一定会精通。谢谢。

这是某民间团体举办的礼仪先生（小姐）评选活动中，一位参赛者的自我介绍，他的介绍词与特定的语境（场合）十分吻合。既合常规又不落俗套，内容丰富又简洁明快，语言率直又不失幽默。除了介绍姓名、专业、兴趣爱好、特长外，重点介绍自己待人接物与处世的原则，塑造了一个富于个性的美好形象。

2. 介绍他人

介绍他人是社会生活中人与人交往的各种场合下，使人们互相认识的一种必要的口语交际形式，起着沟通人际关系、融洽会见气氛的重要作用。介绍他人有“居间介绍”和“代述介绍”两种基本形式。

(1)居间介绍。是指以第三者（居间人）的身份向被介绍的双方说明各自的基本情况及双方接触的目的，使双方互相认识和了解的一种口头交际方式。居间介绍多用于新老朋友聚会、接待来访者、会晤洽谈等一般社交与公务活动场合。居间介绍的基本要求是：

①顺序适宜。社交礼仪中介绍他人的顺序遵循“五先”的惯例：先把男子介绍给女子；先把职位低的人介绍给职位高的人；先把年轻人介绍给年长者；先把未婚女子介绍给已婚女子；先把宾客介绍给主人。如果有领导与贵宾被邀请参加重要会议，主持人应先介绍来宾，再按领导的职位高低依次介绍给与会者。如果在座谈会或正式宴会上，主持者可以按照座位顺序依次介绍。

②称谓恰当。准确恰当地称呼被介绍者，不仅有利于双方彼此了解，也会使人产生愉悦满足的心理感受。不同国家、地区、民族的人名组合，姓与名的排列顺序也不尽相同。一般来说，公务员、企业家重视职衔，学者、艺术家重视职称，老百姓重视辈分。

③语言谦恭。为表示对他人的尊敬和礼貌，介绍时通常用祈使句或者敬语，比如：“请允许我为您介绍……”“请允许我来介绍，这位是……”“很荣幸能介绍各位认识，这位是……这位是……”在有些场合介绍有名望、有成就或地位重要的人物时，还可恰当地运用赞美之词，如“这位就是大名鼎鼎的企业家×××总经理……”“这位是音乐泰斗×××先生”，“这位是全国重点职校校长，××省优秀教育工作者×××”。使介绍语具有浓郁的感情色彩，能产生积极的心理效应。

④态势得体。在进行“居间介绍”时的规范态势是：站于被介绍者的一

侧，先把身体上部略倾向被介绍者，伸出靠近被介绍者一侧的手臂，大臂与小臂呈弧形平举，手掌向上，拇指与四指分开，四指自然并拢，面部略带微笑，两眼平视被介绍者，然后将眼光转向另一方。

（2）代述介绍。指的是以叙述人的身份介绍他人的情况、事迹，使人们对被介绍者有较为具体和全面的了解。例如，学生会、团委干部候选人情况介绍，人民代表候选人的事迹介绍，先进、模范人物、革命英雄事迹展览会的解说词，都属于这种代述介绍。代述介绍与人物通讯和事迹报告不同。后者注重具体、生动、感人，而前者要求全面、概括、真实。在内容上一般包括被介绍者的性别、年龄、籍贯、学历、职业、职务等基本情况，着重介绍其主要经历、主要成绩（成就）及主要特点。一般用第三人称作介绍，在说明、叙述中可画龙点睛地给予评价。语言朴实，口齿清晰，音量适中，语调平缓。

丛飞，深圳市义工联艺术团团长，歌唱家郭颂关门弟子，36岁。

丛飞是个会唱歌的人。1997年，丛飞加入深圳义工联。一次义演改变了他的人生，从此他热心公益事业，为社会公益演出300多场，义工服务时间6000多小时，无私捐助失学儿童和残疾人达146人，认养孤儿32人，捐助金额超过300万元，被授予“中国百名优秀青年志愿者”。

2005年1月，丛飞抱病参加了为东南亚海啸灾区的6场赈灾义演。那时，丛飞已经患上了胃癌，连食物都已经难以下咽了。然而，他还是以顽强的毅力坚持演出，还将用于治病的1.5万元钱捐了出去。

丛飞的家俭朴得令人难以置信，经济状况时常捉襟见肘。2003年，为了在开学前筹齐助学款，他从亲朋好友处先后借了10万元。2004年7月，当丛飞如约来到贵州给孩子们送学费时,已经背上了17万元的债务。

2005年5月17日,丛飞的病情迅速加重,而他却把大家捐给他治病的钱留下3个疗程的化疗费用后,拿出2万元钱捐往贵州织金县贫困山区。他这样说:“如果命运再给我5年时间,我会兑现向孩子们许下的诺言,会用更多的爱回报社会。”

某大学邀请话剧《光绪政变记》中慈禧太后的扮演者郑毓芝同志作演讲,主持人是这样介绍的:

同学们,今天,我们好不容易把“老佛爷”慈禧太后请来了!(掌声、笑声、听众情绪顿时热烈起来)“老佛爷”郑毓芝同志在戏台上盛气凌人,皇帝、太监、大臣见了都诺诺连声、磕头下跪;在台下却和蔼可亲、热情诚恳,她刚才和我谈起,还曾扮演过《秦王李世民》中的贵妃娘娘,话剧《孙中山》中的宋庆龄。她是怎样把这些截然不同的人物演得栩栩如生的呢?下面就听她的演讲。(听众凝视主席台,热烈鼓掌)

这段介绍词的特点是短、精、趣。开头巧用借代手法,一句话便调动起听众的情绪,活跃了会场气氛。接着运用“台上”、“台下”的对比,介绍了郑毓芝同志的人品、艺品,给人留下深刻的印象。

(二)事物介绍

事物介绍包括产品或商品的介绍、自然环境或人文环境的介绍等。

1. 产品(商品)介绍

消费者在选购商品时,迫切需要营业员作详细介绍,当好导购。这种介绍,一般都是在买卖成交过程中以谈话的形式进行的。俗话说:好货还得凭吆喝,产品介绍水平的高低也决定了服务竞争的成败。这就要求营业员熟悉业务知识,学习语言表达,洞悉顾客心理,掌握介绍方法,使顾客满意而归。

产品(商品)介绍的基本要求是:

真　就是内容客观、科学、不摆噱头。商品的材料、加工、性能、质量、售后服务等状况,都要介绍得实在、真实,重要数据必须准确可靠,不含糊其辞。

活　就是抓住商品特征,选准介绍重点,了解顾客需求,掌握顾客心理,使介绍激起顾客浓厚的兴趣。

趣　出色的产品(商品)介绍词往往是真实性与艺术性兼长,知识性与趣味性交融。语言不仅要通俗、易懂,还要生动、幽默,富于表现力,充分发挥描述功能,产生微妙的“煽情作用”,使顾客愉快地接受产品。

一对夫妇想购买抽油烟机，售货员注意到女顾客对“老板”牌有了明显的兴趣，便抓住时机加以宣传：“现在的抽油烟机品牌多，你们看，这是老板牌，它外观时尚，采用国际流线型设计，吸排油力强。你们听（接上开关），开到了最大挡都没什么噪声，还不沾油。如果脏了，只需用抹布轻轻一擦拭就干净，质量也非常可靠。这个牌子今年非常畅销，有时还缺货，这批是昨天才运到，你们要是买一台安装在厨房，既美观又实用，多好啊！”这时夫妇坚定了购买的信念，但妻子却对价格表示了异议：“怎么价格比其他的贵了100多元。”“贵是贵了点，以质定价嘛！三个月内若出现质量问题包换，一年内保修，免费上门安装。你们看多花100元就买个优质、放心、方便的商品，何乐而不为呢？”

2. 环境介绍

这里所说的环境，主要是指具有空间实体特征的“自然环境”与“人文环境”，比如市政设施、文化设施、居住环境、购物环境、休闲娱乐环境，以及风景名胜、旅游景点等。

介绍环境的方法随着对象、需求及环境本身的特点而变化。或以空间为序作横向介绍；或移步换景、转变视觉介绍环境的特点；或以时间为序作纵向的介绍；或纵横结合，从各个角度对环境作全面地介绍。要抓住环境的特征，突出其主体，给人深刻的印象。介绍时，语言要清晰、通俗、生动。

旅游景点介绍不仅要抓住特征，绘声绘色，穷形尽相，更要突出它的文化价值和历史价值，注重鉴赏性和趣味性，饶有兴趣地讲解有关的人文掌故，不失时机地插入风趣的言辞，做到知、情、理、趣的统一。

从桂林到阳朔，有83公里的水程。这段漓江碧水青峰，田园似锦，江山如画，处处都在“几程漓江曲，万点桂山尖”的诗情画意之中。今天，我们可以一饱眼福，尽情欣赏了。

游览漓江，不同的天气有不同的特点：晴天，看青峰倒影；阴天，看漫山云雾；雨天，看漓江烟雨。所以，如果碰上阴雨天，那实在是您的运气。阴雨绵绵之时，但见江上烟波浩渺，群山若隐若现，絮状的浮云穿行在万点奇峰之间，轻纱般的雨雾笼罩着秀水青山。一幅幅烟雨漓江的泼墨山水，诗意浓极了。

在这83公里的旅程中，我们将要看到清澈萦回的流水，苍翠奇特的山峰，巨大雄伟的石壁，千姿百态的钟乳石，尤其是象山穿月、穿山塔影、冠岩幽静、秀山彩绘、桃园桂月、杨堤风光、浪石览胜、下龙山姿、画山观马、兴坪采风、碧莲叠翠等景致，更是蔚为大观。相信这一路风景，一定会使您游兴无限，流连忘返。

三、解说

（一）解说的作用

解说是一种使用广泛、实用性很强的口头表达方式。具体地说，就是用简单明了、通俗易懂、生动形象的语言说明事物、解释事物，使人们了解事物的形状、性质、特征、功能、使用等知识，并且懂得事物的结构原理、成因变化、发展规律，从而使人们不仅知其然，更知其所以然。

在现代社会中，解说越来越显示出它的社会功效。如传播知识、介绍产品、布置展览、报告情况、阐述计划……都要运用解说。人们的日常生活，如旅游购物、休闲娱乐、饮食看病，等等，也离不开解说。由此看来，解说是各行各业的工作者必须掌握的一种职业技能，尤其是从事第三产业的人员，更应该具有较强的口头解说能力。

解说作为一种说明的方式，常与介绍结合运用，但它与介绍又有区别。介绍的作用是让人了解或熟悉事物的特点，说明“这是什么”，而解说要比介绍深一步，重在说明事物的成因，解释事物的原理，回答为什么、怎么样的问题，使人们由表及里地认识事物的本质和规律。比较下面两则材料：

[示例1]“身体长又圆，体表滑又黏，生在潮湿处，时时在耕田。”你知道这个谜底是什么吗？它就是人们常见的动物——蚯蚓。蚯蚓属于环节动物门。它的身体由许多体节构成，能伸能缩，像条弹簧。蚯蚓生活在潮湿的地方，是杂食动物。它白天在土壤中穴居，以土壤中的有机物为食，夜间爬出地面，取落叶为食。

[示例2]蚯蚓为什么只能生活在潮湿的地方，并且只是夜间才能出来活动呢？原来，它没有专门的呼吸器官，它的呼吸通过体表来完成。它的身体外面有黏液，黏液有辅助呼吸的作用。如在较强的阳光照射下出来活动，那么身体就会变得干燥，气体交换发生障碍，它就会死亡。蚯蚓没有足，但它能行走，主要是靠它的环肌和纵肌的交替伸缩及刚毛的配合来进行的。

很显然，“示例1”介绍了蚯蚓的特点，属于介绍，“示例2”则主要解释了蚯蚓为什么只能生活在潮湿的地方，回答了“为什么”的问题，是解说。

（二）解说的不同形式及要求

根据不同的内容和需要，解说也有不同的形式：

1. 诠释性解说

主要用于解释名称、概念的含义，概括地说明事物的某些特点，常用下定义的方法与作判断的句式。

“唐三彩”始创于唐代，是一种施以多种彩釉的陶制制品，常以黄、褐、绿、蓝、黑、紫、白等色组合使用，而以黄、绿、白为主，故名“唐三彩”。

2. 阐明性解说

主要用于解说事物的起因、来历，对事物发生、发展的过程、原理作出具体的阐释、分析。常用举例子、列数字、作比较等方法。

“海宁观潮”是传统的旅游项目，每年农历八月十八日，海宁盐官镇的“观潮台”上，游客人山人海，等待着高潮席卷而来，旅行社的导游员正绘声绘色地向游客解说钱塘潮的成因：

著名的钱塘潮是中华一大景观，尤其是每年中秋节前后两三天，潮头汹涌澎湃，犹如千军万马奔腾而来。苏东坡有诗赞道“八月十八潮，壮观天下无。”

为什么钱塘潮会如此汹涌壮观呢？

钱塘江口外宽内窄，形似喇叭。在杭州湾口处宽达100公里左右，可是在海宁盐官镇附近的江面，大约只有3000米。当由外海来的大量潮水涌进狭窄的河道时，湾内水面就会因“受挤”而迅速升高，钱塘江流出的江水受到阻挡，反过来又促使水位提升。还有，当潮水进入钱塘江时，横亘在江口的一条沙坎使潮水前进的速度突然减慢，后面的潮水又迅速涌上来，后浪推前浪，潮头自然直立如墙，排山倒海般涌来。潮头最高时可达十多米，低的时候也有五六米。一排排巨浪挟裹着海啸般的声音，由远及近，翻卷而来，其势如雷霆万钧，惊心动魄。

那么，为什么农历八月十八日的钱塘潮比平时更为壮观呢？

众所周知，潮涨潮落是受月球、太阳的引力和地球自转的影响，当地球、太阳、月球正好在一条直线上时，太阳和月球的引力合在一起，引力特别大。农历八月十五后的两三天，它们的位置连起来恰恰接近直线。正是天时、地利、加人和的因素，才使钱塘潮成为中华一大景观。

这段解说词着重从钱塘江湾口、河道的特殊地形以及特定的天象条件等因素来阐释“钱塘潮”的成因，运用数据说明，增强了科学性与准确性。特别是“天时、地利、人和”的巧妙结语，将科学性与情感性融为一体，更迎合了游客的观赏心理。

（三）解说的语言技巧

解说的实用性主要体现在它的知识性、通俗性与生动性。只有让解说的内容容易被人们接受并且乐于接受，才能使它在日常生活与职业活动中

发挥积极的作用。解说时要做到:

1. 简明扼要

首先,要明确说明事物的中心与要点;其次,语言简洁,把道理说清楚就行,切忌枝枝蔓蔓,不得要领。

2. 抓住特征

所谓抓住事物的特征,就是抓住这一事物所独具的最本质、最主要的属性,也就是抓住它与其他相类似事物的主要区别点。抓住事物的特征进行解说,常用作比较的方法。

3. 有条有理

解说是否清楚,反映在内容安排的条理性、逻辑性上。解说时,要有条不紊、由浅入深,由已知推向未知,有助于听说者充分认识事物,明白事理。如果说话颠三倒四、杂乱无章,反而会使听者如坠云里雾中。

4. 通俗浅显

由于解说具有口头性、即时性的特点,它的信息传递必然受到时空的限制。再者,解说的对象一般是非专业人员,如果解说太专业化,效果就适得其反。为了使人一听就懂,解说的语言必须通俗、浅显,不可故作高深,咬文嚼字。要尽可能少使用专门术语,即使必须用,也应对术语作浅显的解释,尽量使语言大众化、口语化。

5. 生动形象

解说不仅要简明、通俗,而且要力求生动、形象,以激发听者的兴趣,求得他们的认同,这对从事销售、服务、导游之类工作的人尤为重要。由于解说者的学识、个性、修养的不同,解说的语言也会形成不同的风格,有的鲜明流畅,有的幽默诙谐,有的绘声绘色。听者在获得知识的同时,也得到了美的享受。

灯影峡(解说词)

过南津关西行约10公里,就到了灯影峡。灯影峡又名明月峡,峡虽不长,但景致不凡,可谓“无峰非峭壁,有水尽飞泉”。峡壁明净可人,纯无杂色,如天工细心打磨而出。当这明净的峡壁被明净的天空映衬着时,酷似一幅水墨国画,崖壁映入江水中,静影澄碧;江水瑟瑟,更添明丽之趣。若晚间过此,月悬西山,月光之下的山光水色形成的那种“净界”,难以言喻,所谓“明月峡”,由此得名。灯影峡得以以形取景,船左方(南岸)的马牙山上有四块奇石,酷似《西游记》唐僧师徒四人西天取经高兴归来的生动形象:手搭凉蓬、前行探路的孙悟空;捧着肚皮、一步三晃的猪八戒;肩落重担、紧步相随的沙和尚;安然坐骑,合掌缓行的唐僧。形象逼真、惟妙惟肖,栩栩如生,妙不可言。每当夕霞晚照,从峡中远望。极似皮影戏(当地人叫灯影戏),故名灯影峡。

灯影峡的解说采用描述性解说,通过摹状、拟声、绘色等手段,把陌生的事物与抽象的道理解说得具体、生动、真切、感人。在描述中,借助比喻、描摹、拟人、借代等修辞方法。

纪晓岚是清朝的大学士,有一次,他春节回家探亲,乡里有一家三兄弟请他写春联,他写了一副"惊天动地门户,数一数二人家",横批是"先斩后奏"的春联。这一来可不得了,有人以"犯上"之名,告了他个欺君之罪。乾隆皇帝得知,立召纪晓岚回京查问,纪晓岚回道:"春联是我写的没错!这家老大是卖炮仗的,不是'惊天动地门户'吗?老二是集市上管斗的,成天'一斗、二斗'地叫,不是数一数二人家吗?老三是卖烧鸡的,不是'先斩后奏'吗?"一番解说,乾隆不由得哈哈大笑起来。

纪晓岚用幽默诙谐的语言解说了三兄弟的职业特征,使人听后回味无穷,幽默诙谐中显露了过人的睿智与才学。

四、求职应聘

面试是人才录用考试的一种基本形式。招聘方通过与应聘者面对面的观察、交谈等沟通方式,来考察应聘者的仪表、气质、性格、谈吐、思想观念、能力水平等素质状况,从而决定录用与否。对于应聘者来说,这既是自我展示、自我推销的机会,也是加深对用人单位(岗位)的了解,以做出明智抉择的过程。

面试实际上是一种"口试",应聘者口头表达能力的好坏是决定求职成败的关键。在交谈中,语言表达清晰、准确、得体与否,直接影响着双方信息传递与沟通的效果。尤其是出于"客体"地位的应聘者,为了给招聘方留下美好的第一印象,特别要注意说话的态度、方式和技巧。

(一)应聘交谈的基本要求

1. 彬彬有礼的风度

说话彬彬有礼,与服饰得体、仪表优雅一样,是一个人内涵、修养的外在显现,也是具有良好的职业素质的重要特征。应聘面试,应聘者要主动、礼貌地与主试人员打招呼,恰当地使用称呼与敬语,始终面带微笑。用专注的神情倾听招聘人员的问话,用谦恭、委婉的语气回答提问或作自我介绍。

高雅的谈吐是优雅风度的重要特征。谈吐之美在于措辞恰当，不是咬文嚼字、卖弄华丽辞藻，也不可夹带不文明的口头语或社会习惯语。语调要平缓、流畅，不疾不徐。不要打断对方的说话，而急于自我表现，这容易给人留下缺乏礼貌与尊重的感觉。尚未听清楚对方问话的意图就慌不择词，容易答非所问或词不达意，还会给人留下浮躁、鲁莽的坏印象。

2. 热情、自信的态度

应聘者与招聘者初次面谈，容易紧张或忐忑不安，如果遇到矜持、严肃的招聘人员，往往会手足无措，说话语无伦次，无法达到最佳状态。因此，应聘者在接受面试前，首先要调整好精神状态，克服紧张、怯场的心理，树立勇气与信心。在面谈中，要保持饱满的精神状态与充分的自信，给人充满活力、富有生机的良好印象，使面谈气氛活跃而融洽。要不失时机地表达对所应聘岗位的热切向往，希望在该企业有所贡献、有所作为的意愿；在做自我介绍时，要正确把握“谦虚”的度，既不自吹自夸，也不妄自菲薄。应恰如其分地介绍自己的优点与专长，表露出能够胜任所聘岗位的自信。即使自身条件不足，也应该表现出在今后的工作中边学边干、虚心求教、不断进取、完善自我、做出成绩的意愿与信心，从而给招聘者以有朝气、有潜力、有进取心的良好印象。

3. 坦率、真实

通过交谈获得彼此的真实信息，是招聘方与应聘者共同的心理，应聘者的坦诚直言容易赢得用人单位的信任。首先，态度要诚。坦率地表明自己的求职动机，如对用人单位的社会声誉、工作环境乃至工资待遇的向往，希望在该企业找到用武之地，求得事业发展的想法等。也可以向招聘者婉转地提出自己关心的问题：如所应聘岗位的业务范围、见习期长短及福利待遇情况，对新员工的培养与使用，有没有学历深造与业务进修的机会等，以表现你的求职态度的诚恳与慎重。其次，介绍要实。根据招聘者的要求，实事求是地介绍自己的学历、经历、学习成绩、专业技能、兴趣特长以及家庭状况等，向用人单位展示一个真实的“我”。不编造自己的“辉煌”经历，如实介绍曾经得到过的荣誉，也不超乎实际地“许诺”将来会有惊人的成就。再次，表达要准。遣词用句要客观、实在，并留有余地，少用“可能”、“大概”、“一定”、“绝对”等模棱两可或斩钉截铁的词语，忌说“我绝对有把握”，“今后你们瞧我的”之类狂傲自负的话，否则就会失去表白的可信度，使结果适得其反。

（二）应聘时的语言禁忌

1. 话答得太简短

回答问题时闪烁其词，不正面回答，不敢直视主考官眼睛等，给人以缺乏自信心的表现。

2. 话问得太直

如“你们的待遇怎样”这样的问话很可能招致如下回答：“工作还没有干就先提条件了，何况我们还没说要不要你呢！”谈论报酬，无可厚非，只是要看时机，一般是双方已有初步意向时才委婉地提出。再如“你们要几个？”“你们要不要女性？”首先给自己打了“折扣”，面对已露怯意的女性，用人单位正好顺水推舟，予以回绝。

3. 话说得太多

对方的问题还没有问完就抢答，让人有不够稳重的印象。如报熟人、拉近乎的“套语”：“我认识你们单位×××”，“×××经理和我是同学，我们关系很不错”，等等。这种话主考官听了会反感，如果主考官与你所说的那个人关系不怎么好，甚至有矛盾，那么，这种套关系的话语引出的结果就会更糟。

4. 反问主考官不恰当

例如，主考官问：“关于薪金你的期望值是多少？”应聘者反问：“你们打算出多少？”这样反问有点像市场上的讨价还价，显得很不礼貌，容易引起主考官的不快。

5. 说本末倒置的话

面试快要结束时，主考官向求职者问道：“请问你有什么问题问我们吗？”一位求职者欠了欠身，开始了他的发问：“请问你们的投资规模有多大？中外方比例各是多少？”“请问你们董事会成员中外方各有几位？”“你们未来五年的发展规模如何？”“你们对住房的贷款政策如何？”参加求职面试，一定要把自己的位置摆正，像这位求职者，就是没有把自己的位置摆正，所问的一些问题已经超出了应当提问的范围，使主考官产生了反感。

（三）应聘中容易谈到的问题及对策

1. 请你介绍一下自己

回答提示：一般人回答这个问题过于平常，只说姓名、年龄、爱好、工作经验，这些在简历上都有。其实，企业最希望知道的是求职者能否胜任工作，包括：最强的技能、最深入研究的知识领域、个性中最积极的部分、做过的最成功的事，主要的成就等，这些可以和学习无关，也可以和学习有关，但要突出积极的个性和做事的能力，说得合情合理企业才会相信。企业很重视一个人的礼貌，求职者要尊重考官，在回答每个问题之后都说一句“谢谢”，企业喜欢有礼貌的求职者。

2. 你觉得你个性上最大的优点是什么

回答提示：沉着冷静、条理清楚、立场坚定、顽强向上、乐于助人和关心他人、适应能力和幽默感、乐观和友爱。如：“我在北大青鸟经过一到两年的培训及项目实战，加上实习工作，使我适合这份工作。”

3. 说说你最大的缺点

回答提示：这个问题企业问的概率很大，通常不希望听到直接回答的缺点是什么，如果求职者说自己小心眼、爱忌妒人、非常懒、脾气大、工作效率低，企业肯定不会录用你。绝对不要自作聪明地回答“我最大的缺点是过于追求完美”，有的人以为这样回答会显得自己比较出色，但事实上，你已经岌岌可危了。企业喜欢求职者从自己的优点说起，中间加一些小缺点，最后再把问题转回到优点上，突出优点的部分，企业喜欢聪明的求职者。

4. 你对加班的看法

回答提示：实际上好多公司问这个问题，并不证明一定要加班，只是想测试你是否愿意为公司奉献。

回答样本：如果是工作需要我会义不容辞加班，我现在单身，没有任何家庭负担，可以全身心地投入工作。但同时，我也会提高工作效率，减少不必要的加班。

5. 你对薪资的要求

回答提示：如果你对薪酬的要求太低，那显然贬低自己的能力；如果你对薪酬的要求太高，那又会显得你分量过重，公司受用不起。一些雇主通常都事先对求聘的职位定下开支预算，因而他们第一次提出的价钱往往是他们所能给予的最高价钱，他们问你只不过想证实一下这笔钱是否足以引起你对该工作的兴趣。

回答样本一：我对工资没有硬性要求，我相信贵公司在处理我的问题上会友善合理。我注重的是找对工作机会，所以只要条件公平，我不会计较太多。

回答样本二：我受过系统的软件编程的训练，不需要进行大量的培训，而且我本人也对编程特别感兴趣。因此，我希望公司能根据我的情况和市场标准的水平，给我合理的薪水。

回答样本三：如果你必须自己说出具体数目，请不要说一个宽泛的范围,那样你将只能得到最低限度的数字。最好给出一个具体的数字,这样表明你已经对当今的人才市场作了调查,知道像自己这样学历的雇员有什么样的价值。

6. 在五年的时间内,你的职业规划

回答提示:这是每一个应聘者都不希望被问到的问题,但是几乎每个人都会被问到,比较多的答案是“管理者”。但是近几年来,许多公司都已经建立了专门的技术途径。这些工作地位往往被称作“顾问”、“参议技师”或“高级软件工程师”等。当然,说出其他一些你感兴趣的职位也是可以的,比如产品销售部经理,生产部经理等一些与你的专业有相关背景的工作。要知道,考官总是喜欢有进取心的应聘者,此时如果说“不知道”,或许就会使你失去一个好机会。最普通的回答应该是“我准备在技术领域有所作为”或“我希望能按照公司的管理思路发展”。

7. 你朋友对你的评价

回答提示: 想从侧面了解一下你的性格及与人相处的问题。

回答样本一:我的朋友都说我是一个可以信赖的人。因为,我一旦答应别人事情,就一定会做到。如果我做不到,我就不会轻易许诺。

回答样本二:我觉得我是一个比较随和的人,与不同的人都可以友好相处。在我与人相处时,我总是能站在别人的角度考虑问题。

8. 你还有什么问题要问吗

回答提示:企业的这个问题看上去可有可无,其实很关键,企业不喜欢说“没问题”的人,因为其很注重员工的个性和创新能力。企业不喜欢求职者问个人福利之类的问题,如果有人这样问:贵公司对新入公司的员工有没有什么培训项目,我可以参加吗? 或者说贵公司的晋升机制是什么样的? 企业将很欢迎,因为体现出你对学习的热情和对公司的忠诚度以及你的上进心。

9. 其他问题

(1)如果通过这次面试我们单位录用了你,但工作一段时间却发现你根本不适合这个职位,你怎么办?

回答提示:一段时间发现工作不适合我,有两种情况:①如果你确实热爱这个职业,那你就要不断学习,虚心向领导和同事学习业务知识和处事经验,了解这个职业的精神内涵和职业要求,力争减少差距;②你觉得这个职业可有可无,那还是趁早换个职业,去发现适合你的,你热爱的职业,那样你的发展前途也会大点,对单位和个人都有好处。

（2）在完成某项工作时，你认为领导要求的方式不是最好的，自己还有更好的方法，你应该怎么做？

回答提示：①原则上我会尊重和服从领导的工作安排，同时私底下找机会以请教的口吻，婉转地表达自己的想法，看看领导是否能改变想法。②如果领导没有采纳我的建议，我也同样会按领导的要求认真地去完成这项工作。③还有一种情况，假如领导要求的方式违背原则，我会坚决提出反对意见，如领导仍固执己见，我会毫不犹豫地再向上级领导反映。

总之，求职应聘是一门特殊的交际学，是双方互相试探，且带有某种冒险性质的口语交际。它是以求职者良好的素质为底蕴，以正确的职业观念与科学的择业方法为指导，以较强的口头交际能力为工具的社会实践活动。学习、掌握好这门学问，将会使你在求职的道路上比别人顺利一些。

五、演讲

（一）演讲的特点和作用

演讲，又称演说，就是对公众的讲话。具体地讲，是指在特定的时空环境中以有声的语言和相应的体态语言为手段，向听众传递信息、表达见解、阐明事理、抒发感情，以期达到感召听众的目的的一种口头表达形式。它常用来进行宣传鼓动、表明态度与观点、竞选竞聘、阐述理论、评论时事，还用在种种礼仪场合。

演讲有四个基本特征：第一，以有声语言的演绎讲述为主，以形姿表情等体态语的表述为辅。第二，说理性、抒情性和鼓动性“三性合一”。第三，情景的真实性。演讲的环境是真实的，演讲者本人不同于舞台上的演员，不是角色的代言人，他讲的是自己真实的心声。第四，手段的综合性。演讲要综合运用播音、朗诵、相声、评书、讲故事、演小品、做主持等多种表达方法和技巧。

（二）演讲的类型

演讲有很多类型，可以从以下两方面进行分类：

1. 从内容上划分

政治演讲　是指为了一定的政治目的，处于某种政治动机，就某个政治问题以及与政治有关的问题而发表的演讲。它包括外交演讲、军事演讲、政府工作报告、政治宣传等。如丘吉尔的《第一次政治演说》。

生活演讲　是指演讲者就社会生活中存在的各种问题、风俗和现象而做的演讲。它表达了演讲者对这些问题的看法、简介和观点。这种演讲涵盖的内容更加广泛。如美国现代作家福克纳的《如果世界上真有天堂》。

学术演讲　是指演讲者就某些系统、专门的知识和学问而发表的演讲，一般指学校的专题讲座、学术报告、学术发言等。它必须具有内容的科学性、论证的严密性和语言的准确性三大要素。如法国著名物理学家皮埃尔·居里的《镭的发现和对镭的担忧》。

2. 从形式上划分

命题演讲　即由别人拟定题目或演讲范围，并经过准备后所做的演讲。它包含两种形式：全命题演讲和半命题演讲。命题演讲的特点是：主题鲜明、针对性强、内容稳定、结构完整。

即兴演讲　即演讲者在事先无准备的情况下就眼前场面、情景、事物、人物临时起兴发表的演讲，如婚礼祝词、欢迎致辞、丧事悼念、聚会演讲等。它的特点是：有感而发、时境感强、篇幅短小。它要求演讲者扣紧主题、抓住由头、迅速组合、言简意赅。

辩论演讲　是指对某一事物、某一问题持不同观点的双方所进行的阐述己方观点、驳斥对方观点的演讲。它的特点是：针锋相对，短兵相接。它要求演讲者必须具备高尚的品德、严密的逻辑性和较强的应变性。

（三）演讲稿的拟写

一次演讲的质量高低，与演讲者的选题、立意、选材、结构与语言表达有很大关系。演讲前，应该精心准备一份演讲稿。

1. 选题要恰当

选题，即选择演讲的主题、题材、话题，也就是将要演讲的问题。选题既要考虑演讲者自身的知识结构和实践感受，又要考虑听众的需求，还要考虑时间的长短。你要讲的应该是自己熟悉的、感兴趣的内容。你是这个方面的行家里手，或者有一定的研究，有比较深入的思考，在选定的话题上有不容置疑的话语权。选题时，要调查了解听众需要，要反复考问自己：我所讲的是不是听众最想听的？此外，选题的大小、阐释的深浅、引例的多少等都要考虑演讲的时间长度。

2. 材料要丰富

确定演讲主题后，就要开始广泛搜集资料了。搜集的资料越全越好。演讲所需的材料，一要靠平时积累，二要靠现时有针对性地搜集。材料掌握得越多，你说话就越有底气。有关演讲所涉及的各方面的材料搜集齐全后，再根据演讲的主题、目的、对象等，对材料进行筛选取舍，留下最能说明问题，最有说服力、感染力、启发性和趣味性的材料，组织成文。

1998年6月28日,克林顿在北京大学的演讲中,开头有这么一段话:

在北大百年校庆之际,我首先要向你们全体师生员工、管理人员祝贺。恭喜了,北大!(掌声)各位知道,这个校园曾经一度是由美国传教士建立的燕京大学。学校许多美丽的建筑物由美国建筑师设计,成千上万的美国学生和教授来到北大求学和教课。我们对你们有一种特殊的亲近感。我很庆幸,今天和79年前的一个重要的日子大不相同。1919年6月,就在这里,燕京大学首任校长司徒雷登准备发表第一个毕业典礼致辞。他准时出场,但学生一个未到,学生们为了振兴中国的政治文化,全部走上街头领导"五四"运动去了。我读到这个故事后,希望今天当我走进这个礼堂时,会有人坐在这里。非常感谢大家前来听我演讲。(掌声)

可以看出,为准备这次演讲,讲稿的写作者搜集了很多有关资料。演讲稿以这样一段话开头,立即拉近了美国和北大、克林顿和北大师生的距离,很容易引起听众的兴趣。

3. 内容要真、新、深

材料搜集齐全后,不可能把它们一股脑儿堆到演讲稿里去,需要对它们进行筛选,做出取舍。怎样取舍?标准是什么呢?首先,这些材料当然应该切合演讲的主题、演讲的目的、演讲的听众。其次,是看这些材料是否满足内容的要求。演讲的内容应该求真、求新、求深。真,是指有真诚的感情,真实的感受,真切的体会。演讲忌讳的是装腔作势、无病呻吟或生造激情。求新,是戒陈词滥调,不用老掉牙的材料。尽可能创造新立意,选取新角度,采用新方法,使用新材料,得出新结论。求深,是尽量让演讲内容有一定的思想深度,有一定的理论色彩,具体生动的材料与深邃独特的思想相得益彰。只有富有深度的演讲才能给听众以思想的启迪、人格的提升甚至灵魂的震撼。

4. 结构要巧妙

演讲稿不仅要有好的材料和主题,还应该有完整的结构。演讲稿一般由开头、主体、结尾三部分组成。

(1)开头要赢得听众的好感。演讲的开头是演讲者与听众最初的实质性接触,成功的演讲,开头往往几句话就扣人心弦,赢得听众的好感,下面介绍几种开场技巧:

幽默法　大学者胡适在一次演讲时这样开头:"我今天不是来向诸君作报告的,我是来'胡说'的,因为我姓胡。"话音刚落,听众大笑。先讲一则幽默或笑话,会给人愉快轻松地感觉。

故事法　张智、张国刚的演讲《魂系"长城"创业人》开场白:"在座的各位,请让我先讲一个故事。在古希腊神话中,有一位名叫皮格马利翁的雕刻大师,他在将一根象牙雕成美女的时候,对这件作品产生了感情。于是,他对象牙美女倾注了自己全部的心血和爱,每天深情地雕呀、雕呀……最后,感动了上帝,上帝让象牙美女有了血肉,有了生命,有了感情,有了智慧,并让她和皮格马利翁结成了终身伴侣!"这个演讲的主题所揭示的执著精神,正是要讲的人物身上具有的。以这个优美动人的故事开始,既具有强烈的感染力,又富有深刻的启示性。

开门见山法　一位教育局的干部,在对师大毕业生作题为《西部欢迎你》的演讲时,开场就说:"同学们,今天我是来向你们这些热血青年'煽风点火'的。我要煽起哪里需要就到哪里去的狂风;点燃起为振兴西部教育奉献青春的烈火。"这种开场白不拖泥带水,直奔主题,也可以给人以深刻的印象。

提问法　澳大利亚残疾青年约翰·库提斯,先后到过190多个国家发表演讲,激励他人。他的演讲常用提问开头:"你们都可以看到我的残疾,那么你的残疾是什么呢?……谁抱怨过自己头发的颜色、长短以及发质?"设问质疑,对比映衬,可立即调动思维,形成多边互动。

名言法　一位学生的演讲《生命之树常青》是这样开始的:"伟大的诗人歌德曾有这样一句著名的诗句:'生命之树常青'。是的,生命是阳光带来的,应该像阳光一样,不要浪费它,让它去照耀人间。"格言、警句、谚语和著名诗句等名言,一般都具有思想深邃和语言优美的特点,易于接受,所以用它来作开场白,往往会收到良好的效果。

悬念法　北大学生吴霖秾在题为《女孩,请掌好你心灵之舵》的演讲中这样开头:"几个月前,在西安某小区的一个房间内,出现了这样令人触目惊心的一幕:一个花季女孩躺在地上,眼角挂着泪珠,左手腕上鲜血汩汩流出,右手揣着一把带血的刀子,桌上放着一封遗书……"一连串的悬念,激发起听众强烈的关注心和探究欲。

(2)中间抓住听众的注意力。演讲稿的正文部分,是演讲稿的主体,占的比重最大,篇幅最长。演讲要想始终吸引听众的注意,正文就不能平铺直叙,一成不变,而应该以波澜起伏的节奏和情感曲线,使听者的心理有张有弛。可以在严肃的叙述后插入一个小幽默,在松散的讲述后来几句富有警策意义的诗文,可以在激情澎湃的演绎后,放慢节奏说个小轶事,做到张弛有度,这样就能使听众的注意力既保持高度集中,又不至于因为紧张过度而导致兴奋性抑制。

摆事实、讲道理是演讲的根本。李燕杰在《国家、民族与正气》中讲爱国之心时，一连讲了肖邦、贝多芬、屈原、文天祥和当代一位女华侨的爱国事迹，从而充分证明了爱国主义是人类的精神财富，精神健全、道德完善的人，才有一颗赤诚明亮的爱国之心。使人深思，使人感动。

演讲中要避免模棱两可、一般化的语言。听众想知道的是详细而精确的内容、无可辩驳的事实。因此，演讲的话语要有理有趣，要进行技术处理，使用好比喻、排比、对偶、反问、设问、叠问等句式。例如，闻一多的《最后一次演讲》："杀死了人，又不敢承认，还要污蔑人，说什么'桃色事件'，说什么共产党杀共产党，无耻啊！无耻！"就运用了反复句式表达出强烈的情感，引起了全场听众的心理共鸣。

美国著名黑人运动领袖马丁·路德金在《我有一个梦想》中说道："我梦想有一天，在佐治亚州的红色山冈上，昔日奴隶的儿子能够同昔日奴隶主的儿子同席而坐，亲如手足。我梦想有一天，甚至连密西西比州——一个非正义和压迫的热浪逼人的荒漠之州，也会改造成为自由和公正的青青绿洲。我梦想有一天，我的四个小女儿将生活在一个不是以皮肤的颜色，而是以品格的优劣作为评判标准的国家里。"连续使用"我梦想有一天"，形成排比句，既表达了黑人争取平等自由的愿望，又激励黑人们为自由的权利而斗争。

演讲过程中还要以令人信服的论证，造成不断的高潮。造高潮要闪烁着真理光芒的思想，说出自然信服的至理名言。电影《列宁在1918》中，列宁到工厂演讲，当讲到"共产党人藐视敌人，无所畏惧"，"工人阶级只有一条路，那就是胜利！"全场沸腾之声经久不息。高潮的话语技巧性较强，义深、言奇、语简。比如，阿拉法特在他多次的政治演讲中常常使用的格言是："巴勒斯坦就是我的妻子，我的家庭，我的生命。"

（3）结尾，意犹未尽。演讲的开头和结尾，都应力求出奇制胜。无疑，正确结束演讲的方法很多。世上没有一种适合于任何特殊情况的结束演讲的方法。每个演讲者都可以根据自己的特点和喜好，演讲的时间、地点、话题、听众等因素选择适合于"这次"演讲的结束方法。要注意的是，演讲的结尾，最忌讳的是松散拖沓、陈旧老套，诸如"我的水平有限，说了一大堆废话，可能没什么意思，耽误大家时间了，请原谅"之类。

结尾的原则是，既简洁有力，又余音绕梁，诱发听众思考和回味，给听众留下深刻的印象。美国作家约翰·沃尔夫说："演讲最好在听众兴趣到高潮时果断结束，听众意犹未尽时戛然而止。"在演讲处于高潮的时候，听众大脑皮层高度兴奋，注意力和情绪都达到最佳状态，此时突然结束演讲，保留在听众大脑中的最后印象就特别深刻。在这个总原则下，结尾可以不拘一格，可以是对全文的简明总结，可以是对主旨的提炼升华，可以用充满激情的号召性、鼓励性的话语结束，也可以用宁静优美的声音把听众引入遐想的空间。当然，也可以用诗歌，用名言警句，或者用引人发笑又发人深省的幽默语结束。

（四）演讲的语言技巧

演讲是以口语表达为主、态势语表达为辅的一门艺术，两种表达都很重要，缺一不可。演讲口语表达的总体原则是：语言要简洁准确，清楚明白，生动形象，通俗易懂。口语表达要把握以下技巧：

(1)多用简洁的短句。

(2)多用通俗易懂的词汇。

(3)多用流行的口头词语，不同时期的流行语，在演讲中恰当地选择使用，会使演讲更接近现代生活。

(4)多用表明个人倾向的词汇，如“因此，我认为”、“在我看来”、“显而易见”、“坦率地说”等，这样能给人以坦诚、果敢的印象。

(5)适当使用反复，能强化演讲的效果。演讲的观点，可在开场白提出，在演讲中用材料论证时可重复提及，在演讲结束时，再总结强调。

(6)适当使用简略语。如中央电视台简称为“央视”，质量检查报告可以简称为“质检报告”，计划生育委员会简称为“计生委”等，但要注意所用简略语必须是规范简称或约定俗成的词语，不能自造，否则人们听不懂。

(7)适当使用数字。数字是很好的论据，适当使用可增强演讲的说服力。使用数字时，可用约数，如999000万千元，可说成近百万。

(8)多用俗语。演讲中多使用常用成语、惯用语、谚语、歇后语、格言等，会使演讲通俗活泼。

(9)灵活使用多种修辞手法，可以使演讲更为生动感人。

(10)掌握适当的音量、语调、语速。演讲具有传声性，需要强调的读重音，表达愤怒、喜悦、快乐的情感内容时，语调要高一些，语速要快一些；相反，表达哀伤、沉重、胆怯的情感内容时，语调要低一些，语速要慢一些。

（五）演讲的态势语表达技巧

态势语，就是指面部表情、姿态、手势等所要表达的思想内容和感情。态势语的使用总原则是自然。态势语表达中要注意以下三个方面：

(1)头部。人的头部动作表达不少意思，比如点头表示赞同，摇头表示否定,昂首表示勇敢、高傲等。

(2)面部表情。“喜形于色”说的就是面部表情。演讲者可以根据演讲内容需要,设计一下自己面部情感的表达方式。

(3)手势。手势在演讲中运用非常普遍。

手指的运用　表示赞扬、胜利、蔑视、数目、警告、强调、提醒等常常运用手指。

手掌的运用　掌心向上,表示坦诚、谦恭,或表示请求、许诺,或表示欢迎;掌心向下,表示反对、否认,或表示批评、制止;双掌合十竖起,高举表示祈求;手掌抚摸胸口,表示亲切;手掌拍头,表示自责;手掌抱头表示痛苦等。

拳头的运用　演讲中,紧握拳头一般表示决心、信心、宣誓,或表示愤怒、示威等。

(六)即兴演讲的独特技巧

1. 迅速组织好演讲的提纲

即兴演讲是在知道演讲题目之后,几分钟,最多十几分钟后即将开始演讲。因而,它需要在极短的时间内调动起积极的思维,使所有的精力和心思都高度集中在演讲的题目或讲说的内容上,迅速组织好演讲的提纲。可见,这些内容是敏捷的才思和机智的应变能力的集中体现。

美国总统里根访问加拿大,在演讲时遇到一群反美示威的人。加拿大总理十分尴尬,而里根却笑着说:“这种情况,在美国是时常发生的,我想这些人一定是特意从美国来到贵国的,可能他们想使我有一种宾至如归的感觉。”里根这一番机智幽默的话,迅速化解了宾主的尴尬。

2. 演讲的内容既要简洁又要完整

即兴演讲因为准备的时间短,演讲的时间也相应短些。但是不能因为准备时间短、演讲的时间短,而使内容有头无尾。即兴演讲必须把话讲完整,把意思讲周全。

李雪健因主演电影《焦裕禄》的主角焦裕禄,同时获得“金鸡奖”和“百花奖”最佳男主角两项大奖。他上台领奖时,主持人问他有何感受,他真诚地说:“苦和累都让一个大好人——焦裕禄受了;名和利都让一个傻小子李雪健得了。”他的话刚停,全场掌声雷动。

亚洲小姐利智在参选的时候,主持人曾向她提出一个问题:“美多少年不变?短暂的美是不是美?”利智回答:“美是没有年限的,短暂的美也是美。中国古代有四大美人,她们的生命是短暂的,但她们的美名却流传百世。”

3. 灵活多变

即兴演讲的开始或当中、或结束时，演讲者还要观察现场的变化或者主持人的随时提问，灵活机动。只有做到这一点才是真正的“即兴”演讲。也只有那些真正的、知名的、确有实力的演讲者，才能在关键时刻显示出他真正的才华与机智。

有一年的五月下旬，中央电视台组织“心连心艺术团”赴革命老区江西遂川慰问演出，受到了老区人民的热烈欢迎，简易的露天演出台前人山人海，人们从四面八方赶来观看。当女中音歌唱家关牧村一曲《多情的土地》之后，阴沉的天空淅淅沥沥地下起了小雨，台下的人群躁动起来，此时，主持人赵忠祥稳步上台说：“刚才关牧村一曲《多情的土地》，她的眼睛湿润了，（稍稍抬高音调）老乡们的眼睛湿润了，（稍停，抬头看天）老天的眼睛也湿润了——下起了小雨。不过没有关系，只要你们不走，我们是不会走的，请大家注意维持好秩序，演出继续进行……（接着报节目）”

短短几句话，既给关牧村的深情演唱充分肯定和赞赏，又消除了观众们心中的疑虑（观众以为下雨了，演出要终止）。同时又提醒了观众注意台下秩序，还把演员们为老区人民演出不畏困难、情真意切的心意不知不觉地转达给了大家。

台下的躁动平静了，随之爆发出阵阵掌声。

六、辩论

俗话说：“一人之辩，重于九鼎之宝；三寸之舌，强于百万之师。”社会发展必兴辩论。

那么，辩论到底是什么呢？简单地说，辩，就是辩解、辩护、辩驳；论，就是论证、证明、论理。辩论就是参与对话的双方，站在相对的立场上，围绕同一个有争议的话题展开针锋相对的争辩，试图说服或驳倒对方的一种言语角逐活动。

（一）辩论的基本特征

（1）同一性。双方必须围绕同一命题，确定截然对立的两种观点，展开辩论。

（2）对立性。辩论的内容以双方思想见解的对立为基础，双方的论断具有不相容性，双方通过有理有据的辩论，目的就是为了说服或驳倒对方，以肯定自己的观点。

（3）对答性。辩论是口语中的对白体，双方交替问答，礼尚往来。

(4)应变性。辩论是一个动态的演讲过程,有很强的随意性和不可预测性,因此双方需要具备敏捷的反向思维和临场应变能力,处变不惊。

(二)辩论的基本要求

(1)观点鲜明。双方都必须鲜明地表明自己的观点,切忌模棱两可,观点不交锋。只有两个截然对立的观点才能交锋,才能展开唇枪舌剑进行精彩的辩论。

(2)抓住辩题的分歧点。辩论中求异存同,要集中精力,及时准确地抓住双方观点的分歧所在,运用理论或驳论的方式方法展开辩论。

(3)以理服人。辩论是一种思想上的交锋,应讲究道德风范和文明礼貌,做到以理服人,风度优雅。

(4)遵守辩论的规则。参加辩论赛,应按程序和规则轮流发言,不应在对方申述观点和理由时打断其发言。整个过程应遵守比赛的规则。

周恩来总理在出席一次记者招待会时,一个美国记者提出了这样一个论点:一个国家向外扩张,是由于该国的人口过多。美国记者的论断显然是对中国的攻击。周总理当即反驳:我不同意你这种看法。第一次世界大战前,英国人口只有4500万,不算太多,但是,英国在一个很长的时期内曾经是"日不落"的殖民帝国。美国的面积略小于中国,而美国人口不及中国的五分之一,但美国的军事基地遍布全球,海外驻军达150万。中国人口虽多,却没有一兵一卒驻在外国领土上,更没有在外国建立军事基地。可见,一个国家是否向外扩张,并不决定于它的人口多少,而是决定于它的社会制度。

周恩来总理是大家敬仰的外交家,他敏捷的思辨、智慧的谈吐、学者的风度,给各国领导人留下了难以磨灭的印象,也让世界清醒地认识到中国人的儒雅。美国记者为掩盖其霸权主义和军国主义侵略行径,无耻地提出"一个国家向外扩张,是由于该国的人口过多"的谬论。对此,周总理毫不留情地通过英国和美国这两个例子来予以反驳。最后,总理一针见血地指出:"一个国家是否向外扩张,并不决定于它的人口多少,而是决定于它的社会制度。"在事实面前,美国记者被驳得哑口无言,只有讪讪地悄然退下。

(三)辩论的方法和战术

辩论时不仅需要制定周密的战略战术,同时需要审时度势,随机应变,运用各种口语技巧。

1. 选准要害,先发制人

进攻,是指辩论的某一方对另一方的论点、论据和论证进行揭露、反驳,或提出诘难和要求回答的问题,其目的在于证明对方论证中的虚假、矛盾和谬误，置对方于被动挨打的境地。

(1)主动发问。进攻的最好技巧就是主动发问。赛场辩论是有时间限制的。所以赛前辩手都要认真分析辩题，广泛收集信息，尽可能多占有相关资料。

设计发问　辩手在赛前设计几个责难问题主动发问。比如，在“治愚比治贫更重要”的辩论里：

正方：请反方回答，贫穷的根源到底是什么？治贫的方法是什么？请正面回答。

这是以发问进攻反方，引导辩论向纵深发展。在设计发问时，尽量把问题提得难度大一些，刁钻一些，以此把对方推到被动的局面中。

连续发问　连续发问是辩论中的一种重要技巧，也叫连环追问。在团体辩论中，连续发问是自由辩论时的集体作战，特别是在对方回避问题时，在对方无以应对时，都可以连续发问。连续发问可以造成大江东去、风卷残云的气势，能更好地控制局面。例如：

在1998年蓝带杯全国大专辩论赛半决赛中，正方中国青年政治学院对反方西安交大，辩题是“不以成败论英雄/英雄自以成败论”。当正方举出史可法的例子，试图证明英雄也会失败时，反方提问：“史可法去扬州的目的是什么?”反方的三位辩友密切配合，连珠发问。正方不得不回答：“史可法是要去守扬州城，可扬州城守住了吗?”反方：“错了，史可法明明知道扬州城是守不住的，他去扬州城的目的是捐躯报国。”

通过集体的配合和几个回合的拉锯战，终于通过连续发问颠覆了对方的论据，直击对方逻辑的要害，从而在这一点上树起己方观点的大旗。

(2)选准突破口。突破口要选在要害之处，所谓要害就是双方争论的要点。一旦抓住要害实施有力的打击，就会动摇对方的立论基础，收到事半功倍的效果。但是在辩论中，常常会出现这样的情况：双方纠缠在一些细枝末节的问题、例子或表达上，看上去辩得很热闹，实际上无足轻重。这是辩论的大忌。辩论的关键是要在对方陈词后，迅速判明对方理论中的要害问题，从而抓住这一问题，一攻到底，以便彻底击败对方。如：

“温饱是谈道德的必要条件”这一辩题的要害是：在不温饱的状态下，是否能谈道德？在辩论中始终抓住这个要害问题，才能给对方以致命的打击。

在辩论中，人们常常有“避实就虚”的说法，但在更多的情况下，需要的是“避虚就实”、“避轻就重”，即善于在最基本的、关键的问题上打硬仗。善于敏锐地抓住对方的要害，猛攻下去，务求必胜，这是辩论的重要技巧。

(3)选好进攻方法。

归谬法 归谬法是假定某一观点是正确的,然后沿着对方的逻辑把其观点推向极端,引出荒谬的结论。

有个佛教徒宣传"轮回报应"说。他说:"人不能杀生,今世杀了什么,来世就变什么。杀猪的人来世变猪,杀狗的人来世变狗……"旁边的人插话说:"照你这么说,大家都去杀人好了。"众人大笑。

双刀法 双刀法是提出与论点相关的两种可能性判断,迫使对方在两种可能中选择,但不论先选择哪一种,都于对方不利。

1946年5月,远东国际军事法庭审判日本战犯,曾因排定法庭座次,10个参与国的法官们展开了一场激烈的争论。中国法官应排在庭长左边第二把交椅,可是,由于国家力量不强,而被强权国所否定。

在这种情况下,中国唯一出席远东国际军事法庭的法官梅汝璈,面对列强展开了一场机智的舌战。他首先从正面阐明,排座次应按日本投降时各受降国的签字顺序排列,这是唯一正确的原则立场。接着他微微一笑说:"当然,如果各位同仁不赞成这一办法,我们不妨找个体重测量器来,然后以体重的大小排座,体重者居中,体轻者居旁。"

各国法官听后忍俊不禁。庭长笑着说:"您的建议很好,但他只适用于拳击比赛。"

梅法官接着回答说:"若不以受降国签名顺序排座,那还是按体重排好。这样纵使我被置于末座亦心安理得,并且可以此对我的国家有所交代,一旦他们认为我坐在边上不合适,可以派另一名比我肥胖的来换我呀。"

在这里,不按受降国签字顺序签字是不对的,按体重多少来排座次显然是荒谬的。这两种方法取哪种都不对,那就只能采取唯一正确的做法,就是按受降顺序排座次。在这样严肃的场合采取双刀法,并运用些许幽默,便有力驳斥了强权国荒谬的做法。

步步紧逼法 辩论的一方抓住对方的某一问题,步步紧逼,穷追不舍,直至把对方逼入死胡同。

2003年国际(华语)大专辩论会的其中一场辩题是家庭和事业哪个更重要。进入盘问阶段,反方盘问正方。

反方:今天我们两方,都从个人和社会来谈,可是我方明确提出了一个标准,请问对方你们的标准是什么呢?

正方:我想刚才我方对标准已经说得很清楚了,就是既看个人又看社会,对个人更有价值,对社会更重要,这就是我们认为家庭比事业更重要的标准。

反方：那么请问对方辩友何谓价值评价。

正方：价值评价，我想对这个问题，对方辩友真要去研究字典上的定义吗，难道这么生活化的问题，我们不能去从身边的小事做起，从身边的人谈起，价值评价不就是谁更重要吗？

反方：今天我们是一个比较性的辩题，那么就一定需要标准，那什么又叫价值标准呢？

正方：我不大明白对方辩友，为什么要抓住这个价值标准不放，我想事业可以实现人的人生价值，可是家庭同样是实现人生价值的途径之一，我们说有很多家庭主妇，她完全没有事业，可是她同样受人尊敬，因为她把她的爱，把她的全身精力都奉献给了家庭。

反方：对方辩友还是没有正面回答我们，何为价值评价、何谓标准？其实很简单，一个是主观的，一个是客观的。那么请问对方，你们的标准是依据价值评价来制定，还是依据价值标准来制定的呢？

正方：无论是依据价值评价，还是价值标准，都可以论证出家庭比事业更重要，因为我们看到，比起事业，家庭对于个人、对于社会来说都是更有价值、更有意义的呀。

反方：那么请问对方辩友，当事业和家庭发生矛盾或冲突的时候，我们应该如何选择？

正方：两个字：家庭。为什么呢？因为家庭它不可以重来，子欲养而亲不在的时候，您还会觉得那个事业，那个可以从头再来、可以东山再起的事业，就那么重要吗？

反方：那么请问对方辩友，用您方的标准来给我们解释一下，为何大禹治水九年在外，却三过家门而不入？

在这场辩论中，正方拿不出一个价值标准来，企图以价值评价代替价值标准，混淆视听，蒙混过关，但没能逃过反方的眼睛。反方穷追不舍，终于把对方逼入了死胡同。

2. 严密防守，固若金汤

防守，是指辩论的任何一方积极地、严密地阐述本方的论题或者对对方的驳难进行辩护和解答。其目的在于强化阵势，巩固防线，并创造反攻的条件。

辩护就是防守。从立论之初就应为自己辩护做好准备。当对方对自己的观点或者证据提出一些枝节性质疑的时候，可以不予回答，但当对方对自己的基本观点提出质疑时，则必须简明扼要地回复，并进行辩护。只有澄清自己的观点，才能够有充分的空间和时间攻击对方，如果不进行必要的辩护，进攻就会显得强词夺理、理屈词穷。

(1)先答后问。先答后问是最重要的防守技巧。答是为了守，问是为了反攻。能否有效地守住阵地，很大程度上取决于辩手怎样回答对方提出的问题。对对方提出的问题要坚持有问必答的原则，但在回答中也要把握时机进行反攻，顺势提出问题向对方反击。回答对方问题并反问有以下技巧：

引申转化　即不引用新材料，借用对方提出的材料与问题，转化成与其基本观点相反的结论，用以反攻对方。

正方：我倒要请教对方同学，30年前我们看到索马里儿童挨饿，为什么在30年后的今天，更多的索马里儿童还在挨饿？请正面回答。

反方：索马里的治贫效果确实不理想，但是治愚的效果很不错，索马里的识字率由70年代的5%，上升到80年代的60%，可是它还是那么穷。

正方本想证明索马里没解决儿童挨饿问题，是因为它没有治愚，殊不知反方比他更熟悉索马里。反方敏捷地引申出具体事实，说明其对治愚有一定成效。但这并没改变索马里恶劣的现实，逼得对方只能另起炉灶，才能提出新的问题。

巧妙回答　有时候对方问题提得确实很尖锐，不好作正面回答，我方可有意识地躲闪其问题的实质，或对其轻描淡写，尽快转移到其他问题上。

反方：原来对方同学今天告诉我们，发达国家有了信息高速公路，就会白送给发展中国家，这个立论成立吗？请问对方同学。

正方：我要提醒对方，这么多发展中国家，没有信息科技就没有这次辩论会的成功。对方怎么能"端起碗来吃肉，放下筷子骂娘"。

反方本意在问"发达国家会白送信息高速公路给发展中国家吗?"，而正方则没有直接应答这个问题，而是说发展中国家有信息科技，能有助辩论会的成功，可他并没有说发展中国家的信息科技是怎么取得的。问题回避得很巧妙，后面的反问更是将回避掩饰得毫无痕迹。

反攻为守　辩论中要抓住机会向对方发难，使辩论的剑锋转向对方，这是一种摆脱对方发问的防守技巧。

正方：贫，就是指生活资源的缺乏吗？一个国家缺乏生产资源就是一个穷国吗？

反方：我们的"贫"，是根据联合国的定义，不知您的定义从哪里来的？

正方本在挑剔反方对"贫"的定义上，反方的回答没有停留在问题的浅层回答上，而是借此机会反问对方定义有何根据。短短的一句话里蕴涵着攻与守的快速转换。其实联合国的定义并非每个都圆满得无以推敲，只是在辩论时对方在短时间里无法做全面反对，利用外界情势妙答，防守策略经济。

辩论里没有单纯的进攻，更没有单纯的防守，辩论的进程是攻与守的不断演化。辩论双方都有进攻的权利，不可能哪方始终在进攻，双方旗鼓相当的辩论总是能攻善守，能根据不同情况选择攻与守。

(2)其他辩护法。辩护有直接辩护跟间接辩护之分。

直接辩护是正面证明自己的论点、论据、论证的正确性。

间接辩护则不急于证明自己观点的正确，而是通过迂回的途径，最后达到维护自己观点的目的。

辩护的技巧很多，如例证法、归纳法、类比法、以牙还牙法、反证法、淘汰法等。

(四)辩论的语言技巧

辩论的艺术，毫不夸张地说，必须是语言的艺术。过分的语言雕琢会失之于浮奢，如同外表华丽但内在空泛一样徒有其表。但不讲究辩论语言，又会平淡无奇。那么究竟什么是辩论的语言呢?

首先，从语言形式上讲，辩论语言要求简明扼要、短促明快，能一句话说完的，绝不用两句话说。此外，在咬字发音上，力求“声正腔圆”，吐字清晰；在语音语调上，讲究音色优美，音质醇厚，语速要错落有致，语调要抑扬顿挫。

其次，在语言结构上，强调要言之有序、言之有物。无论是排比、比喻，还是反问、陈述，都要求做到使讲话有明显的层次，词能达意，紧扣辩题和主要谈论的问题，而且条理分明。在这样的基础上，语言结构力求灵活多变、富有气势。

最后，在语言效果方面，第一要素以达意为上。由于辩论时思想跳动幅度大，时间节奏快，加上辩题涉及面广，所引用的资料概念多，因此语言的容量特别大，往往观众、评委都不可能细想，所以，辩论的语言效果必须准确、达意，让人理解。第二要素是力求生动、形象。辩论场上没有那么多时间让人娓娓道来，采用平时说理式的层层展开型的陈述语句，不能达到简明有力的语言要求。这就要求辩论对话要尽量使用事理、比喻，力求生动、形象，迅速给听众和评委们创造一个他们的思维能马上进入的语言所构筑出的情景中去，直观把握己方的思路和观点。这样，才能缩短自己和评委和听众的距离。一场高水平的辩论赛，离开了语言效果上的生动、形象，几乎是不可能实现的。

第七章 口语交际前的准备

第一节 口语交际的要求

口语交际从每个人咿呀学语起就已经开始。人们通过语言可以相互了解,交流思想感情,沟通文化信息,促进社会的发展。“良言一句三冬暖,恶语伤人六月寒”,良好口语的运用可以增进人际关系,促进友谊,增进竞争力,它不仅是一种能力,而且也是社会进步的要求。

那么,良好的口语交际应包括哪些方面的内容,它的目标要求是什么呢?

1. 语言规范

口语是交际的工具,具有较强的生活气息,从它的实用性和普遍性讲,只用方言交流已远不能适应生活、工作、交际沟通的需要。口语交际首要的目标是语言规范,使用普通话。

2. 吐字清晰

口语交际要求字正腔圆,有板有眼,流畅明晰。否则,呜呜啦啦,不知所云;断断续续,令人生烦。只有字正方能达意、腔圆方能表情。这就要求发声时气息通畅,吐字归音准确,表述内容句式完整,不断断续续,含含糊糊,不合乎逻辑,造成病句以及歧义理解。

3. 语速适当

每个人的思维速度、反应速度不一样,接受信息的能力也不一样。因此,讲话的语速一定要适当,一般情况以中速为基准,不疾不徐。这样的语速可以令说话者思维轻松、思路清晰,听者能准确又明了地理解信息。讲者因语速与思维协调,能更好地运用情感表情达意。

4. 语调适中

语调是情感的最好表达方式。生活中不同的环境,有不同的讲话氛围;不同的人又有各自的嗓音条件。所以一定要根据主客两方面的情况,选定自己在讲话中的最佳语调。“强扭硬憋”、“模仿他人”都可能对讲话有负面影响。

5. 节奏合理

节奏是否合理成为口语交际能否成功的必要保证。节奏包括正确的停顿,恰到好处的快慢缓急,优美的抑扬顿挫。讲话的节奏取决于两点:一是口语技能的具体形式对节奏的独特要求,二是语言对象的接受理解能力对节奏的具体要求,只有将这两方面有机结合起来,才可能构成节奏合理的具体形式。掌握合情、合理的良好节奏,有利于听者轻松,听者乐于接受。

6. 表意准确

表意准确,是对讲话者遣词选句的能力、语法修辞的运用的基本要求。口语与书面语文表述并没有本质区别,它同样也有议论、叙事、抒情、说明等形式,也同样要求论证周密、叙事生动、抒情贴切、说明清晰。准确的表达给人明了清楚和美的享受,切不可词不达意,言不从心,含混不清,病句重重。

7. 详略得当

在口语表述中,人们常误认为,能说会道的人一定很有口才。其实,没完没了是口语的大忌。口语和书面语一样,必须精练,重点突出,详略得当,主次分明,这样才能使口语交际言简意赅,收到满意的效果。要做到这一点,必须侧重于口语表述中的逻辑建构能力的训练。

8. 反应灵敏

口语交际讲究思维反应敏捷,即单向表述中对话题完成思考和建构迅速,以及向发音器官传导信息快捷,思考与表述“同步”。在双方交流过程中,对对方表述内容反应敏捷,快速明确对方讲话主旨,并能迅速做出赞同、反对或沉默含蓄等快捷的反应,更有利于有效说话、有效交际。

9. 表情自然

口语交际实际上是心与心的沟通、情感与情感的交流。它借助于有形的无声语言立体展现有声语言的内涵。这种有形的无声语言分为表情语言和势态语言。表情语言侧重于面部表情和眼神的运用。眼睛是心灵的客户,又叫传情语言,表情是一个人喜、怒、哀、乐的外在表露,又叫可视感情。表述者对表情的运用,一定要合情合理,自然大方,不可呆板造作。

10. 姿态得体

姿态与我们的面部表情、眼神一样,在口语交际中,是强化语言表述效果的非语言因素。讲述者的姿态也是其内在情感的外部表现,姿态的运用一定要符合表述者内在的情感,不可任意夸张,也不可造作。

从本质上说，口语交际就是为了追求以上十项目标要求的实现。成功的口语训练，不仅是指导受训者如何把话说得流利规范、深刻精彩，而且是为了培养交际意识，提高交际的应用水平，使我们的口语更具有生活性、针对性、适用性、有效性。大家都知道口语交际具有相当强的实践性，所以口语交际必须明确交际对象、把握交际话题、分辩交际语境和交际场合，这三者协调一致，才能达到有效交际的目的。

名人是怎样练口才的

古希腊著名演说家德莫斯梯尼从小口吃，但他立志做个演说家。为矫正口吃，使口齿清晰，他将小石子含在嘴里不断地练说。据说，他曾把自己关在屋里练习，为锻炼脸皮竟将头发剃去一半，成了“阴阳头”，“逼”自己专心致志地练口才。经过12年刻苦磨炼，他终于走上了成功之路。

美国总统林肯出身于农民家庭，当过雇工、石匠、店员、舵手、伐木者等，社会地位卑微，但从不放松口才训练。17岁时他常徒步30多英里到镇上，听法院里的律师慷慨陈词的辩护，听传教士高亢悠扬的布道，听政界人士振振有词的演说，回来后就寻一无人处精心模仿演练，口才日日进步。1930年夏，他为准备在伊利诺斯一次集合上的演讲，面对光秃秃的树桩和成片的玉米，一遍又一遍地试讲。后来他连任两届总统，也成了著名的演说家。

英国戏剧大师、批评家和社会活动家萧伯纳的口才是有口皆碑的。但是，他年轻时却胆小而木讷，拜访朋友都不敢敲门，常常“在门口徘徊20分钟”。后来他鼓起勇气参加了一个“辩论学会”，不放过一切机会同对手争辩。练胆量，练机智，练语言，千锤百炼终成辩论家。他的演说，他的妙对，传诵至今仍脍炙人口。有人问他是怎么练口才的，他说：“我是以自己学溜冰的办法来做的……我固执地、一味地让自己出丑，到我习以为常。”

我国著名演说家曲啸在20世纪80年代初的几场演讲，真是一鸣惊人。当有人评说他是“天生的好口才”时，他笑着说：“哪来的天才呀？不敢当。我小时性格内向，说话还口吃，越急越结巴，有时涨得脸通红也说不出话来……”曲啸练口才也吃了不少苦。比如为开阔心胸，训练心理素质，他常常早晨迎着寒风跑到沙滩高声背诵高尔基的散文诗《海燕》。他不放过一切“说”的机会，积极参加辩论会、演讲比赛、朗诵会、话剧演出，终于在高中阶段崭露头角。一次在“奥斯特洛夫斯基诞辰纪念会”上，他拿着一份简单的提纲，一口气竟作了两个小时的精彩演讲。经历了20多年的人生磨难，生活的锤炼使他的口才达到了炉火纯青的地步。

第二节 角色关系

本节我们讨论口语交际中的角色关系，是想从一个方面表明，角色关系的把握、角色意识的明确，是交际活动取得成功的前提。

一、交际主体与角色关系

（一）交际主体与角色

交际活动总是在特定的场合下并在特定的对象中进行的。参与交际活动的双方都是交际主体。作为交际主体，都有自己的个性特征，如身份地位、职业心理、思想观念、性情品格、文化修养、个人爱好等。人们如果是在日常生活中，而不是在交际场合，那么可以充分地表现“自我”，爱我所爱，恨我所恨，言我所言，行我所行。但是在交际场合，人们就不一定能够充分地表现“自我”，而得有所约束、有所顾忌。一方面，具有个性特征的“自我”会在交际活动中影响自己的言行，换句话说，自己的言行会在一定程度上有意无意地反映出“自我”；另一方面，“自我”又会受到交际场合的约束，人们有时不得不管制“自我”，甚至改变“自我”，以适应交际场合。也就是说，人们一旦介入交际活动，就会扮演一定的角色，而角色有时是不能够完全按照自己的意愿行事的。

“角色”本是一个戏剧术语，指演员扮演的剧中人物，现被借作社会学术语，用来指某种类型的人物，即具有某种身份或地位的人。每个人都生活在一定的社会实体、处于一定的社会关系之中，都具有一定的身份和社会地位。如有的是领导，有的是群众，有的是工人，有的是农民，有的是教师，有的是学生，有的是长辈，有的是晚辈……可以说，处在一定社会中的人都扮演着一定角色。在交际活动中，角色是可以变换的。即交际主体在不同场合可以充当不同的角色。这种角色的变换，有时是身份的改变，有时则是地位的改变。如一位教师在儿子就读的学校任教，在学校他作为教师，对儿子就应表现出教师的威严，而不能任其为所欲为；在家里他是家长，对儿子则要表现出家长的慈爱，而不能信奉师道尊严，成天板着一副面孔，这是因身份的改变而引起的角色变换。又如，一位总裁上午到下属公司听取汇报，这时他是领导，是上司；下午，他接着又去政府管理部门寻求支持，这时他又成了下属，而不再是领导。这是因地位的改变而引起的角色变换。

（二）角色关系

1. 角色关系的类型

参与交际活动的主体都扮演着一定的角色。角色之间都具有一定的关系，这种关系在社会学上被称为角色关系。角色关系可以从不同的角度或依据不同性质的社会联系加以分类。如从工作/职业的角度看，有上下级关系、干群关系、同事关系、同行关系、主雇关系、师生关系、师徒关系等；从友情/亲缘的角度看，有同乡关系、同学关系、朋友关系、恋人关系、父子夫妻等亲属关系、姨表姑表等亲戚关系等；从日常生活的角度看，有宾主（客人—主人）关系、主顾（如售货员—顾客、乘务员—旅客、医生—病人）关系等。这些复杂的角色关系可以概括为两种最基本的关系，即权势关系和平等关系。权势关系的双方具有支配和被支配的关系，如上下级关系、主雇关系、父子关系等；平等关系的双方在地位上是平等的，不存在支配和被支配的关系，如同学关系、朋友关系、同事关系等。

2. 角色关系的多重性与角色关系的选择

角色关系实际上是社会关系的一种反映，换句话说，角色关系是社会关系赋予的。社会关系是复杂的，人们生活在社会中，处于不同的阶层，从事不同的职业，有着不同的联系，因此相互之间必然具有各种不同的社会关系，如工作关系、同学关系、亲缘关系等。社会关系的复杂性也就形成了角色关系的复杂性。事实上，作为交际主体的双方，其角色关系往往不是单一的，而常常呈现出多重性，即交际双方之间可能具有多种角色关系。比如，父子在同一所学校工作，父亲是一校之长，儿子是一名普通教师，他们父子之间既有亲属/上下辈关系，也有干群/上下级关系，这就形成了双重角色关系。又如，一位学生家长为了孩子去找校长，这位校长是这位家长的大学同窗，而且还是老乡，他们之间既有“校长—家长”这种“主客/上下级”关系，也有同学关系，还有同乡关系，形成了三重角色关系。

由于交际主体之间有时存在着多重角色关系，因此，人们在特定的交际场合中，需要选择恰当的角色关系来展开交际活动。这种角色关系的选择既受交际目的（交际任务）的制约，也受交际场合的影响，还受交际对象（主体）的支配。

首先，交际的目的不同，所需的角色关系也应有所不同，作为交际主体的双方都应该选择最利于实现交际目的的角色关系来完成交际活动，下面举例说明。有一位叫约翰的美国人去印度新德里推销新式的导航仪，他首先电话约见空军司令拉尔将军，将军表现冷淡，但出于礼貌，还是勉强答应给他10分钟的见面时间。从将军的态度推测，此行情况不妙，成交希望渺茫。然而，约翰决定用这难得的10分钟来扭转危机。当他跨进将军的办公室时，便微笑着说："将军阁下，我衷心地向您表示谢意，因为您使我得到了一个十分幸运的机会，在我过生日的这一天，又回到自己的出生地。""什么？先生！您出生在印度吗？"将军半信半疑地问道。"是的！"约翰借此拉开了话匣……他从自己的出生年月谈到家庭身世，又从儿时印度老大妈和小朋友对他的关照，谈到他对印度人民的感激。不知不觉10分钟过去了，将军被他那饱含情感的讲述所打动，不但没有介意早已超过约定的时间，反而主动提出邀请："您能来印度过生日太好了，今天我想请您共进午餐，表示对您生日的祝贺。"此后，约翰又利用乘车的时间拿出与圣雄甘地的合影，表示要去拜谒圣雄甘地的陵墓。最后将军说："我非常感谢您对圣雄甘地和印度人民的友好感情。"将军紧紧握住了约翰的手。午餐自然是在无比亲切和融洽的气氛中进行的。当约翰告别将军时，这宗本来希望渺茫的大买卖，业已拍板成交了。

在这次交际活动中，约翰头脑冷静，见机行事。他没有直接以"推销商—购买商"的角色关系与将军接触，而是选择了同乡的角色关系，先动之以情，赢得对方好感，营造一种融洽友好的气氛，然后再谈生意，终于使交际取得了成功。

其次，如果交际场合发生了变化，双方的角色关系也应相应地加以改变，做到切情合境。常常会有这种情况，某种角色关系在某种交际场合是合适的，但换一种交际场合就不合适了。例如，有一位电厂的厂长因公务来到省电业局生产处，处长是他的老同学，但因为是公务，老同学以"处长"的身份接待了他。办完公务后下班，老同学又把他请到了家，换以"同学"的身份招待他，闲谈中虽也涉及公务之事，但并没有改变"同学"的身份。应该说，这位处长对于角色关系的选择是恰当的。假如他在单位按"同学关系"来处理公务，就有失原则；假如在家里按"上下级关系"来对待同学，就有悖常情。

最后，如果交际对象不同，同样也需要进行角色关系的调整。因为交际对象都是社会的人，他们具有不同的个性特征，他们所能接受的角色关系会有所不同，交际时确定某种角色关系对某个交际对象来说也许是得体的，但对另一个交际对象就不一定能够接受了。如有的人重情意、不讲原则，有的人则重原则、不讲情意；有的人喜欢奉承，反感直言，有的人则喜欢直言，反感奉承。因此需要根据对象的个性特征来选择角色关系。例如，中央电视台《焦点访谈》栏目的节目主持人敬一丹在《重在交流感》一文中谈到她的采访经历时说:在村里见到一位老农,如何问候?是文绉绉地说"大爷,您好!请问……",还是说"大爷,您吃啦!您老跟我说说……",给老农带来的心理反应是不同的。前者会让人觉得距离远,像外人;后者则拉近了距离,像熟人。表面上看,这是一个问候方式的选择问题,实际上是一个角色关系的选择问题。对老农,选择熟人关系,这样可以拉近跟老农的距离,便于问到真实的情况。

在交际活动中,还需要交际主体准确地判断和把握双方的角色关系。交际一方当遇到所认定的角色关系不恰当时,就需要对角色关系作出调整,重新确定双方的角色关系。如某人到政府部门办理项目审批手续,先见到一位同志,以为是一名普通职员,就以一种平等的关系交谈起来。交谈过程中才发现对方并不是普通职员,而正是部门的负责人,正是审批项目的关键人物,于是赶快调整了角色关系,改变了说话的口气和方式,以一种下级的身份向这位部门负责人耐心细致地介绍了项目的有关情况,言辞恳切,态度虔诚,最后终于打动了对方,使对方在项目报告上签了字。这说明,在有些交际场合,交际主体应根据对象的心态及场合的气氛随时调整角色关系。角色关系的恰当选择与准确定位,是保证达成交际目标的重要前提。如果角色关系选择不当或定位不准,就可能导致交际的失误,达不到交际目标。例如,一位老师和他的学生在"商潮"中均已下海,供职于不同的公司,一次为了一个合作开发项目,他们分别作为双方公司的代表参与谈判。谈判中,学生以谈判代表的身份陈述己方的合作条件和对对方的要求,语气直硬,给人一种难以商议的感觉,作为对方代表的老师听后很不舒服,感到学生代表的公司缺乏合作的诚意,结果这场谈判不欢而散。但学生还是希望能够达成合作协议,因此谈判结束后,主动找到老师说:"我们还可以再谈谈。"老师说:"我们是师生……"拒绝了学生—— 也就是对方代表的要求。这场谈判失败的原因,除了合作条件方面的因素之外,恐怕与作为谈判一方的代表——学生对于谈判双方角色关系的把握不当也有关系。如果学生不是把自己跟老师仅仅定位于"谈判代表"的角色关系,而是还考虑到"老师—学生"的角色关系,对老师多几分尊敬,语气放缓和一些,也许谈判有望成功。又如《宋史·文苑传》记载:

(郑)起贫,常乘骡。一日,从(张)廷范出近郊送客。廷范揖起曰:"请策马令进。"起曰:"此骡也,不当过呼耳。"以讥廷范。廷范深衔之,密奏起嗜酒废职。

如果是在只有郑起和张廷范他们两个人的场合,而不是在"送客"这种公开的场合，如果郑起跟张廷范是同辈好友、莫逆之交，而不是一种上下级的关系，那么郑起嘲笑一下张廷范也未尝不可。可郑起“不识时务”，错定了角色关系，说了与现实的角色关系和当时的公务场合不相符合的话语，难怪张廷范记恨在心，以嗜酒为由密奏朝廷，让他丢了官职。

3. 角色关系与交际语言的运用

在进行口语交际时，首先要考虑角色关系。角色关系对交际语言的运用起着制约作用。参与交际的双方，谁先说谁后说，说时选择什么样的话语，以一种什么方式来表达，这些都应根据具体交际活动中所确定的角色关系来决定。比如，交际活动开始，双方总免不了要打一声招呼，可是由哪一方先打招呼，选用哪一种招呼语，都是有讲究的。如果选用不当，就会有失身份，或表现出对人的不尊重，影响交际活动的顺利进行。交际双方有男女性别之分，或者有年龄长幼、职位高低之别，一般情况下，应是由男士招呼女士，年轻的招呼年长的，职位低的招呼职位高的。招呼过后双方握手，不过要注意：伸手的先后应与上述情形相反。因为握手意味着允许接触，所以应该由女士先向男士伸手，年长的向年轻的伸手，职位高的向职位低的伸手。又比如，交际活动中对对方的指称，是采用通称形式“你”还是采用尊称形式“您”，也不是随意的。交际双方如果是处于权势关系，权势低的一方指称权势高的一方，一般应选用尊称形式；反之，则应选用通称形式。如果是处于平等关系，双方都可以选用通称形式，若用尊称形式，反而显得不得体，甚至可能引起误会。

二、角色关系与角色意识

角色关系作为交际主体社会关系的一种体现，它是客观存在的。前面讲到，角色关系制约着人们的交际言语行为，但事实上，它并不是直接作用于交际主体的言语行为的，而是通过交际主体的主观认知后才对交际言语行为产生影响的。也就是说，只有当角色关系转化为交际主体的角色意识后，才能对交际言语行为形成制约。所谓角色意识，从交际语言学的角度讲，就是指交际主体对已确定的角色关系的认知，其中包括对角色的语言行为规范的领会和把握。

一定的角色都具有一定的言语行为规范。比如，上下级关系中，作为上级领导，应该作风民主，态度热情，语言平易，不打官腔；作为下级干部或群众，应该礼貌客气，以诚待人，语言质朴，不说假话。又比如，师生关系中，作为教师，在学生面前不能有失教师身份，要为人师表，爱护学生，谈吐庄重，言而有信；作为学生，要尊敬师长，举止得体，话语文明。又比如，在“买方一卖方”关系中，如果是买方市场，那么作为买方，要言行得体，不失原则；作为卖方，要热情周到，积极主动。

在交际活动中，如果交际主体没有建立起角色意识，或者角色意识模糊，不能按照特定角色的言语行为规范行事，就很有可能言不得体、行不适宜，导致交际的失败。例如蒋子龙《燕赵悲歌》中叙述的一则故事：

武耕新看看表，还有一个多小时，既然来了不能连个面也不见就回去，索性等吧！

电影院大概不会停电，估计时间差不多了，他请值班员再去看看。

值班员回来说：“李书记回来了，他说讲好了叫你明天来，今天不见。”

“请再请示一下，只说两句话。”

值班员是一个极老实的小伙子，可能他也知道武耕新是个不好惹的主儿，又跑了一趟，回来说：“李书记讲，只说两句也不行。”

“你再请示一下，只说一句。”

值班员回来说：“一句也不行。”

“你再请示一下，不说话只见见面。”

值班员一次比一次声音大：“李书记说光见见面也不行！”

武耕新倒始终很平静，最后甚至还带着点笑容冲值班员点点头，坐上吉普车走了。

第二天上午十点多钟，武耕新正和公司的几个大将商量两个新建厂的事，李锋打来了电话。“你是武耕新吗？”

“是的，你是谁？”

“我是李锋，你今天上午为什么不来？”

“我病了。”

“你昨天晚上不是还好好的吗？”

“昨天是好好的，叫你给气病了！”

“你好大的气性！”

“不敢。你好大的架子！”

对方“啪”的一声把电话摔断了。

支部书记武耕新去了县城，因为工作，也出于礼节，想见县委书记李锋，没想到李锋当时不见，要等明天，尽管武耕新再三请示，但仍遭拒绝。第二天李锋打来电话责问，武耕新因受了冷落，对李锋也毫不客气，装病搪塞，气得李锋摔断了电话。这是一次失败的交际，究其原因，在于李锋没有正确的角色意识。他作为县委书记、上级领导，对待下级应该平易可亲，以礼相待，不能摆官架、施淫威，说话不客气。他逆角色言行规范而行事，也就难怪人家不给他面子了。因此，口语交际之前，必须要厘清双方或多方的角色关系。

第三节 交际场合语体

语言最本质的功能是其社会交际功能。人们通过口语进行交际时，都会自觉或不自觉地注意交际场合。在特定的环境里，人们会选择相应的言辞，所以语言和交际场合是相互关联的有机体。忽视了这种相互依赖关系，人类的交际就无法有效完成。这里说的交际场合，主要包括交际对象、交际的客观环境和交际双方的社会地位、文化修养等方面的因素。不同的人，会使用不同的口语语体。不同的交际场合，口语语体也不尽相同。即使是同一个人说话，也可能因对象不同、场景不同、题材的差异而使用不同的口语语体。如政治家的演说显得严肃庄重，引人入胜；受过良好教育的人的措辞通常文雅得体；普通人讲话则通俗易懂。这就是口语语体在不同交际场合的具体表现。从使用域角度来看，普通话到底有多少口语语体呢？对这个问题很难作全面的回答。每个语言社团都使用其独特的语体进行交际，从交际场合看，我们在学习和工作中经常接触到的主要有四种。

一、庄重语体

这种语体主要用于重要的或比较重要的场合和比较严肃的主题中。在重要的会议、演讲和报告、论文答辩、对申请工作者进行面试、就比较严肃的议题进行谈判以及与陌生人相见或向陌生人询问事宜等情况下，人们常常使用这种语体。使用者大多受过良好的教育，有一定的社会地位。该语体的特点是包含有大量书面语的词汇和句子结构，其语言规范，结构严谨，同时又保持了口语的自然流畅性。庄重语体在外交辞令中尤其表现突出。

例如2010年9月就中日双方钓鱼岛撞船事件，外交部发言人答记者问：

问：最近关于钓鱼岛撞船事件有很多评论和分析。有评论说此事反映出日本相对软弱，使中国的其他邻国担心中国的和平崛起。也有评论说这可能会重新使东盟国家与美国加强关系从而抗衡中国的影响力。你对这些评论有什么看法？

答：在维护国家领土、主权问题上，中方的态度是坚定、明确的。但我们也一贯主张根据国际法与有关国家通过友好协商，和平解决有关问题。上次记者会上也有记者问到中国与东盟国家在处理南海有关问题上的情况，我已经向大家比较详细地介绍了中方立场。中国奉行睦邻友好的周边外交政策，中国的发展是和平的发展、合作的发展。中国始终不渝坚持走和平发展道路，奉行互利共赢的开放战略。我们与东盟各国保持着良好的合作关系，友好合作是中国与周边国家关系的主流。我们一贯主张通过双边协商，以和平方式解决有关争议。我相信东盟和其伙伴国都会本着相互尊重和平等相待的精神开展对话，这种对话应有助于增进本地区国家间的政治互信、睦邻友好和共同发展。

简评：外交部发言人这段答记者问，大量使用书面语言甚至法律术语，庄重、严谨、规范、简约，既明确表示了中国政府的立场，又不失大国风范。这种外交辞令是典型的庄重语体。

二、常态语体

这是日常生活和工作中常见的一种语体。人们在日常生活、学习工作、商店购物、旅游娱乐等场合往往使用这种口语语体。这是一种介于正式语体和通俗语体之间的中间体，其特点是强调交际目的的实现，语言结构既不过分拘泥严谨，也不随便散漫。虽然用词通俗易懂，结构简单，但都很完整，没有随便语体中常见的省略现象，语言既不能太庄重，也不能太随便，语气也是如此。比如两人初次见面，不可能太随便，但如果不是非常正式的场合，也不至于拘泥和刻板，交际用语也介于雅俗之间，请看下面介绍广东的一段导游词。

各位团友，大家好：

非常欢迎大家从北方来到我们广东旅游。各位来到广东会发现一些与北方生活习惯不同的地方，比如我们马上就要去用餐了，一坐下来服务小姐就会问大家喝什么茶，而在北方一般是饭后喝茶的，到时你可千万别说不喝啊，我自己也是从北方来广东工作的，我刚来广东时就闹过不喝茶的笑话。

那次进了酒店刚坐下来，服务小姐就来问喝什么茶，我想着吃饭就吃饭，喝汤不就结啦，喝什么茶，于是答到："不喝"。服务小姐用奇怪的眼光上下打量我，过了半晌，好心地冒出一句："喝茶不要钱的。"搞得我十分狼狈。另一次也是一坐下来服务小姐又问喝什么茶，我又答不喝，这次那位小姐也把我上下打量了一番，然后有点凶恶地说："不喝也要收茶位费！"现在我再到哪里吃饭，都乖乖地喝茶了。

所以各位也入乡随俗吧，不管你平时有没有饭前喝茶的习惯都也点上一味茶，可以省掉不少麻烦啊。在广东一般喝红茶或乌龙茶，许多北方人喝不惯，但有一味菊花茶是用纯杭白菊泡成，老少皆宜，清凉去火，味道又芳香可人，大家不妨一试。

来到广东还有一样要注意的就是说话，大家从一下飞机可能就已感受到，周围的人不是说着您完全听不懂的语言，就是说着怪腔怪调的普通话，舌头强卷不卷，让人听着直帮他累。广东有句俗话："天不怕，地不怕，就怕广东人说普通话"，他们就连"普通话"这三个字都说不好，说得像"煲冬瓜"，后来他们常常干脆自嘲地说自己又煲冬瓜了。说普通话对于他们那从不用卷起的舌头来说真是一项光荣而艰巨的任务。记得我有一次带团乘飞机，坐的是北方航空的飞机，空中小姐都是说普通话的，来倒饮料时机舱里噪声有点大，我回答要"橘子汁"的时候空姐没听清，结果旁边几个广东团友一起帮忙，纷纷操起广东普通话对空中小姐说："要挤挤鸡！"听得空姐目瞪口呆，真是越帮越忙。

好了，各位团友，我们的餐厅就快到了，等会用餐的时候如果有服务员来问你"要不要挤挤鸡啊？"你就知道是怎么回事了吧？

简评：导游词是导游对初次见面的游客说的，当然不能太随便，否则客人会认为你太轻率，不值得信任。但也不能太庄重，游客不是来听领导的报告，是来轻松娱乐的，刻板枯燥的言辞只能让游客昏昏欲睡。这篇导游词幽默风趣，让游客轻松一笑的同时，也拉近了双方的心理距离。但也不至于轻率随意，可以说是比较好地把握了常态语体的特征。

三、随意语体

这种语体用于家庭成员、亲朋好友之间的闲谈，彼此之间说话无拘无束，不拘泥于形式。不拘礼节的一般性家访或朋友偶遇等场合均可以使用随意语体。语体中的句子结构简单、闲散，常常用大量的简略句和短语，用词简短、浅近，语气随和、轻松。例如2006年春节文艺晚会小品《说事儿》中的一段台词。

[白　云]咱接着唠。

[崔永元]好！那我就，再问大叔一个问题。

（黑土向崔永元示意不能说话）

[崔永元]啊？

［白　云］嗯？

［崔永元］啊，怎么了大叔啊？（黑土捂着嘴）

［白　云］啊，他胃疼。说你胃疼呢。

（黑土捂肚子）

［白　云］这咋还下垂了呢？

［黑　土］（捂着胃）胃在哪儿呢？

［崔永元］啊呀，大妈您家教真严哪！您让大叔哪疼他就哪疼啊。

［白　云］没有，他，身体不舒服，你问我呗。

［崔永元］我刚才看了您这书啊，第一章，就叫《回家》。说的就是上次做完节目回铁岭的时候，那场面，特别壮观吧？

［白　云］那怎么叫“特别”壮观呢？那是“相当”壮观哪！那家伙，那场面大的，那真是：锣鼓喧天，鞭炮齐鸣，红旗招展，人山人海，那……

［黑　土］小崔我求求你，我把这玩意儿戴上吧！

［白　云］（摘下耳机）我说的都是假的是不？

［黑　土］真的。

［白　云］你听不下去是不？

［黑　土］能。

［白　云］那你扣它干啥呀?!

［黑　土］胃疼。

［白　云］咋这么烦人呢你说？崔，你接着问，啊。甭理他，没见过世面。

［崔永元］我知道，其实大妈成了名人以后见世面挺多的，参加的活动很多吧？

［白　云］那是“相当”多。一天到晚，俺们就是到处演出，四处演讲，还给人剪彩。

［崔永元］出场费也不少吧？

［黑　土］她80，我40。

［白　云］都税后。

［崔永元］那都给哪剪彩呀？

［白　云］都是，大中型企业。

［黑　土］大煎饼铺子、铁匠炉啥的。

简评：这是赵本山和宋丹丹主演的经典小品之一，虽然是小品，但也是模仿家人或朋友之间的闲谈，不拘礼节的，语句很短，结构不完整，多有省略。比如“出场费也不少吧?”“她80,我40。”“都税后。”“那都给哪剪彩呀?”“都是,大中型企业。”“大煎饼铺子、铁匠炉啥的。”这些话单独出现都不成句,只能通过上下文的语境才能理解透彻,这是随意语体的典型特征。

四、亲密语体

这是一种关系极为亲密的人自由交谈时使用的语体。只能在家庭或非常亲密的朋友之间使用。由于交际双方关系亲切,彼此对交谈内容的背景熟悉,因此三言两语,即能达意。美国语言学家马丁·裘斯所写论语体的书《五只钟》,他认为最简单的语体是家属间不经意的亲密语体,并以晚餐桌上丈夫口中对咖啡的评语“嗯哼”“冷的”为典型例子。按裘斯的说法,这种最不经意的语体中总是把话语三连环(指用词、语法、语调)尽量略剩一环,例如:“冷的”只剩了第一环(用词),“嗯哼”只剩了最后一环(语调),其他的信息让听者自行补足信息。但裘斯也指出,亲密语体本不是用来传递信息的,妻子早就知道咖啡已冷。假如需要丈夫告诉她这一点,那么会使用随意语体的“Coffee´s cold”(咖啡是冷的)来说。这就是由于说话内容需要,而增加语言表达明确性的例子。我们另举《红楼梦》第三十二回来说明。

这里宝玉忙忙地穿了衣裳出来,忽见林黛玉在前面慢慢的走着,似有拭泪之状,便忙赶上来,笑道:“妹妹往那里去?怎么又哭了?又是谁得罪了你?”林黛玉回头见是宝玉,便勉强笑道:“好好的,我何曾哭了。”宝玉笑道:“你瞧瞧,眼睛上的泪珠儿未干,还撒谎呢。”一面说,一面禁不住抬起手来替她拭泪。林黛玉忙向后退了几步,说道:“你又要死了!作什么这么动手动脚的!”宝玉笑道:“说话忘了情,不觉的动了手,也就顾不得死活。”林黛玉道:“你死了倒不值什么,只是丢下了什么金,又是什么麒麟,可怎么样呢?”一句话又把宝玉说急了,赶上来问道:“你还说这话,到底是咒我还是气我呢?”林黛玉见问,方想起前日的事来,遂自悔自己又说造次了,忙笑道:“你别着急,我原说错了。这有什么的,筋都暴起来,急的一脸汗。”一面说,一面禁不住近前伸手替他拭面上的汗。宝玉瞅了半天,方说道“你放心”三个字。林黛玉听了,怔了半天,方说道:“我有什么不放心的?我不明白这话。你倒说说怎么放心不放心?”宝玉叹了一口气,问道:“你果不明白这话?难道我素日在你身上的心都用错了?连你的意思若体贴不着,就难怪你天天为我生气了。”林黛玉道:“果然我不明白放心不放心的话。”宝玉点头叹道:“好妹妹,你别哄我。果然不明白这话,不但我素日之意白用了,且连你素日待我之意也都辜负了。你皆因总是不放心的缘故,才弄了一身病。但凡宽慰些,这病也不得一日重似一日。”林黛玉听了这话,如轰雷掣电,细细思之,竟比自己肺腑中掏出来的还觉恳切,竟有万句言语,满心要说,只是半个字也不能吐,却怔怔地望着他。此时宝玉心中也有万句言语,不知从那一句上说起,却也怔怔地望着黛玉。两个人怔了半天,林黛玉只咳了一声,两眼不觉滚下泪来,回身便要走。宝玉忙上前拉住,说道:“好妹妹,且略站住,我说一句话再走。”林黛玉一面拭泪,一面将手推开,说道:“有什么可说的。你的话我早知道了!”口里说着,却头也不回竟去了。

简评:贾宝玉和林黛玉之间早已情根深种,但碍于封建家庭的环境一直无由表白。黛玉在偶然的场合得知宝玉的心声,不由心绪万端。俩人的关系也更加微妙,说出来的话也不似平常:黛玉说:“你又要死了! 作什么这么动手动脚的!”宝玉笑道:“说话忘了情,不觉的动了手,也就顾不得死活。”这两句是恋人之间的经典的打情骂俏,毫无拘束。又如宝玉说“你放心”,林黛玉说:“有什么可说的。你的话我早知道了!”这里头包含的情感难以用语言表达,只有他们才能“心有灵犀一点通”。这是亲密语体的显著特征。

在上述的四种口语交际场合的语体中,我们常把第一种称为“正式语体”,而把第二、三、四种称为“非正式语体”。了解其各自的特点,对我们准确、灵活地使用普通话口语是大有裨益的。然而,不论是哪种语体,我们都可以从其词汇、句法、修辞手段及语言语调方面予以分析。最后要强调的是,各类语体所具有的特点与它们之间所存在的共同之处相比依然只占很小的比例,这是因为任何一种语体的主体仍是核心语言。所谓核心语言包括基本词汇、基本句型、共同的语音、语调、拼法、标点符号以及基本的语法规则等。因此,对普通话口语语体的正确运用与研究有赖于对书面语的熟练掌握。

第八章 口语交际过程

口语交际是一个动态过程，说话人按照一定的规则组织语言，向听话人表情达意，听话人接收语言信息之后，还需要通过大脑进行处理，理解说话人传递过来的内容，再对说话人作出回应，这就是反馈。因此，口语交际过程可以概括如下：

组织语言→传递信息→理解语言→做出反馈

既然口语交际是双方的互动过程，就必须遵守一定的交际规则，同时，口语交际的顺利展开，还有赖于交际中的语言因素和非语言因素，语言因素主要指有声语言的组织和表现，非语言因素主要是指配合有声语言参加交际的体态语、时空控制技巧。

语言交际原则是交际的前提，有声语言是交际的基础，非语言交际手段是交际的重要方式，本章将从以上三个方面探讨交际的各种要素，提高我们的交际能力和交际质量，使交际过程更加顺畅，成功达到交际目的。

第一节 口语交际原则

任何交际行为的顺利进行，有赖于双方共同遵守的交际原则。交际双方必须在合作的前提下，选择得体的交际方式，礼貌应对，互相尊重，真诚相待，才能够使交际顺利进行，提高交际效率，达到交际目的。因此，合作原则、得体原则、礼貌原则、尊重原则就构成了我们必须遵守的交际原则。

一、合作原则

合作原则是交际双方存在的一种默契，彼此自觉遵守，从而导向既定的交际目标。合作原则的提出者格赖斯认为，合作原则具体包括四个准则：

1. 真实

就说话人而言，讲真话是基本的行为准则。就听话人而言，听到真话是交际的基本目标。真实准则要求我们提供真实信息。交际内容必须准确无误,不制造虚假信息,不隐瞒必要信息。以下是发生在旅游景区的对话:

游客:帮我参考一下,那顶帽子,我戴怎么样?

导游:哪顶?

游客:那边,左边数过来的第五顶。

导游:样式挺好的,颜色也可以跟您的衣服搭配,不过,敦煌在夏天阳光猛烈,浅色的帽子比较适宜这个季节。

导游向游客表示自己的真实判断——帽子的款式和颜色适合对方,也提供了重要的信息——深色帽子不适合这个炎热的季节。这是两段真实的信息,肯定了帽子的款式,否定了帽子的适用性,既没有说违心话,又能避免因为戴深色帽子而给游客带来后续的不适。可见,真实的信息是交际目的得以实现的基础。

2. 适量

适量,是指交际内容包含达到交际目的所需要的信息,不随意加进超出需要的信息,不忽略必要的信息,既不使听话人感到重复啰唆,又不使人感到信息量不足。这就要求我们在交际中提供适量的信息。

游　　客:请问,你们博物馆今天几点开放?票价多少?

管理人员:您好!现在是旺季,本馆早上8:30开馆,下午6时闭馆,下午五点停止售票,票价旺季每张160元。

管理人员的回答不仅准确,而且简洁,能够在较短的时间内完成所有必要信息的传递,给游客的出行和安排带来了极大的方便。

3. 关联

关联准则包括目标关联和内容关联。目标关联要求交际双方紧密围绕交际目的,而不偏离目标,漫无目的地高谈阔论;内容关联要求话语前后关联,紧绕目的,注意衔接。

例①游客:导游,你说,那些灵芝的质量怎么样呀?

导游:你看,巴戟天是这里的另一特产,价格更便宜呢。

例②游客:导游,你说,那些灵芝的质量怎么样呀?

导游:这里的灵芝主要有平盖灵芝、赤芝、紫芝和鹿角芝,您手上的就是赤芝,有利于补肺益肾和胃健脾、安神定志,是这里的特产。

以上两则例子的交际质量截然不同,例①中的导游员对游客的提问避而不答,答非所问,必然引起游客的质疑或反感,例②中的导游员围绕“灵芝”的话题，对购物区的灵芝做了必要的讲解，既解答了游客的疑问，又传播了景区的知识。

4. 精练

在交际过程中，精确和简练是最大的美德，精练原则要求我们在话语组织中做到力避繁冗，消除晦涩。

游客甲：你刚从山上下来吗？山上气温怎么样呀？

游客乙：嗯，很累。山路很陡，中间好点。

游客甲：怎么个陡法？上去很难吗？

游客乙：就是很陡咯。

游客甲：那气温呢？

游客乙：有点热，但有时候又很冷，说不清楚。

导游：游客朋友们，大家不要着急，我们面前这座山，海拔1240米，在山上700米处是中台公园，在这里可以乘坐缆车或者电瓶车直达山顶公园，体力较好的朋友也可以选择步行登顶，中台公园到山顶公园这段山路，林木繁茂，气温较低，这个季节一般是17℃左右，适合穿长袖运动服……

这个交际场合，包括两段交际话语，在前一段中，游客甲和游客乙的交际是失败的，游客乙没有使用恰当的方式，不能到位地回答游客甲的若干问题，必然使游客甲一头雾水。在后一段中，导游向众游客解说山区的基本概况，准确而精练地阐述了必要的问题，能够使游客甲豁然开朗。

二、得体原则

得体原则，包括内容的得体和方式的得体，要求我们研究交际目的、交际对象、交际环境，组织与之相适应的交际内容，选择与之相适应的交际方式。

1. 内容得体

在口语组织的过程中做到得体，就应该做到以下四个方面：

(1)明确交际目标。交际的目标无外乎“求和”、“求成”两种，前者目的在于建立良好的人际关系，缩小人际距离，因此，要善于选择该说的话，避开不该说的话；后者则是交际者对某一交际结果的不断追求，这也要求交际者选择适当的话语内容，避开不适合的话语内容。

在旅游景区，导游发现游客乱扔垃圾的现象，导游异常焦急，对这种不良现象作出回应，以下两个例子是两种不同的交际方式：

例①导游：不要随地乱扔垃圾，这是一种不道德的行为，严重破坏了景区的环境卫生！

例②导游：游客朋友们，大家辛苦了，在这次爬山中，我们为了一个共同的目标在进行本团队的努力，我们一定能够征服这座山！不过，有些朋友可能累了，在不断地撇下身上携带的东西，前段时间，我带了一个旅行团，在登山的时候，我们走得比现在更辛苦，因为，我们一路登顶，一路捡拾垃圾，到了山顶，我们身上的重量增加了，虽然东西重了，但是，我们的心轻松了，我们在为保护环境作出自己的一点贡献，朋友们，如果我们能够妥善处理自己的垃圾，还能做一些力所能及的清理活动，我们的登顶计划肯定会更有意思。

这两个例子中，例①中的导游员虽然传递了正确的信息，但是，却违背了“求和”和“求成”的交际目的，既可能因为激烈的措辞而引起游客的反感甚至对抗，也不容易达到良好的制止目的。

例②中的导游在选择了恰当的内容和引导方式，在为“游客”找借口的同时，暗示游客的错误举动，并通过讲述正面的例子以引导游客反观自身的错误行为及因此而造成的后果。最后，导游员还进一步鼓励游客通过文明的游览活动来获取旅游的乐趣，具有教育意义，又能以理服人、以情感人。

(2)分析交际环境。交际环境的因素主要包括交际时间、交际地点和交际对象。分析交际环境，就是要将以上三个因素纳入自己的话语组织中，明确利害关系，选择恰当的交际内容，只有这样，才能保持交际的正常进行，避免陷入困境或者僵局。

例如，在一个海滩景区，一名游客发现其他团队的游客乘坐电瓶车沿途前进，于是，这名游客表达了自己的不满：“我们为什么走路？他们为什么能坐车？”面对这种质问，不同的导游员作出不同的解答。

例①导游：他们交了50元的车费，你们交的钱不够。

例②导游：我们旅行社在组团的时候，查阅了大家填写的资料，我们的团员都来自甘肃，可能很少看到大海，我们这次旅游最重要的亮点就是观赏海景和沙滩漫步，所以，在设计路线的时候，我们力争做到让大家近距离接触海景，亲近大海，电瓶车只能在沙滩外围活动，限制了游客的视野，所以，我们使用了徒步的方式，让我们全身心感受海的气息吧。

例①中的导游没有充分顾及交际环境，未能充分利用景区的景观特色来引导游客，而是生硬地为游客解答问题，必然引发游客的不快。例②中的导游则抓住环境特点和游客特点，因势利导，在交际内容的设计中融进了对交际对象和交际地点的思考，很得体地解决了游客的问题，不但不会使游客的不满升级，还能从另一个角度解释徒步的优势，还不失时机地展现了所在旅行社的细心和智慧。

对于一个人来说，得体的交际是内在气质的优雅外现，是个体智慧的全面外露，这需要我们长期的修炼，才能在各种场合因为得体的交际表现出自己的魅力。

2. 方式得体

方式得体主要是指与交际目的、交际关系、交际对象、交际环境相一致的交际方式，这要求我们能够根据以上四个要素选择恰当的交际方式。

首先，交际的基本目标在于营建良好的人际关系并达到交际目的，那么，各种语言和非语言的交际方式都应该表现出这种倾向。例如，在照面的时候，要习惯于主动和对方打招呼，面带微笑地和对方交流，向交际对象发出尊重和友好的信息。如果违反这一准则，就有可能传递出不友好的负面信息，阻碍交际的顺利进行，比如对对方打招呼的举动不理不睬，面对对方的微笑，却表现得神情严肃，在交谈时话语生硬、行止傲慢，都是不得体的交际方式，无法建设良好的交际局面。

其次，选择与交际关系相一致的交际方式，比如，对长辈、上司，主动让座，用“您”称呼，更多地采用尊敬礼貌用语；对晚辈或者下属，和蔼、亲切的交际方式，有利于消除交际双方的年龄代沟和心理势位差。要避免与交际关系不一致的交际方式，比如，在面对长辈、上司时乱开玩笑，面对晚辈、下属的时候举止轻佻，这些都会给对方造成反感，给交际带来严重的负面影响。

第三，选择与交际对象相一致的交际方式，在不同特点的人面前，使用不同的交际方式，比如，面对儿童，要尽量将活泼、开朗的因子融进自己的交际方式中。避开与交际对象不相适应的交际方式，例如，用成人的口吻应对小朋友的问题，用男性的诠释框架和女性对话。

最后，选择与交际环境相适应的交际方式，在时间很短的时候压缩话语内容，而不是滔滔不绝，在时间充裕的时候则详细表述，而不是匆匆简述，在正式场合要保持言谈举止的郑重严谨，避免目光游移、举止随意。在聚会场合可以轻松随意，避免拘谨刻板、过分严肃。将环境中的时间因素和地点因素分析好，才能选择得体的交际风格。

三、礼貌原则

中国是有着几千年文化史的“礼仪之邦”，礼仪的因子已经渗入中华民族的血液中，这种文化背景也决定了中国人的交际不仅有严格的礼貌体系，还有复杂的礼貌准则。研究口语交际中的礼貌原则，有利于养成良好的交际习惯。

1. 谦虚准则

谦虚是中国人的传统美德，也是一种被充分认可的交际态度，而骄傲自大的交际形式经常会惹来非议，造成不必要的麻烦。

在结束一次旅行之前，导游满怀深情地致结束词：

游客朋友们，非常荣幸能够承担这次导游任务，为大家提供服务。我们在这几天一起游览了这座古老的城市，领略了它的美丽和智慧，这座城市浓厚而神秘的宗教色彩、丰富而珍贵的艺术收藏、辉煌而奇特的宗教建筑是我很难用语言表达出来的，诚恳地希望大家对我的导游提出宝贵意见，谢谢大家。

这段结束词以其温文尔雅和谦虚好学的态度赢得游客的认可，既能够最大限度地释放说话人的诚意，也能够消解某些游客在行程中产生的一些不满，赢得良好的交际效果。

2. 赞誉准则

受到赞美是人们的普遍心理需要，赞誉他人，可以鼓励对方，引人向善，赢得好感。

在交际过程中，导游的赞美能够使游客的心理需求获得满足，也可以增进游客和导游间的信任感，引发共鸣。例如，一位老年游客在预约时间赶到指定地点，导游不失时机地赞美这位游客：

您真是太准时了！长辈们的时间观念强，修养高，我们晚辈应该向您学习！

这可能只是旅游过程中一个小小的插曲，但是，这个赞誉的插曲，让被表扬游客获得了极大的心理满足，强化了众位游客的时间观念，让榜样的作用得以充分发挥。

一位游客在景区几次将取出的香烟插回口袋，这个细节被细心的导游捕捉到了，导游将其放大，做了表扬：在我们游览博物馆的这整整三个小时中，有位游客，五次把不自觉取出的香烟收回，屡次克制自己的烟瘾，可见他的文物保护意识非常的强，我们应该向这位游客致敬，他就是我们的张先生！

这段赞语，很能让被表扬的游客因为个体的高尚行为而感到自豪和高兴，使旅游团队更加融洽。

在交际中遵守赞誉准则的同时，也不能滥用、错用赞语，否则会带来不良的后果。只有诚恳实在的赞誉才能引发共鸣，华而不实的赞语只会引起反感。例如，对一位比较胖的同事赞叹："你真的很健壮！"本是好意，却遭遇冷眼，引起对方的不悦。

3. 同情准则

同情是产生亲和力和凝聚力的重要因子。

在团队旅游时，偶尔会出现队友失约的状况，由于个别游客没有在约定时间到达指定地点集合，其他游客已经等了很长时间，当失约游客到达的时候，其他游客会表现出明显的不满，这时候，导游的恰当处理会消除游客间的对立，使旅途更加和谐愉快。

在旅程中，人生地不熟，这种情况，我在带团的时候，偶尔也会遇到，特别是在这个山区，他们肯定是事出有因，大家谅解一下，接下来的路程，我们这个团队要更加团结，团友们互相照应，一定能让我们的旅途更加顺畅、开心！

这段"平息众怒"的话语，不仅能够使游客的满腹牢骚消除，也能使迟到的游客受到极大的感动，拉近了团友和团友、团友和导游之间的关系。

4. 慷慨准则

游客出行，总是怀抱着各种各样的目标，当旅游的各种愿望得到满足的时候，他们必然会得到更大的满足感，适当满足他人的愿望，可以使交际显得更加顺畅。可以说，慷慨准则是口语交际的润滑剂。

例如，在导游的时候，总会遇到一些游客，因为对计划外的景点很感兴趣，而提出前往游览的要求，大部分时候，由于行程安排紧凑，导游人员会以时间不足和计划之外的缘由婉言拒绝，如果各方面条件允许的话，导游率团前往，在保证旅游计划实现的同时，满足游客的愿望，往往会收到良好的交际效果。如有位导游是这样处理游客的要求的：

既然大家想去××景点，我就陪大家去一趟，只有身临其境，您方能明了其间的意蕴和趣味，让我们一起去见证一下，××景点是否如此神奇。这个景点中的××建筑是该景区的代表性建筑，融会贯通了其他建筑的艺术特色和建造技法，由于我们的时间有限，我们就以这个景点为目标，其他的建筑我们就不去了，我们在返程的路上观看这个景区的纪录片，再一起共享。

这种临时赋予的慷慨，会让对话者对说话人的善解人意感动，从而使接下来的交际更加有效。

5. 一致准则

观点的一致带来共鸣,观点的冲突带来阻滞。在交际中,减少自己与别人观点上的不一致,尽量增加一致性,可以使交际的进行更加顺畅,交际双方的关系更加和谐。

四、尊重原则

在口语交际中,尊重准则在于以尊重的形式,向对方传递尊重的信息。只有尊重他人,才能获得别人的尊重,这才是真正的自尊。

口语交际中的尊重原则,包括方式上的尊重和语言上的尊重。

方式上的尊重,要求说话人在姿态风度上表达出对听话人的尊重,例如,坐有坐相,站有站相,举止大方,态度热情,并且要懂得尊重其他的交际参与者,使被尊重的感觉覆盖到整个交际场合。

语言上的尊重,主要是各种礼貌用语的熟练使用,把礼貌用语化作自己的习惯,才能把尊重的意味表达出来。要做到来有迎声,问有答声,去有送声。比如,来访者出现,首先应该问好,再问有什么事,而不能以“找谁”应对,打电话应该先问好,接着自报身份或单位。

语言中的这种尊重原则能体现一个人甚至一个单位的文化素养。

例如,在旅行社的路线广告前,一名导游和顾客展开对答:

导游:先生,您好,您有什么心仪的景区?

顾客:哦,随便看看。

导游:好的,您请。

在礼貌用语的使用上,导游不是以“你想去哪里玩”的普通用语,而是使用了简洁得体的礼貌用语,当顾客想自行观看、选择的时候,导游又用礼貌用语表示让顾客自行安排,这就显得善解人意,又自然得体。

顾客:真是太不好意思了。

导游:您太客气了,欢迎您下次再来。

这位导游的礼貌用语让人感觉可亲、可敬,使双方的交际变得简单而容易,也让人倍感愉悦和温暖。

优雅得体的礼貌用语是一个人开展工作的重要工具,及时、恰当地使用礼貌用语,可以准确地传情达意,成功地赢得好感,到位地释放魅力,及时地化解危机。常见的礼貌用语有称呼语、问候语、迎送语、征询语、应答语、迎送语、致谢语、致歉语、请求语、赞美语。

1. 称呼语

称呼语是人们在交往中用来称呼的词语，使用合适的称呼语是交际中首要的礼仪。最常用的称呼语是敬称，可以使用泛尊称、职业加泛尊称、姓氏加上职务职称三种形式：

(1)泛尊称，如先生、女士、小姐、夫人、太太等。

(2)职业加泛尊称，如教授先生、秘书小姐等。

(3)姓氏加上职务职称等，张主席、李经理等。

2. 问候语

问候是用语言表达友好与敬意的一种见面礼节，是提供服务者与客人相见时向对方表示欢迎、致以敬意、询问安好、表示关切的形式。问候时应做到主动、自然、得体。在不同的场合、时间、地点使用适当的问候语。比如"您好"、"早上好"、"周末愉快"、"节日好"等。

(1)标准式问候语。一般在称呼语后加"好"，如：您好、各位好、诸位女士好等。

(2)时效式问候语。结合时间时令进行问候，如：早上好、晚安等。

3. 迎送语

迎送语是欢迎或送别客人时的用语，分为欢迎语和送别语。

(1)欢迎语是用来迎客的，当客人进入自己的服务区时必须有欢迎语。

(2)送别语是送别客人时必须使用的语言。

4. 征询语

征询语是向客人了解需要和想法的语言，常用的征询语有三种类型：

(1)主动式，如："您需要什么？""我能为您做点儿什么吗？"适用于主动向客人提供服务时。

(2)封闭式，如："您觉得这种形式可以吗？""您要不先试试？""您不介意我来帮帮您吧？"多用来询问客人的意见，一般提供一种选择方案，以便对方及时决定是否采纳。

(3)开放式，如："您是喜欢浅色的还是深色的？""您是想住单人间还是双人间？""您打算预订豪华包间、雅座还是散座？""这里有……您愿意要哪一种？"开放式是提供选择的征询，提出多种方案，让对方有多种选择的余地，能够显示对对方的尊重。

5. 应答语

(1)肯定式。用来答复客人的请求。常用的有：好、好的、是的、一定照办、很高兴能为您服务、我一定尽力满足您的要求等。对于客人的请求要注意迅速及时地回复。

(2)谦恭式。用来回复客人的认同、满意、欣赏、赞扬、感谢。常用的有：请不必客气；这是我们应该做的；您过奖了；谢谢您的夸奖，我一定更加努力；您能够满意，这是我的荣幸等。

(3)谅解式。用于回应客人因故对自己表达歉意。常用的有：没关系、不要紧、您不必放在心上等。

6. 致谢语

致谢语是表达谢意、感激的用语。致谢语有三种基本形式：

(1)标准式。通常用"谢谢"，或者在后加称呼语或表敬代词，如：谢谢您、太好了，谢谢您等。

(2)加强式。为了强化谢意，可以在"谢谢"前加程度副词，如：多谢、非常谢谢、十分感谢、万分感谢等。

(3)具体式。就某一具体事情道谢，致谢原因通常一并提及。如：给您添麻烦了、这次让您费心了、我们的事儿有劳您了等。

7. 致歉语

最基本的致歉语就是"对不起"，常见的致歉语还有请原谅、很抱歉、给您添麻烦了、请您不要介意、不好意思、实在不好意思、实在过意不去等。

使用致歉语应做到发出及时、心怀诚意。当自己的言行给他人带来麻烦和不便，应当立即向对方表示愧疚之情，并请求原谅与宽恕，及时表达歉意，消释误解。一旦出现过失，无论事情大小，都应从内心真正承认自己确实错了，并产生自责与愧疚之心。致歉时，语调缓和、目光真诚、及时表达歉意。

回应他人的致歉时，应最大限度地坚持宽容理解的原则，以谦逊友好的态度应答，如没关系、别客气、这算不了什么、您太在意了、说哪里的话等。

8. 请求语

在向他人请求、拜托时，应注意尊卑关系，做到谦恭有礼，尽量委婉得体。

首先，应明白求助者与受求者之间的尊卑关系。求人帮忙，要恰当使用敬语，以对方为尊贵，自己则态度谦卑、言辞恭敬。常用词语有劳驾、拜托、请多关照、请您费心等。

其次，应意识到自己的请求往往会给对方添麻烦，因此，在请求之前可先致歉，如对不起，请问……很抱歉，拜托您……请求时，语气应谦恭，不可强词请求，更不可因为遭到拒绝而态度突变。

最后，应考虑到受请求者往往处于两难境地，因此，请求人应尽量采用迂回和委婉的表达方式，避免直来直去地提出请求，以给双方都留有余地。

9. 赞美语

赞美能创造出一种热情友好、积极肯定的交往气氛，赞美时应真心诚意、因人而异、注意场合、选择角度。

首先，赞美应该真心诚意。赞美别人应发自内心，要真心实意、诚恳坦白，不能言不由衷或人云亦云。赞美要明确具体，符合实际。

其次，赞美应该因人而异。赞美女性时多用漂亮、年轻、活泼、有气质……赞美男性多用有魄力、有才华、有风度、有前途、有主见、精干……对年龄大的人赞美他的健康、学识、经验、精力旺盛、成就，对同辈人可赞美他的精力、才干、业绩、风度等。

第三，赞美应该注意场合。一般情况下，在多人在场时赞美对方，对于拉近与对方的关系十分重要。

最后，选择角度进行赞美。赞美要避免无的放矢，不能把缺点当优点恭维。赞美时，不要夸奖对方已被人多次赞美的、明显的优点，而要注意其尚缺乏自信之处。要欣赏对方那些不为别人所知、但却颇为自得的事去赞美。

第二节　语言表达手段

口语交际的展开，有赖于语言的表现力。语言的表现力是指通过语音的控制、语言的组织来表情达意、引导听众的能力。语音的控制主要是声音形象的创造，语言的组织主要是指话语的构造。

一、声音形象的创造

口语交际过程中，语音是传情达意的外在形式，也是最直接的形式。声音形象的创造是指利用声音手段进行交际，这些手段主要包括语调、音量、停顿、语速、语气、节奏等。这些手段能够配合语言传递出各种情感和意蕴。

1. 语调

语调就是声音高低、强弱、快慢的变化，即通常所说的抑扬顿挫。语调实质上就是说话人对事物的态度在语言中的表现。说话的语调如果从头到尾都是平的，听话的人就会觉得很枯燥；如果说话语调有抑扬顿挫，就能引人入胜。

下面对关系语调变化的两个要素的运用技巧作些介绍。

(1) 重音技巧。这里所说的重音,是指根据表情达意的需要,有意加重音量与力度的某个或某些词。人们说话时,往往把主要的意思加语气来表达,以引起听众的注意,重读的部分就是一句话里的中心和主体。

语句重音,常用的是语法重音。它是指句子中不同的语法成分读音轻重不一,其中有的句子成分要读得重些。比如:谓语一般要比主语读得重些,如:"同志们辛苦了!""中华人民共和国成立了!""让我们一起干一杯!"

此外还有逻辑重音,又称作强调重音,是根据说话的目的和重点,有意将某些词或词组读得重些。同一句话,重音不同,意思也就有所不同。比如:"我请你喝茅台酒",如果重音是"你",那是强调请客的对象;如果重音是"茅台酒",那是强调喝的东西;如果重音是"我",那是强调请客的主人。

(2) 升降技巧。语调的升降,是指语调的高低抑扬变化。同一语句,往往因为语调升降处理不一样,而表达出多种多样的意义。

这是一百万元。(一手交钱,一手交货,司空见惯)

这是一百万元!(强调金额很大)

这是一百万元?(怀疑,不相信有这么多)

这是一百万元?(惊讶,怎么这么多)

这是一百万元?(喜悦,为一下子有这么多钱而高兴)

这是一百万元!(后悔,不该错过赚大钱的机会)

从上例可以知道,语调的升降变化,在句末较为明显。语调可分为四种:高升调,降抑调,平直调,曲折调。

高升调:句子的语势由低到高。一般表示惊讶、疑问、反诘、呼唤、号召等。如:

近来你的学习成绩怎么下降了!

全世界无产阶级联合起来!

降抑调:句子的语势由高到低。一般表示肯定、感叹、恳求、自信、祝愿等,如:

我们的理想一定能实现。

请你帮我解决这个问题吧。

平直调:整个句子语势平稳舒展,没有明显的高低变化。一般用于陈述、说明、解释,表示严肃、庄重、平静、冷漠、悼念等。如:

我们面临着严峻的考验。

毛泽东永远活在我们心中。

曲折调：句子的语势曲折变化，有起有伏。一般用来表示夸张、讽刺、幽默等，如：

她太可爱了，连哭鼻子的样子也招人喜欢。

好个国民党的友邦人士！是些什么东西！

2. 音量

音量是指声音的大小。人们讲话时，声音的大小会不断地变化，这个变化不是无目的、随意的，而是由思想感情的变化所决定的。思想内容重要之点、情感激烈之处，声音就要大些；反之，声音就可以小些。口语交际中，一个小若蚊虫、大家扯着耳朵都无法听清在哼唧些什么的声音，会给交际带来巨大的障碍。

"讲话时音量的大小有两点基本要求：一要恰当、适度。声音当大则大，当小则小，当平则平。大，不可大到声嘶力竭的程度；小，不可小到别人没法听到的地步。二要顺畅、自然。音量不可没有根据地忽大忽小，生硬地变换音量，不仅听起来不自然、不舒服，还会引起误会，干扰内容的正常表达。总之，音量的大小变化是由思想感情决定的，而恰当的音量又会有助于思想感情的表达。"（欧阳友权主编：《口才学》，中南工业大学出版社 1996 年 1 月版）

3. 停顿

停顿，就是指句子当中、句子之间、段落之间的间歇。常用的停顿有以下几种：

（1）换气停顿。由于换气的需要，在表达过程中必然要有停顿，这种停顿即换气停顿。特别是有些长句，中间没有也不应有标点符号，而一口气却无法说完，必须酌情进行换气停顿。比如这样的长句：

"饮水思源，我们怎能不万分感激 ‖ 和无限缅怀伟大领袖毛主席 ‖ 和敬爱的周总理呢！"

"我祝愿全国的青少年 ‖ 从小立志献身于 ‖ 雄伟的共产主义事业……"

标有" ‖ "符号的地方是指需要换气停顿的地方。事实上，这里的停顿，还不仅是为了换气，而且是为了加强语言的清晰度和表现力。倘若将上述的两个长句不停顿地勉强一口气念完，既难做到清晰，又不可能有多大表现力，平淡得很，勉强得很。

换气停顿要恰当，必须服从内容和思想感情表达的需要，尽管换气停顿的具体方法个人不尽相同，但是，却不能随心所欲，想在哪里停顿就在哪里停顿。比如：上例第一句如果按下述方法换气停顿，变成："饮水 ‖ 思源，我们怎能 ‖ 不万分感激和无限缅怀伟大领袖 ‖ 毛主席和敬爱的 ‖ 周总理呢！"

那就不能恰当地表达思想感情了,甚至会引人发笑,显得有些滑稽了。

有些句子如果在不同的地方停顿,意义会不同,甚至会完全相反。如:"他望着我笑了起来",若在"我"后面停顿,是指他笑了起来;若在"望着"后面停顿,是指我笑了起来。

(2)语法停顿。是根据句子的语法结构所作的停顿。这种停顿,一般根据标点符号进行时间长短不一的停顿,凡有标点符号的地方都应有适当的停顿。

(3)逻辑停顿。是指有时为了表达某种感情,强调某一观点或概念,突出某一事物或现象,在句中没有标点符号的地方作适当的停顿,它不同于前两种停顿,逻辑停顿是最小单位,常常是一个词。

我相信,‖我们的祖国‖一定会有自己的女宇航员!

这种逻辑停顿,虽然随着所强调的和突出的内容不同,停顿的地方可以有所不同,但是,它仍然要受语法停顿的制约,一般是在较大的主语和谓语之间,动词和较长的宾语之间,较长的附加成分中心词之间,较长的联合成分之间作逻辑停顿。

(4)心理停顿。又称感情停顿,它没有固定的模式,既可以在句子开头停顿,也可以在句子中间或结尾停顿。前几种停顿,停顿的时间都较短,通常最长只能是几秒钟。而心理停顿,可短亦可长,短则几秒,长则几十秒,甚至几分钟,由表达者根据所表达的内容或情感的需要,自行设计和掌握,运用得好,可以产生很强的艺术效果。

心理停顿主要用于以下场合:

第一,论理之后拟举例说明,需作停顿,举例结束亦作停顿。前者是为了引起听众注意你的"转折"之举,后者是为了让听众引发联想,举一反三,触类旁通。

第二,设问之后、回答之前需作停顿。如前所说,有些设问是不作答的,而有些设问是自问自答的,在设问后自答前,应作停顿,既可使听众产生悬念,还可为后面的出人意料的巧妙回答作出铺垫。

第三,感叹或感叹之余需作停顿。感叹之余,紧接着运用心理停顿,以加深听众的印象,引起听众的共鸣。

第四,话题转移或告一段落之际需作停顿。这是为了让听众将已讲完的话题暂时搁下,作好迎接新话题、新内容的心理准备。

4. 语速

语速是指说话或朗诵时每个音节的长短及音节之间连接的紧松。说话的速度是由说话人的感情决定的,朗诵的速度则与文章的思想内容相联系。一般说来,热烈,欢快、兴奋、紧张的内容速度快一些;平静、庄重、悲伤、沉重、追忆的内容速度慢一些。而一般的叙述、说明、议论则用中速。以《雷雨》中周朴园和鲁侍萍的对话为例,朗诵时应根据人物心情的变化调整语速,而不应一律以一种速度读下来。如:

周:梅家的一个年轻小姐,很贤惠,也很规矩。有一天夜里,忽然地投水死了。后来,后来——你知道吗?(慢速。周朴园故作与鲁侍萍闲谈状,以便探听一些情况。)

鲁:这个梅姑娘倒是有一天晚上跳的河,可是不是一个,她手里抱着一个刚生下三天的男孩,听人说她生前是不规矩的。(慢速,侍萍回忆悲痛的往事,又想极力克制怨愤,以免周朴园认出。)

鲁:我前几天还见着她!(中速)

周:什么?她就在这儿?此地?(快速。表现周朴园的吃惊与紧张)

鲁:老爷,您想见一见她吗?(慢速。鲁故意试探)

周:不,不,不用。(快速。表现周朴园的慌乱与心虚。)

周:我看过去的事不必再提了吧。(中速)

鲁:我要提,我要提,我闷了三十年了!(快速,表现鲁侍萍极度的悲愤以至几乎喊叫)

5. 语气

语气是体现说话人立场、态度、个性、情感、心境等起伏变化的语音形式,它是思想感情、词句篇章、语音形式的统一体。有了恰当的语气,才能讲出一连串声音符号,生动、正确地反映出朗诵者的本意。语气具有综合性,既包括声调、句调,还包括语势。

(1)从句型看,有陈述句、疑问句、感叹句、祈使句四大类。在交际时,相应有陈述语气、疑问语气、感叹语气、祈使语气的区分。

例①游客们,我们游览的下一站是敦煌的莫高窟。

这是个陈述句,适用平铺直叙的陈述语气。

例②你怎么还没有办理登机手续呀?

这是一个疑问句,要用疑惑不解、由衷发问的语气。

从这个时候开始,我们脚下的这座城市,终于回到了祖国的怀抱!

这句话是感叹句,要用带有真实情感、有感而发的感叹语气。

放下武器,把手举起来!

这句话是祈使句,要用声色俱厉、命令的祈使语气。

(2)从语句表情达意的内容来说,有表情语气、表意语气、表态语气的区分。

首先,使用表意语气。用这种语气讲话,句子中通常有相应的语气词,它或者独立成小句,或用于小句末尾,或用于整个句子的末尾。如:

① 对此,你的意见如何呢?(反问)

② 你真的事先一点也不知道吗?(质问)

③ 你不要一意孤行,执迷不悟啊。(提醒)

④ 排长,敌人上来了,打吧。(催促)

⑤ 您把那本书借给我看几天吧。(请求)

⑥ 站住! 否则我就开枪啦。(命令)

⑦ 你上哪?(询问)

⑧ 你昨天怎么旷课啊?(责备)

其次,使用表情语气。通过这种语气,向听众表达自己的某种情感。句子中通常也有相应的语气词。

① 哎呀,这下子可好了。(喜悦)

② 鬼子真是坏透了。(愤恨)

③ 他这位才华横溢的作家死得太早了。(叹息)

④ 这一仗打得真漂亮啊!(赞叹)

⑤ 哦! 我终于弄明白了。(醒悟)

⑥ 呸! 你这个无耻的叛徒!(鄙视)

(3)表态语气。通过这种语气,向听众表达自己的某种态度。句子中有时也用语气词。

① 他确实尽了最大的努力。(肯定)

② 这件事恐怕难以办到。(不肯定)

③ 我不希望看到那样的结果。(委婉)

④ 你认为这样做行吗?(商量)

⑤ 这种意见是错误的。(否定)

此外,从表达方式来说,又有叙述、描写、抒情、议论、说明等不同的方式,它们各自的语气也不一样。还有,从所表达的内容和其中蕴涵的表达者的思想感情来说,更是千差万别,因而所用语气的平转急缓、张弛高低也各不相同、变化万千。

6. 节奏

口语交际中,节奏的把握是一种综合能力。依据思想感情起伏变化结构的疏密松散,说话人调动语调的抑扬顿挫、轻重缓急以及举止等要素,有秩序、有规律、有节拍地组合,便形成了说话的节奏。

节奏的类型主要有:

(1) 轻快型。多扬少抑,声轻不着力,语流中顿挫少,且顿挫时间短,语速较快,轻巧明丽,有一定的跳跃感。全篇重点处的基本语气、基本转换都比较轻快。

(2) 凝重型。多抑少扬,多重少轻,音强而着力,色彩多浓重,语势较平稳,顿挫较多,且时间长,语速偏慢。重点处的基本语气、基本转换都显得分量较重。

(3) 低沉型。声音偏暗偏沉,语势多为落潮类,句尾落点多显沉重,语速较缓。重点处的基本语气、基本转换多偏于沉缓。

(4) 高亢型。声音多明亮高昂,语势多为起潮类,峰峰紧连,扬而更扬,势不可遏,语速偏快。重点处的基本语气、基本转换都带有昂扬积极的特点。

(5) 舒缓型。声音多轻松明朗,略高但不着力,语势有跌宕但多轻柔舒展、语速徐缓。重点处的基本语气、基本转换都显得舒展、徐缓。

(6) 紧张型。声音多扬少抑,多重少轻,语速快,气较促,顿挫短暂,语言密度大。重点处的基本语气、基本转换都较急促、紧张。

二、语言组织

在口语交际中,有声语言的组织是传递信息最重要的工具,提高语言的组织能力,可以从词语的锤炼和句子的构造入手,使口语表达的内容更加准确、更具感染力。

(一)词语的锤炼

词是最小的语言单位,是意义内容和声音形式的结合体。句子的构造、语篇的形成都以词为基础。在口语交际中,词语的锤炼就是在深刻理解词义和词音的基础上,根据表达的目的、对象、内容等选择恰当的词语,力求准确鲜明、和谐动听、富于感染力。

1. 词语的锤炼要做到声音和谐

(1)音节匀称。音节的匀称主要是指结构相似、音节数目相等。在交际中,选择词语,应讲究音节整齐,使语言具有节奏感。

我爱我们祖国的土地!狂风曾来扫荡过它,冰雹曾来打击过它,霜雪曾来封锁过它,大火曾来烧灼过它,大雨曾来冲刷过它,异姓奴隶主的铁骑曾

来践踏过它，帝国主义的炮弹曾来袭击过它。（黄药眠《我爱我们的祖国》）

句中的几个分句构成了结构相似、字数基本相同、音节整齐匀称的排比句，显得感情充沛，很有气势。

(2)平仄相调。平仄相间、抑扬顿挫是汉语语音修辞常用手法。平声长而平缓，是扬；仄声短而曲折，是抑。

音节安排恰当，平仄相配，就使得诗歌或散文声调抑扬起伏，和谐动听、构成汉语的音律美。

虎踞龙盘今胜昔，
天翻地覆慨而慷。
（毛泽东《人民解放军占领南京》）

诗句的平仄是：仄仄平平平仄仄，平平仄仄仄平平。

(3)韵脚和谐。把韵母相同或相近的字放在句子的末尾，这就叫押韵。押韵通过同韵相押使句子的末尾字音回环反复，同音相应，给人以和谐悦耳的美感。

卑鄙是卑鄙者的通行证，
高尚是高尚者的墓志铭。
看吧，在镀金的天空中，
飘满了死者弯曲的倒影。
（北岛《回答》）

诗中的韵字是“证”、“铭”、“影”，押“ing”韵。声韵和谐，悦耳动听。

(4)叠音自然。叠音词是指用音节重叠的方式构成的词。如密密麻麻、朗朗、嗡嗡、兴冲冲等。叠音词的声音有很强的音乐性，听起来和谐悦耳，给人以美的享受。作品中使用叠音词，可增强语言的音律美。

五颜六色的街灯闪闪烁烁，远远近近，高高低低，时隐时现，走在路上，就像浮游在布满繁星的天空。（丁玲《曼哈顿街头夜景》）

句中，闪闪烁烁、远远近近、高高低低都是叠音词，读起来很有节奏感，清新明朗，让人在领略街灯多姿多态的美的同时，也在声音上给人一种音乐美的享受。

2. 词语意义的锤炼

(1)多义词语。汉语中的许多词语都有不止一个义项，这几个不同的义项都是从一个基本意义派生出来的，有着共同的基础，相互之间存在着必然的联系。要恰当地使用多义词语，就要清楚地辨析词义，了解词义之间错综复杂的关系，选择最恰当的义项。

(2)同义词语。丰富的同义词是语言发达的表现，也为准确地表现客观事物的特征，反映事物之间的细微差别，提供了充分的选择空间和余地。因此，恰当地选择同义词，是取得最佳修辞效果的基本功。

(3)反义词语。使用反义词语可以对两个事物进行对比，鲜明生动地反映出事物的矛盾，起到对照映衬的作用，增强文章的表现力和说服力。

三、句子的构造

在口语交际中，句子的构造不仅要求准确精练、通俗易懂、生动形象，还要做到音律和谐，具有表现力和感染力。在交际中，要在句式的选择上狠下工夫。

1. 整齐的句式

句式整齐是指使用整句，即整齐的对偶句、排比句等。这种句式结构相同或相似，音节匀称，讲起来富有节奏感，听起来悦耳。

老年人如夕照，少年人如朝阳；老年人如瘠牛，少年人如乳虎；老年人如僧，少年人如侠；老年人如字典，少年人如戏文；老年人如鸦片烟，少年人如泼兰地酒……

——梁启超：《少年中国说》

这段话几乎用的都是对偶句和排比句，两两相对，结构相同，字数相等，匀称凝练，其韵律如水流，如泉涌，节奏明快，潺潺悦耳，颇具诗词文赋工整骈俪的韵味。听句式整齐的话语犹如聆听被检阅部队的整齐的脚步声，声声叩击听众的心弦，不仅给人以美的享受，而且可使听众更好地了解说话者的主旨。

2. 整散结合的句式

不同的句式有不同的表达功能。整句匀称，排列工整，说起来朗朗上口，听起来顺耳悦心；散句自由，结构灵活，讲起来不受束缚，听起来亲切自然。但是如果在交际中都用整句，或一“散”到底，都会显得单调呆板、枯燥乏味，都不会收到好的效果。反之，如果把整句和散句结合起来交错使用，灵活搭配，就会使语言的韵律、节奏变化多姿，产生一种“大珠小珠落玉盘”的整齐错落美。

春分刚刚过去，清明即将到来。“日出江花红胜火，春来江水绿如蓝。”这是革命的春天，这是人民的春天，这是科学的春天！让我们张开双臂，热烈地拥抱这个春天吧！

——郭沫若：《科学的春天》

这段话的前四句，是两组对偶句，句子匀称，对仗整齐，音韵和谐，有一种击节拍案整齐美。中间三句是排比句，增强了演讲气势。最后用两个散句结束，好像在“齐步走”的队列中变化出自由的舞步一样，给人一种新鲜感。全段把整、散句式巧妙搭配，参差变化，既防止了行文呆板，又不至使语言“慢坡放羊”过于松散。听这样的演讲，犹如弹奏《十面埋伏》，其韵律起伏跌宕，节奏错落有致。

3. 长短相间

在交际中，一般不宜使用长句。因为长句词数多、结构复杂，如果掌握不好，不仅讲起来费劲，还容易使语意支离破碎，听众也不易把握和理解。然而长句也有长句的好处，它容易把内容表达得周详而充实，把各种关系表达得准确而严密。如果根据演讲内容的需要，在短句中恰当地夹上一两个长句，既可使内容表达得具体，感情表达得充沛，又可形成音韵的参差美。

报纸要能够密切联系群众，那是很好的；但是，如果给群众以错误的东西，散布坏影响，散布错误的思想、错误的言论、错误的政策，把群众中的消极因素、落后因素、破坏因素鼓动起来，就要犯大错误。因此，报纸工作如果做不好，就是最厉害的脱离群众，就会发生很危险的情况。

——刘少奇：《对华北记者团的谈话》

这段讲话中，就是在短句中夹有一个结构复杂的长句。短句，节奏明快，干净有力；长句，语意充实，语流舒缓。

4. 有问有答

在口语运用中，为了更好地表达自己的观点和思想，引起听众的注意，说话人常使用有问有答的设问句式。

你们问：我们的政策是什么？我说，我们的政策就是用我们的全部力量，在海上、陆地和空中进行战争，同一个在人类黑暗悲惨的罪恶史上所从未有过的穷凶极恶的暴政进行战争。这就是我们的政策。

——丘吉尔：《热血·辛劳·眼泪和汗水》

这段演讲用的就是问答句式，不仅显出了层次，强化了语意，而且造成了音韵上的抑扬美。问句简单，语气平淡，语势呈“抑”，音韵显“扬”；“答”的部分正相反，具体细致的问答，使语势高“扬”，音韵呼应问句的“扬”为之一“抑”，讲起来声调形成了高低升降、抑扬顿挫之势，构成了演讲语言的音乐美，增加了语言的艺术性和吸引力。

5. 先略后详

先略后详的句式，即对一种意思分层表达，先略叙主干，接着再用详叙进行内容的补充强调，使语意由浅入深，而使音律和节奏形成一种由简到繁、由弱到强的层递美。

他的全部的书仅仅形成了一本书，一本有生命的、有光亮的、深刻的书。

——雨果：《巴尔扎克葬词》

我们只有一个目标，一个唯一的、不可变更的目标。

——丘吉尔：《关于希特勒入侵苏联的广播演说》

以上带点的词语，前面的是简单叙述，意思单薄，语词一般。作为后补部分的详叙，内容充实详尽，语气强烈。听众如同听到了“踢踏舞”的节奏，耳膜得到了美的享受，心也随着激荡起来。

6. 句式回环复沓美

“回环”句式是指运用相同的词语或句子形成的循环往复的语言形式。它常常借助于“顶针”“回环”的手法。

指挥员正确的部署来源于正确的决心，正确的决心来源于正确的判断，正确的判断来源于周到的和必要的侦察，和对于各种侦察材料的连贯起来的思索。

——毛泽东：《中国革命战争的战略问题》

政治越能改进，抗战越能坚持；抗战越能坚持，政治越能改进。

——毛泽东：《论持久战》

前一例是一种首尾相连、上递下接，且用相同词语衔接的“顶针”句式，似反复又不同于反复，读起来有一种如链条般的环环相扣、翠屏重叠的复沓美。而后一例不仅首尾相连，而且构成了一种封闭型的圆环式，使韵律旋转回环，听起来给人一种比“顶针”更为新鲜、奇巧的复沓美。

总之，根据说话内容的特点，调动起一切不同的句型，巧妙搭配，不但可使说话人言之上口，听话人听之顺耳，而且可以更好地抒情广义、壮势美文，增强表达效果。

第三节　非语言交际手段

非语言交际手段是指体态语、时空控制和副语言的运用。有声语言和这些“无声语言”是相辅相成、彼此依赖的。在口语交际中，参加表达的手段除有声的话语外，说话人的举手投足、眼神表现、姿态风度，无不在传递着说话人内心最真实的信息。

心理学家研究发现：信息的表达 =7%的语言 +38%的声调 +55%的表情动作。非语言交际手段不仅仅能参加交际表达，还能体现一个人的姿态风度、文化修养，是一个人交际魅力之重要所在。

一、体态语

体态语又称态势语言或者动作语言，每一种体态、每一种动作都是特殊的语言，都能如实反映交际双方的内心世界，它是口语交际的有机组成部分，因此，我们要学会读懂别人的体态语，正确使用体态语。

体态语从交际双方身体的各个部分表达出来，大体可以分为头部动作、面部表情、眼睛动作、身体姿态和手势。

1. 头部动作

头部动作在非语言交际中使用频率很高。在中国和欧美国家，点头表示同意、认可、服从等意思，与点头相对应的头部动作是摇头，这一动作一般情况下表示否定、抵制、拒绝等。除此之外，头部动作还在口语交际中暗示各种心理信息，这种暗示配合口语，才能完整、准确地传递信息。主要的头部动作还有：

（1）头部端正。在交际中，头部应该处于端正状态，这是展现说话人良好精神面貌的体态语。例如，在讲解过程中，导游保持头部端正，向游客做旅途介绍和景点解说，能很好地展现导游自信、正直、严肃、有魄力的精神状态，使游客对导游的安排和讲解充满信心。

（2）头部向前。在交际中，头部向前表示倾听、同情或关心。在必要的时候，例如回答游客发问、慰问身体不适的游客时，可以使头部适当前移，表现自己的关切。

（3）头部向后。这个动作包含惊奇、退让、迟疑的信息。例如，在介绍一些令人惊疑不已的信息时，配合头部向后的动作，可以强化表达效果。

2. 面部表情

面部表情是人们通过面部来表达思想感情的体态语，它主要借眼、眉、嘴以及颜面肌肉的变化等体现出来的，内容极为丰富。罗曼·罗兰说：“面部的表情是多少世纪培养成功的语言，比嘴里讲得更复杂到千百倍的语言。”如果讲话者鲜明准确地把内心情感体现在脸上，加之对话中有声语言和肢体语言的密切配合，就会产生极大的感染力，收到表情达意的效果。在交际过程中，要善于控制自己的面部表情，还要察颜观色，善于观察听话人的表情变化。

面部表情主要包括面部所表现出来的丰富的神态和情感，在面对面交际时，未闻其声，先见其人，面部表情总是在第一时间吸引其他交际方，在交谈过程中，面部表情也总是在透露交际参与者的内心世界，可以说，面部表情总是在迅速、真实地反映情感和传递信息。最吸引人的面部表情是微笑，也是最能顺利打开交际局面的体态语，对人际关系的良好发展，对人际交往的愉快和谐起着重要作用。

正确运用微笑传情达意要做到：笑得自然，也就是说微笑要是发自内心的，绝不能为笑而笑，没笑装笑；笑得真诚，也就是说微笑既是自己愉快心情的外露，也是纯真之情的奉送，只有这样才能引起对方的共鸣；笑得适度，微笑是向对方表示一种礼节和尊重，如果没有节制，其传达出的意味就会大大不同。

微笑应该成为一种交际习惯，另外，在口语交际中，面部的其他表情变化也是重要的非语言信息，要善于观察，准确理解，恰当应对。

①皱眉头，表示反感或者不耐烦。

②嘴唇半开，表示疑问或者惊讶。

③嘴唇上翘，表示善意或者满足。

④嘴唇向下，表示痛苦或者无奈。

⑤嘴唇撅起，表示生气或者不满。

⑥嘴唇紧绷，表示愤怒或者坚决。

全面观察交际各方的面部表情，是进一步确定交际策略的重要依据；正确调动面部表情，是促使交际顺利进行的重要手段。

3. 眼睛动作

孟子说过："存乎人者，莫良于眸子。"透过眼睛这扇"心灵窗户"，能够使人更直接、更清晰地窥见对话者内心的思想情感。在口语交际中，要恰如其分地运用眼神与有声语言相协调，去表达千变万化的思想感情，去调节交际现场的气氛。

眼睛动作贯穿整个交际过程。一般情况下，交际时，目光平视前方，兼顾两侧，通过目光接触与交际各方传达内心情绪，既可以吸引交际各方的注意，也可以使彼此产生亲切感。

在口语交际中，面对比较多的听众，更需要使用眼神来表达和控场，一般情况下，可以使用以下三种方法：

(1)点视法。有针对性地重点注视，这是对注意力集中的听众表示感激和赞许，对有疑问的听众进行引导和启发，对影响交际效果的听众加以提醒,这种方法对于调控交际场面起着很重要的作用。

(2)环视法。配合头部的适当转动,使目光覆盖交际各方,统率交际场面,可以集中各方的注意力,并产生亲近感。在使用环视法的时候,目光移动要自然,不能游移,以免给人留下不自信的印象。

(3)虚视法。目光似盯未盯得看着各交际方,可以显示说话人端庄大方的神态,但不能频繁使用,否则对给人以傲慢的错觉。

眼神的交流就是人际间最能传神的非语言交流。在交际中,目光交流的好处在于:可以与每一位听众都有一对一的交流;可以及时了解听众是否理解你讲话的内容;可以鼓励听众注意你的说话;积极地促进听与讲互动。

4. 身体姿态

在口语交际中,身体姿态主要包括站姿、坐姿、走姿。这些基本的身体姿态在交际中起着重要作用,既能表达出说话人的情感思想,也能体现出一个人的内涵和修养。我国历来讲究站有站相,坐有坐相,走有走相,主张“站如松,行如风,坐如钟”。

① 站姿。培根这样评价人的姿态美:“相貌的美高于色泽的美,而高雅合适的动作美又高于相貌美。这是美的精华。”良好的站姿应该给人以挺、直、高的感觉。站姿要领:人体直立,躯干挺拔,收腹挺胸,双肩持平。男性应保持身体重心在两脚之间。脚尖稍向外打开45°左右,挺胸收腹,背挺直,给人以端庄伟岸、生气勃发的感觉。女性使双脚站稳呈“丁”字形,显得端庄稳健,舒适自然。

② 坐姿。在较正式的场合,好的坐姿是:坐时上身端正挺直,但不要死板僵硬。坐久了可靠在椅背上,但不可以把脚伸直,半躺半坐。

坐时保持背部挺直,有助于给他人留下稳重的形象。背部挺直,看上去有精神,并表示你是一个遇到问题能够保持冷静、迅速处理的人。

无论坐椅子还是沙发,最好不要坐满。男性两膝间要容得下一拳左右的位置或双膝与肩同宽。女性两膝则要并拢,也可采取两腿交叉姿。

③ 走姿。人行走时应该挺胸抬头,肩臂自然摆动,不要八字步摇摇晃晃,尤其是女性,行走时上身不要晃动太大。有人建议做顶书行走练习,寻找上身放松而又不晃动的感觉,但勿仰下巴,勿身体僵硬。

行走的姿态不一样,表现出人的性格也不一样:性急的人走起路来也是风风火火;慢性的人走起路来则四平八稳。精神状态不同走相也有区别:如果心事重重,走路则垂着头,视野仅限于脚前的空地;如果春风得意,走相则轻松有朝气,绝不会低着头;如果心情很沮丧,那么看上去全身的肌肉都是松懈的，步履沉重；感觉自信优越，则走起路来必定昂首阔步，步子迈得很大。

5. 手势

在口语交际中，手势的种类繁多，变化微妙，在体态语中起着举足轻重的作用，在不同的场合，不同的手势表示不同的内容，很难想象，一个表情木讷、手势拘谨的说话人如何自信展现自己的风采，有效推进交际的展开，因此，了解手势在口语交际中的一般规律，准确传达信息，是交际练习的重要内容。

手势是说话人诉诸听众视觉、给听众以演讲者直观形象的构成部分。也是交流、传播思想、意念和情感的最重要的辅助手段。手势既可以引起听众注意，又可以把思想、意念和情感表达得更充分、更生动、更形象，从而给听众留下更深刻、更鲜明的印象和记忆。

手势的运用没有什么固定模式，完全是由演讲者的性格和演讲的内容以及演讲者当时的情绪支配的。因人而异，随讲而变。但是手势挥动的高度却有个一般的约定俗成的范围。按演讲者的身材可分上、中、下三个部位。上位，是从肩部以上，常用以表达激越的感情，或大声疾呼、发出号召、进行声讨，或强调内容、展示前景、指未来的时候；中位，即从腹部至肩部，常是心绪平稳，叙述事实，说明情况、阐述理由的时候运用；下位，即在腹部以下，这个部位的手势除指示方位、列举数目外，多用于表达厌恶、鄙视、不快和不屑一顾的情感，或介绍、评说反面的事物。

使用手势时，要消除三种不良习惯：第一，杂乱。任何多余动作都会引起其他交际方的不适，例如随意搓手、弄响手指关节。第二，泛滥。空泛的、重复的、缺少信息价值的手势，只会令人目不暇接，产生疲劳，引起反感。第三，不雅。不雅的手势，例如剔指甲等会产生不良的视觉效应，直接损害自己的形象。

二、时空控制

在口语交际的过程中，交际各方对时间的控制，将影响交际的效率和交际人的情绪，交际距离的调控，将带给交际内容更多的信息。因此，认识交际的时空控制规律，有利于正确把握交际时间、调整交际距离，使交际的进行在合适的环境中进行。

1. 时间控制

能否恰当掌握交际时间，对交往效果有着重要影响。

(1)守时。在交际中,守时不仅是个人的诚信问题,也是对交际方的尊重,将直接影响交往的情绪、气氛。华盛顿曾经邀请一些人参加他的正式宴会,一位议员迟到了,其他被邀请者都已坐在餐桌旁。“我们这里的人必须准时出席,”华盛顿说,“我的厨师从来不问客人到齐了没有,只问时间到了没有。”华盛顿的话流露出他对议员这次交际的印象不佳。议员的迟到无疑给这次宴会的开头带来一丝不愉快的阴影——哪怕是短暂的一会儿。

是否守时,也在传达一定的信息,要善于从交际各方的守时情状做出正确的判断。例如,如果对方是主动积极的情状,一般会提前或者准时赴约;如果对方不太积极,会用推迟到达的做法来表明自己的态度。

(2)把握时长。每个人的精力都是有限的,只能在一定的时间范围内集中精力,这时头脑清晰,注意力集中,反应灵活,效率最高。超出了一定的时间范围,便会筋疲力尽,效率下降。掌握交际时间的最佳度,就要做到有话则长,无话则短。

当然,故意延时,也是一种交际策略,这种“缓兵计”的使用,意在故意拖延时间,使对方进入疲劳状态,以便乘机取得有利于自己的效果,这在一些讨价还价的谈判场合时有发生。

(3)及时结束。及时结束交际活动,也是在交际中必须注意的问题。当交际的实质内容已经完成的时候,对方无意延时,接下来的谈话只是乏味的应酬时,出于对对方的尊重,应及时结束交际,以免引起交际各方的不耐烦。

2. 空间控制

口语交际中的空间控制,主要是交际双方要保持适当的空间距离。在社交时,要根据交际双方的关系、交际双方的心理状态,做出适当的选择。

根据美国人类学家霍尔博士的研究,社交距离主要分以下几种:

(1) 亲密接触。交谈双方关系密切,身体的距离从直接接触到相距约 45 厘米之间,这种距离适于双方关系最为密切的场合,比如说夫妻及情人之间。

(2) 私人距离。朋友、熟人或亲戚之间往来一般以这个距离为宜。

(3) 礼貌距离。用于处理非个人事物的场合中,如进行一般社交活动,或在办公、办理事情时。

(4) 一般距离。适用于非正式的聚会,如在公共场所听演出等。

另外,空间的观念是立体的,它不仅包括领域的大小,还包含领域的高度。“拉开距离”,具有保持威严的功能,而保持空间领域的高度又是支配权利的一种方式。法庭、教堂、礼堂、会议厅的布置都十分注重利用空间距离来发挥这一功能。在中国,长辈和领导面朝南坐,在西方,长辈和领导则坐在椭圆桌子头的位置……不一而足,这些都说明不同文化背景的人对空间的运用和安排都有着各自的固定模式,从而构成无数文化差异,让空间的使用具有了更为丰富的文化功能。

后 记

牛顿曾说过："如果我比别人看得远，那是因为我站在巨人的肩膀上"。本书就是在参考众多中国语言学界论著的基础上编写而成的，在此，我们编写组对多年来辛勤耕耘、研究中国语言、传承中华灿烂文化的中国语言学学界的前辈和学者表示衷心的感谢和崇高的敬意！

《普通话与口语交际》由具有教学经验和工作实践的老师共同编写而成，自2010年4月开始编写，历经数次的研讨、修订、删改，终于付梓成书。本书的第一、第二、第五章由刘辉明编写，第三章由陈婧编写，第四章由谭家尧编写，第六章由陈凤颜编写，第七章由曾奕渊编写，第八章由张琼编写。全书由冒超球审阅、修订。

由于编撰时间紧、工作量大和水平有限，疏漏或者不妥之处，恳请广大读者批评指正。

编者

二〇一二年三月

参考文献

[1] 叶蜚声、徐通锵.语言学纲要.北京:北京大学出版社,1997.

[2] 黄伯荣、廖序东.现代汉语. 北京:高等教育出版社,2002.

[3] 胡裕树.现代汉语.上海:上海教育出版社,1995.

[4] 袁家骅等.汉语方言概要.北京:语文出版社,2001.

[5] 吴弘毅.普通话语音和播音发声.北京:中国传媒大学出版社,2002.

[6] 刘焕辉.言语交际学.南昌:江西教育出版社,1988.

[7] 张鸿苓.言语交际指津.北京:语文出版社,2000.

[8] 杨松丽.普通话口语交际.北京:北京邮电大学出版社,2007.

[9] 赵兵、王群.朗诵艺术创造.上海:汉语大词典出版社, 2001.

[10] 唐作藩.音韵学教程.北京:北京大学出版社,2002.

[11] 程在伦.讲演与口才.北京:高等教育出版社,2000.

[12] 夏少钦、蒋成龙.普通话口语交际. 北京:经济科学出版社,2008.

[13] 刘春勇.普通话口语交际.北京:北京理工大学出版社,2009.

[14] 彭建国.湖南方言与普通话在词汇、语法方面主要差异比较研究.长沙:湖南师范大学出版社,2006.

[15] 雷茜.淮南方言词汇与普通话词汇的差异研究[J].语文学刊,2010(16).

[16] 东北方言与普通话在词汇方面的差异及造成差异的原因.鞍山语言文字网, http://www.asyywz.gov.cn.

[17] 朱李理.普通话语音系统小常识.(2008-12-8).上海交通大学新闻网.

[18] 冯致.现代汉语讲义.(2007-8-27).北京大学精品课程.

[19] 宋欣桥.普通话语音评定参照细则框架.(2009-6).普通话学习网,http://www.pthxx.com.

[20] 总结一些大家应该注意的问题.中国配音网.